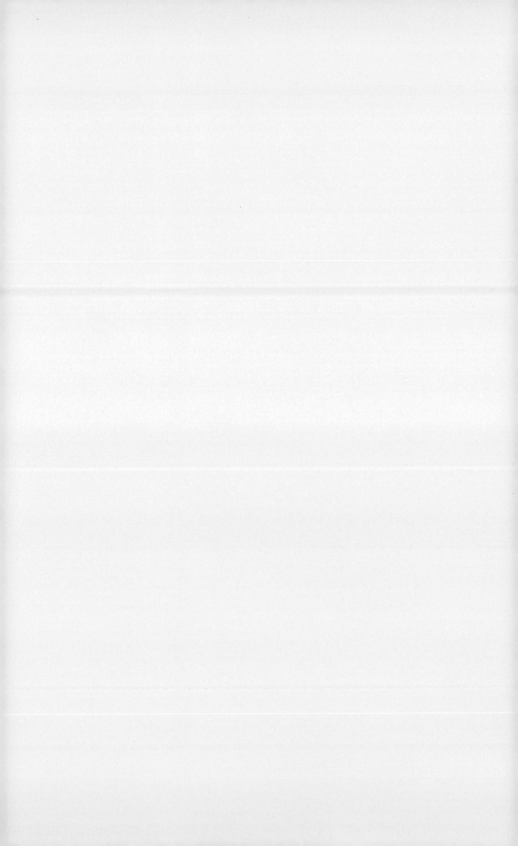

풍수로 읽는
인물열전

풍수로 읽는
인물열전

명당이 역사와 인물을 만든다

이규원 지음

글로세움

사람이 한평생을 살며 이루고자 하는 욕망의 끝은 어디까지일까.

역사를 깊이 천착穿鑿하다 보면 당 시대를 살다간 수많은 사람들의 무수한 사례와 만나게 된다. 거기에는 두 가지 삶의 형태가 평가의 분기점에서 두드러지며 극명한 대조를 이룬다.

하나는 개인적 수양과 절제를 통해 자신을 지켜낸 인걸人傑들의 생애다. 다음에는 분에 넘치는 부富의 누림과 권력의 횡포를 일삼다가 스스로는 물론 후손들의 앞길까지 가로 막은 졸자拙者들이다. 이들 모두에게는 당대 유력 가문의 후손들로 정상頂上 교육을 받은 지식인이었다는 공통점이 있다.

무릇 역사는 그 시대를 살다간 사람들의 구전이나 사가史家들의 기록으로 남아진다. 특히 앞선 시대의 인물 평가는 기록된 역사를 바탕으로 이루어지며 이는 전적으로 사가들의 몫이다. 이처럼 소소한 기록들이 축적돼 하나의 가족사를 이루고 나아가서는 거대한 민족사가 형성되는 것이다.

인간의 수명에는 한계가 있어 누구라도 백 년을 살아내기가 쉽지 않다. 그럼에도 불구하고 거개擧皆는 마치 천 년이라도 살 것 같은 걱정을 마음에 안고 산다. 이를 일러 선현들은 생년불만백生年不滿百(백 년을 못 사는 인생인데) 상회천세우常懷千歲憂(천 년 근심을 품고 있다) 라고 경책했다. 이 또한 인간의 그릇된 욕망 중 하나이며 인류 역사를 역행하는 커다란 요인으로 지목돼 왔다.

남에게 싫은 소리 들어 좋은 사람 있겠는가. 자기 고향에서 훌륭한 인물이 태어나고 나라 위해 헌신한 의인이 있을 때 그 고장 출신들은 무한한 긍지와 자부심을 갖게 된다. 이러할진대 저주 받는 간신이 나서 자라고 나라를 팔아먹은 매국노가 태어난 고장이라면 그곳에서는 부끄러워 할 것이다. 그자들은 역사는 물론 고향 산천에까지 누를 끼친 희대의 난적亂賊들이다.

예부터 역사 발전에 기여한 위인이 많은 시기일수록 나라는 부흥했고 백성들의 삶 또한 풍요로웠다. 누구나 뜻을 세워 밤을 낮 삼아 공부하고 출사出仕할 때 그 동기는 한결 같이 순수했다. 그러나 한 스승 아래 동문수학한 사이에도 벼슬길에 나가서는 각자 갈 길이 달랐다. 왜 그랬을까.

인간은 누구나 오래 살기를 염원한다. 비록 고단한 삶일지라도 아프지 않고 살아남아 좋은 세상 한번 만나 보기를 바란다. 그러나 인간에게 영생이란 없다. 본서에 나오는 인물 모두도 이 세상을 떠난 사람들이다. 그들이 살았던 집터나 묘역을 직접 찾아가서 역사가 전하는 대로 가감

없이 기술했다.

무엇보다도 사가들의 개관적 평가를 존중하면서 그들이 살아온 일생의 궤적을 집요하게 추적했다. 까마득한 삼국시대부터 근·현대의 낯익은 저명인사까지 다양하게 등장한다. 한 시대를 풍미하며 우리 민족사와 동행해 온 애증이 교차하는 인물들이다.

조상이 충신이고 간신이었다는 역사적 평판은 모조리 후손들의 몫으로 전가돼 가문의 창달과도 직결된다. 다시 말해 죄 없는 자손들이 연좌緣坐의 덫에 걸려 그 굴레를 못 벗어나게 되는 것이다. 그들이 무슨 죄인가. 이래서 입신양명하여 출세한 사람들은 잘 살아야 하고 처신 또한 중요한 것이다. 예나 지금이나 크게 다를 바 없다.

전국 방방곡곡에 산재한 역사 인물들의 묘 앞에 설 때마다 그 감회는 벅차올랐다. 교과서에 등장하는 유명인들을 묘지에서나마 이렇게 만날 수가 있다니, 순간 그가 살아온 먼 옛날로 시간 여행을 떠난 것 같은 착각에 빠지기도 했다. 그러나 감격도 잠시, 세월의 더께가 덕지덕지 내려앉은 묘비에서 이름 석 자를 확인하고는 이내 희비가 엇갈렸다.

민족의 사표로 공직의 표상이 된 황희 정승 묘 앞에선 고개가 절로 숙여졌다. '어찌하면 그리도 올곧게 살 수 있는가' 반추하며 옷깃을 여몄다. 후손들이 묘역 관리를 잘해 엊그제 쓴 묘와 진배없었다. 반면 간신의 대명사가 된 임사홍 묘에 가서는 장탄식이 앞섰다. 높은 공직에 앉아 모든 걸 누리면서도 무엇이 모자라 거짓을 말하고 남을 모함해 멸문지화를 자초했는가. 우거진 잡초 속에서 겨우 찾아낸 표석에는 생전의 관직과 이름 석 자가 어렴풋이 새겨져 있었다. 둘 다 옛 무덤에서만 터득하게 되는 무서운 교훈이다.

본서에 등장하는 인물들의 선정을 놓고는 적지 않은 고심이 뒤따랐다. 먼저 고대에서 현대에 이르기까지 그 시대를 대표하는 각 분야의 대가들을 우선했다. 또한 인구에 널리 회자되는 저명도도 감안했다. 그러다 보니 필자의 앞선 저서인 《명당은 살아있다》(원제 《대한민국 명당》)에 게재된 몇몇의 인물이 불가피하게 중복되었음을 밝히며 독자 여러분께 양해를 구하고자 한다. 본문 내용은 다르지만 시대 배열상 부득이했기 때문이다.

간략한 인물 평전을 겸한 이 책에는 풍수에 관한 전문 용어가 자주 등장한다. 어려운 풍수 용어를 알기 쉽게 풀이해 읽는 재미를 보탰다. 역사 인물의 옛 무덤을 운위하면서 풍수 얘기가 빠진다는 건 무미건조한 일이다. 우리 조상들은 이미 풍수지리와 밀접한 연관 속에 살아왔고 그러한 관심사는 오늘날의 생활 속에도 깊숙이 뿌리 내려져 있다. 풍수 사상은 자연과학의 한 범주로 동양은 물론 서양에서도 널리 활용되고 있다. 특히 동양의 장묘문화에 심대한 영향을 끼쳐왔다.

고금을 막론하고 한 사상이나 학풍이 사회 전반에 걸쳐 활착하는 데는 그것을 수용하기 위한 배태胚胎 기간이 전제된다. 풍수지리 사상도 예외일 수 없다. 기록에 나타난 우리나라의 풍수 역사는 신라 말 도선道詵(827~898)국사로부터 비롯된다.

그러나 도선보다 210년이나 앞선 원효元曉(617~686) 대사 당시에도 풍수에 근거한 명당 택지擇地는 엄연히 존재했다. 법수法數에 의한 중국 풍수라기보다는 산 모형과 물줄기를 헤아려 자연 재해가 적은 곳을 택하는 생존의 지혜였다. 이른바 한국의 자생풍수다. 이러한 자생풍수 물형物形은 삼국시대 왕릉이나 당대 인물들의 묘터에서도 쉽게 목격할 수 있다.

과연 어떤 명당이기에 한 시대의 국운을 좌우한 영웅호걸들이 태어났는가. 땅은 어떻게 인물들을 잉태했고 역사를 이끌어 왔는가. 이처럼 땅이 암시해 주는 역사 속 인걸들의 이야기를 생생한 현장 사진과 함께 엮어낸 인물 탐사기록이 바로 이 책이다.

우암 송시열과 암행어사 박문수는 우리 모두가 잘 아는 당대의 석학이며 대문장가이다. 충북 괴산과 충남 천안에 있는 두 인걸의 묘는 장군대좌형將軍對坐形의 명당 혈穴이다. 장군은 병사가 있어야 군권을 행사할 수 있다. 혈 앞에 병사를 상징하는 물형이 없자 후손들이 거금을 각출釀出해 없던 시장을 개설했다. 오늘날의 괴산 청천장과 천안 병천(아우내)장으로 장날마다 사람이 모여드니 곧 '병사'들이다. 허한 곳을 보충하는 한국만의 비보裨補 풍수로 조상들의 지혜가 돋보이는 현장이다.

임금이 나라를 통치하던 그 옛날의 벼슬길은 목숨 건 도박이나 다름없었다. 군왕의 비위에 거슬리거나 집단 이익에 반하면 엉뚱한 대역죄로 몰아 목숨부터 끊거나 귀양을 보내 매장했다. 수십 년, 혹은 수백 년이 지난 후에 관작이 복직되고 새 벼슬이 추증追贈된들 비명에 간 천추의 한은 보상될 수 없는 것이다.

역사는 순환하고 반복되는 법이다. 당사자에게 가해지는 보복 형태는 달라졌지만 권력의 악순환은 오늘날이라고 크게 다를 바 없다. 지성을 중시하는 현대 사회서 명예가 실추되고 매도당하면 모든 걸 잃는 것이다. 때로는 죽음보다 더 가혹한 형벌일 수 있어 극단의 길을 선택하기도 한다. 그러나 사람들은 모든 걸 쉽게 잊는다. 살다 보면 한참 뒤에야 깨닫게 되는 삶의 진실도 있지만 때는 이미 늦었다.

죽은 자는 말이 없다. 항변할 기회는 더더욱 없다. 그렇다고 그들에게 역사가 씌워놓은 멍에를 한마디 변명도 없이 영원히 지고 가게 할 것인가. 이 점에 착안해 필자는 수많은 방계傍系 서적을 섭렵해 당시 시대상을 재조명하고 권력의 속성을 다시 파고들었다.

너나 할 것 없이 우리 모두는 첨단 과학의 문명시대를 살고 있다. 은밀한 둘만의 대화가 속속들이 도청되고, 밤늦은 고향 논둑길의 일거수일투족이 방범카메라에 녹화되는 세상이다. 어디에도 비밀이란 없다. 현란한 수사修辭와 금권으로, 못 갖춘 인성을 호도糊塗하려 해도 오래가지 못한다. 자기에 대한 인격의 척도와 내공은 자신이 가장 잘 안다. 내가 세상을 떠나면 모두가 슬퍼하고 어둠의 장막이 드리울 것 같지만 가당치도 않은 기우다. 그 또한 역사의 편린片鱗이 되고 말 뿐이다.

이런저런 연유로 역사 인물의 묘를 찾아 전국을 떠돈 지가 수십 년에 이른다. 그동안 수백 기基의 묘 앞에 서 보았다. 공통적으로 느낀 게 있다. '만일 인간에게 죽음이 없었다면 어찌 되었을까' 하는 엉뚱한 발상이었다. 답은 명료했다. 그것이 곧 재앙災殃이라는 걸.

이글거리는 태양도 온종일 중천에 떠 있지 못한다. 때가 되면 기운다. 국가의 흥망성쇠와 인간의 생로병사도 이를 비껴갈 수는 없다. 이처럼 역사는 모든 것을 만들고 또 모든 것을 거두어 간다.

己亥 단기 4352년(2019) 6월

빙아 李揆 元

2장 역사의 표상이 되다

3장 신념대로 살다

4장 영욕의 삶을 살다

6장 현대사를 써 내려가다

1장
바람과 물 풍수를 말하다

백두대간을 제대로 이해 못 하고는 '사랑방 풍수'란
비칭을 모면하기 어렵다. 전국 어느 곳에서 음택이나
양택 자리를 택지하든 내룡맥의 흐름을 분간 못해
혈처나 발복지를 놓칠 수 있기 때문이다.

국조 단군왕검이 하늘에 천제를 지내기 위해 축조한 강화 마니산(467m), 참성단(사적 제 136호). 놀랍게도 한라산(남) 백록담과 백두산(북) 천지의 정(正) 중앙에 위치하고 있다. 전국에서 명산정기가 가장 센 곳으로 1953년 이후 전국체육대회 성화를 여기서 채화하고 있다.

백두대간은 풍수적 지세를 파악하고
명당에 기를 공급하는 근본이 되니

오랜 옛날부터 인간은 산을 등 뒤로 하고 물을 마주 보는 강변이나 냇가에 집을 짓고 살았다. 풍수지리가 뭔지 몰랐던 그들도 따뜻하게 햇볕 잘 드는 배산임수背山臨水 지형이 사람 살기에 가장 쾌적하고 편안했던 것이다. 인지人智가 발달하면서 이들은 기왕이면 집 뒤 삭풍을 집 앞 안산이 막아주고 좌우가 안온하게 환포된 안전지대를 찾아 나서게 되었는데 이것이 고대 자생풍수의 시원이다.

한반도 풍수기원은 민족의 성산 백두산에서 비롯된다. 예부터 우리 선조들은 이 땅을 동·서로 크게 양분해 산줄기山經와 물길水脈을 갈랐다. 이것이 고대 부족국가 영역이 되었고 삼국의 국경을 비롯하여 조선시대에는 행정 체계를 구획 지었다. 현대에 와서도 자연스럽게 각 지방의 분계선이 되고 있다.

국토의 물형을 구체적으로 인식하게 된 조선조에 들어서는 나라 땅의 산줄기와 물길을 1대간大幹 아래 1정간正幹, 13개 정맥正脈으로 세분화시켰다. 이들 명칭은 전국 각 지역의 산과 강 이름에서 얻어진 것이다. 산과 물이 만나 빼어난 자연경관을 빚어내며 언어·습관·풍속 등 의식주의 다양함과 독특한 생활철학을 태동시켰다. 이 중 한반도의 척추에 해당하는 백두대간은 풍수적 지세를 파악하고 명당에 기를 공급하는 근본이 된다.

백두대간을 제대로 이해 못 하고는 '사랑방 풍수'란 비칭을 모면하기 어렵다. 전국 어느 곳에서 음택이나 양택 자리를 택지하든 내룡맥의 흐름을 분간 못해 혈처나 발복지를 놓칠 수 있기 때문이다. 특히 입수入首 지점이 분명치 않은 평야지대나 도서지방에서는 자칫 역장逆葬의 실수까지 범할 수 있어 주의가 요구된다.

1400km에 달하는 백두대간은 백두산(2744m)에서 시작돼 동쪽 해안선을 끼고 금강산(1638m)→설악산(1708m)을 거쳐 태백산(1567m)에 이르러 서쪽으로 방향을 급선회한다. 대간의 본줄기는 내륙(속리산 1508m) 깊숙이 파고들어 한강과 낙동강을 남북으로 분수分水한 다음 섬진강 동쪽 분맥점인 지리산(1915m)에까지 이르는 한반도의 거대한 근골筋骨이다.

백두대간의 한줄기가 장백산에서 동쪽으로 뻗어 함경북도의 중앙을 가로지르며 거문령(경성)→백악산(경흥)을 지나 두만강 하구 녹둔도에서 멈춘 융기맥이 1정간에 속하는 장백정간이다. 나머지 13개 정맥은 강이 가른 용진처龍盡處(산과 강이 만나는 곳)를 구절양장으로 넘나들며 전국 8도를 절묘하게 파고든다. 마치 인체의 굵은 혈관과도 흡사한 이 정맥이 지나는 곳마다 땅의 운기가 전달되며 명당 혈처를 맺고 있다.

백두대간이 대들보라면 13개 정맥은 서까래에 해당하는데 그 위치와 분기점은 다음과 같다.

① 청북정맥은 백두대간의 낭림산에서 서쪽으로 내리뻗어 신의주 앞바다 신도에서 혈을 맺으며 청천강 이북 산세를 형성한다. ② 청남정맥은 낭림산 정기가 묘향산에서 집적돼 서남향의 월봉산을 지나 광량진의 봉수산까지 내달리는 산줄기로 대동강을 만나 결혈한다. ③ 해서정맥은 백두대간의 두류산에서 언진산→멸악산을 지나 강령의 장산곶까지 내려온 맥으로 백령도에서도 육안 관측이 가능하다. ④ 임진北예성南정맥은 임진강 북쪽과 예성강 남쪽 산줄기로 개성 송악산까지 이어진다. ⑤ 한북정맥은 한강 북쪽을 형성하며 금강산에서 도봉산 삼각산을 거쳐 파주 교하까지 연결된다. ⑥ 한남정맥은 속리산에서 북상한 내룡맥이 칠현산→보개산→김포평야 구릉지대를 지나 강화도 앞 문수산에서 멈춘다. 서울의 관악산도 이 맥이다. ⑦ 한남금북정맥은 속리산 문장대에서 청주 상당산성을 향해 북상하는 짧은 맥이다. ⑧ 금북정맥은 충청남도를 서남쪽으로 관통하며 차령을 지나 태안반도까지 연결되며 금강이북이 이에 속한다. ⑨ 금남정맥은 전주 동쪽 마이산에서 북으로 역주해 대둔산→계룡산을 거친 후 부여 부소산과 조룡대에서 멈춘다. ⑩ 금남

백두대간의 산경도(山經圖). 1대간, 1정간, 13개 정맥으로 한반도의 척추에 해당한다.

호남정맥은 백두대간이 지리산에 이르기 전 영취산에서 장수를 북으로 끼고 돈다. ⑪ 호남정맥은 전주 동쪽 곰재에서 광주 무등산→보성 사자산까지 남진하다가 동북쪽으로 치솟아 순천 조계산→광양 백운산에서 멎는다. ⑫ 낙동정맥은 태백산에서 남쪽으로 내려온 산줄기가 문경 이화령→동래 금정산을 뒤로 하고 부산 다대포 앞 바다에서 도수맥渡水脈으로 숨어들어 일본 대마도로 이어진다. ⑬ 낙남정맥은 지리산에서 동남쪽으로 고성 무량산→진해 여항산을 지나 김해 부산으로 이어지며 국토 동부의 남단을 가로지른다.

반만년 역사를 풍미한 이 땅의 인걸들은 백두대간의 정기가 기혈로 뭉친 1개 정간, 13개 정맥 아래서 태어나 한민족사를 주도해 왔다. 목(문필가) 화(무장, 혁명가) 토(재벌, 기업가) 금(공직 관료) 수(예술가)의 오행 물형에 따라 인물이 출현하여 시대적 위기를 극복해냈다. 그들은 비록 가난했으나 두뇌가 영민하고 무예가 출중했으며 개인적 부귀영화를 탐하지 않았다.

20세기 초 이 산하를 강점한 일제는 혹독한 고문과 죽음도 두려워 않는 한민족의 선비정신을 풍수사상에서도 찾아냈다. 그들은 우리 강토의 구석구석을 뒤져《조선의 풍수》(무라야마 지준 지음)란 책을 펴낸 후 풍수지리는 혹세무민하는 미신이라며 조선 민중이 배우지 못하도록 차단했다. 조선 왕실의 맥을 끊기 위해 고종, 순종의 두 황제를 탄출시킨 전설적 명당 남연군(흥선대원군 생부) 묘(충남 예산군 덕산면 상가리) 뒤 거대한 입수 내룡맥을 무지막지하게 절단했다.

일제의 풍수 만행은 백두대간으로까지 확산됐다. 1903년 전국의 지하자원을 탐사한다는 명분으로 우리 고유의 대간·정맥이란 용어를 없

충북 괴산과 경북 문경을 잇는 이화령. 일제가 강제로 지맥을 끊었다.

애고 그들이 쓰는 산맥이란 말로 바꿔놓았다. 산맥은 지질구조에 기반한 산과 들의 연결체계로 물길을 고려 않는 인위적 구획선이다.

1925년부터는 신속한 물자수송을 빌미로 백두대간 곳곳을 끊어 신작로를 냈다. 남한의 진부령에서 지리산 구간의 735km 중에서만 63곳이나 잘려 나갔다.

행정안전부와 산림청은 2012년 5월 16일 충북 괴산군 연풍면과 경북 문경시 문경읍 경계인 이화령梨花嶺 꼭대기에서 끊어진 백두대간을 잇는 복원사업 기공식을 가졌다. 일제가 산허리를 마구 파헤친 지 87년만이다. 정부에서는 동년 10월까지 43억 6000만 원을 투입해 이화령 구간을 완공하고 단절 구간 중 복원이 시급한 강릉 대관령 등 총 13곳을 단계적으로 복원시켰다.

백두대간은 생물권 보존지역으로 유네스코에서 지정한 환경 영토

2012년 복원된 이화령 모습. 백두대간은 한반도 지형의 근간을 이룬다.

다. 풍수학계와 환경단체에서는 상처 난 민족혼을 되살리고 생태계 축을 다시 잇는 뜻깊은 대역사大役事라며 반기고 있다. 이 백두대간 척추의 복원이 남한에서 북한으로 이어질 때 무수한 인걸들을 배출시킨 이 땅의 풍수환경도 크게 달라질 것으로 기대된다.

우리 조상은 역사는 사람이 도모하며 그 인물의 탄생은 명당의 지령地靈에서 비롯된다고 일러왔다.

세시기에 따르면 윤달은 결혼하기에 원만하고 수의를 만드는데
좋으며 모든 일에 꺼릴 것이 없는 달이라고 기록돼 있다. 윤월 윤삭
윤여 등으로도 불리는 윤달에는 '귀신이 없는 달'이어서 하늘·땅의
모든 신들이 인간에 대한 감시를 잠시 쉬는 기간으로 여겼다.

풍수와 윤달풍속
윤달의 의미

수목장으로 모신 '부모나무'를 찾은 부
부. 부정과 액이 없는 윤달을 골라 수
목장을 하는 사례가 늘고 있다.

윤달은 귀신의 해코지가 없는 달
신들이 인간에 대한 감시를 쉬나니

순 국산 안동 삼베에다 순도 99.9%의 황금을 입힌 수의 한 벌에 4000만 원, 동일 품질의 삼베 수의에 황금 문양만 새긴 보급형 수의는 800만 원. 집수리 센터와 이장·분묘 업계의 전례 없는 호황. 세상을 깜짝 놀라게 했던 2009년 윤달(5월)의 반짝 특수 경기였다.

반면에 전국의 예식장과 이삿짐센터는 개점 휴업상태였고 신혼부부들이 살림 장만을 위해 찾는 가전·가구업계도 울상이었다. 산부인과 병원은 윤달이 들기 전 제왕절개나 유도분만으로 출산을 앞당기려는 임산부들의 요청이 쇄도해 애를 먹었다. 2012년 임진년에는 윤 3월(양력 4월 21일~5월 20일)이 들어 있었다.

2~3년마다 한 번씩 주기적으로 찾아오는 음력 윤달이 어떤 의미를 갖고 있기에 세상을 들썩이게 하는가. 과연 윤달엔 이장, 집수리 등은 탈이 없고 결혼·출산 등 경사는 기피해야 되는 것일까. 민속학자들은

이러한 전통 민속의 전거典據를 《동국세시기東國歲時記》에서 찾는다. 《동국세시기》는 조선 정조·순조 때 학자인 홍석모가 당시의 연중행사와 풍속을 정리하고 설명한 세시풍속집이다.

세시기에 따르면 윤달은 결혼하기에 원만하고 수의를 만드는데 좋으며 모든 일에 꺼릴 것이 없는 달이라고 기록돼 있다. 윤월閏月 윤삭閏朔 윤여閏餘 등으로도 불리는 윤달에는 '귀신이 없는 달'이어서 하늘·땅의 모든 신들이 인간에 대한 감시를 잠시 쉬는 기간으로 여겼던 것이다.

예부터 우리 조상들은 매달마다 그 달을 관장하는 12 귀신인 월건月建이 있다고 인식해 왔음을 여러 기록에서 확인할 수 있다. 현재까지도 상·장·제례의 축문 서식에 해당 월마다 다른 월건을 사용하고 있음이 이를 방증한다. 윤달에는 월건이 없다. 이런 맥락에서 윤달은 1년 중 한 달이 가외로 있는 13번째 달이어서 모든 일에 부정 타지 않고 신들의 해코지가 없어 액厄이 끼지 않는 것으로 믿었다.

이러했던 윤달 풍속이 이장을 하거나 무덤을 보살피는 산역山役 쪽으로 기운 데에는 선조들의 효행사상이 큰 요인으로 작용했다. 혼사야 다른 달을 택일해 얼마든지 행할 수 있었지만 2~3년에 한 번씩 오는 윤달의 산역은 별렀던 문중사門中事였기 때문이다. 아무리 '윤달 혼사가 좋다' 해도 산역과는 병행할 수 없는 경사와 흉사로 구분했다. 이런 관습이 오랜 세월을 거치면서 새로운 풍속으로 정착된 것이다.

그렇다면 음력의 윤달은 왜 생기는가. 달력을 만드는 역법曆法에는 해의 공전운동을 기준으로 계산하는 태양력과 달의 공전운동을 중심 삼고 만들어진 태음력이 있다. 음양오행상 해는 하늘·남자로 양陽에 속하며 달은 땅·여자로 음陰에 해당한다. 역법은 천체 현상으로 인한 신

강화 전등사 경내의 소나무숲. 지장 성지 도량이어서 수목장 요청이 쇄도하고 있다.

윤달 풍속이 이장을 하거나 무덤을 보살피는
산역 쪽으로 기운 데에는 선조들의 효행사상이 큰 요인으로
작용했다. 혼사야 다른 달을 택일해 얼마든지 행할 수 있었지만
2~3년에 한 번씩 오는 윤달의 산역은 별렀던
문중사였기 때문이다.

묘한 것이므로 하늘에서 그 임무를 부여받은 황제만이 쓸 수 있다 하여 번방藩邦이나 소국에서는 임의로 정해 사용 못 하도록 했다.

천문학자에 의하면 음력의 한 달은 29.5306일 이어서 1년 12개월의 태음년은 354.3672일이 된다. 반면 양력의 한 달은 30.4368일로 태양년 1년 열 두 달은 365.2422일이다. 이로 인한 태음력과 태양력이 1년 차이는 11일나 돼 3년이 경과하면 33일의 격차가 벌어진다. 날짜와 계절이 판이하게 달라져 두 역법 간의 활용이 무력화되고 만다.

일찍이 동·서양에서는 십구칠윤법十九七閏法이라 하여 19년간 7회의 윤달을 삽입해 음·양력의 운행을 일치시켰다. 이를 자세히 풀어보면 양력의 19년은 365.2422일×19년=6939.6018일이다. 음력의 경우는 19년에 윤달 7회를 더해서 총 235개월이 되는데 29.5306일(1개월)×235개월=6939.691일로 소수 첫째 자리까지 잘 맞는다.

양력의 각 달에는 초순의 12절기節氣(2월 4일 입춘)와 하순의 12절후節候(2월 19일 우수)가 있는데 기와 후를 합쳐 흔히 24기후라고 한다. 절기와 기후 사이는 15일로 음력의 각 달에는 절기만 있고 절후가 들지 않은 달이 있다. 이 무후월無候月을 골라 윤달로 정하는 법을 무후치윤법無候置閏法이라 하며 2~3개의 윤달 후보가 있으면 첫 번째 것을 윤달로 결정한다.

전통적으로 한민족은 중국의 영향을 받아 양력보다는 음력을 선호했다. 갑오개혁(1894) 이후 일제는 국민들에게 양력설 쇠기를 강압했으나 항일정신과 맞물려 결코 응하지 않았다. 현재 음력설은 국가 공휴일로 지정돼 양력설을 쇠는 인구보다 압도적으로 우세하다. 만조와 간조의 조수 간만 차이를 이용하는 현대 해군의 해상작전 시에도 음력의 활

윤달 이장을 위해 파 놓은 3인 합장의 광중.

용은 필수적이다. 같은 만조라 해도 상현(음 7~8일경)이나 하현(음 22~23일경) 때는 물높이가 낮고 사리(초하루나 보름)에는 물높이의 차이가 크기 때문이다.

옛 왕실에서는 윤달 중에서도 길일을 골라 왕릉을 봉심奉審(능을 돌아보며 살피는 절차)이나 사초莎草(잔디를 새로 입히거나 석물을 바로 세움)하는 일을 빼놓지 않았다. 무덤을 돌보는 산역에도 각기 다른 용어가 있어 왕실은 사초, 사대부는 금초, 평민은 벌초라 했다. 추석이나 윤달에 잡초를 제거하러 가면서 '벌초하러 간다'고 함부로 말할 게 아니다.

오래 전부터 전국 산야에선 3년 만에 찾아든 윤달을 맞아 조상의 분묘를 개장하거나 묘역을 손보는 일들이 많아졌다. 특히 근자에 와서는 기존의 묘역 확장이나 이장보다는 선조 묘를 파묘해 현장에서 산화시키는 사례가 증가하고 있다. 이 중에서도 가스버너나 번개탄을 이용한 현장 소각처리는 산불 예방이나 위생 차원에서도 많은 우려를 자아내고 있다. 조상을 예우하는 숭조효행의 측면에서도 결코 용납될 수 없다는 게 사계의 공통된 의견이다.

풍수학계서는 이렇게 화장된 유해는 후손들과의 동기감응이 단절되는 것으로 규정한다. 엄청난 가열로 인한 유전인자DNA의 소멸로 해도 없고 득도 없는 이른바 무해무득無害無得의 인연이 되고 마는 것이다. 이 과정에서 유의할 점은 생장生葬 및 육탈된 유해遺骸와 화장한 유골遺骨은 합장할 수 없다는 장법이다. 숯으로 탄화된 유골이 유해의 정기를 흡수하기 때문이다. 이럴 때는 생장이나 유해를 매장한 봉분 옆에 돌로 만든 단壇을 세워 표시해 두는 것이 바른 예법이다.

오랜 세월을 통해 풍속으로 굳어진 장법이나 윤달에 대한 통념은 특정종교나 사상과도 무관하다. 풍수와 음력을 도외시하는 일부 종교인이라 해서 굳이 안 좋다는 윤달에 자녀를 결혼시키고 장법을 거슬리면서까지 선조 묘를 건드릴 일이 있겠는가.

조상을 새롭게 수목장으로 모시는 일, 팔자 좋고 장수하는 노인을 모셔다 부모님 수의를 짓게 하는 일, 이미 마련한 수의를 꺼내 바람 쐬며 손질하는 일, 장독대 옮기기, 지붕과 변소 수리 등 평소엔 꺼림칙한 일들을 매년 윤달에는 일진을 보지 않고 행해도 좋다.

우리 산하에는 강력한 영산 정기를 내뿜는 명산들이
도처에 산재한다. 강화 마니산을 오르다 보면 정상의 참성단 가까운
곳에 '전국에서 가장 정기가 센 곳'이라는 팻말이 세워져 있다.

우리나라에서 영산 정기가 가장 센 곳
중 하나인 강화도 마니산. 도인들이 즐
겨 찾아 심신을 단련하며 철야정진을
하기도 한다.

인간의 장수열망은 무한하여
수경신 수행으로 생명연장을 꾀하나

들려오는 총소리를 자장가 삼아

꿈길 속에 달려간 내 고향 내 집에는

정안수 떠 놓고서 이 아들의 공 비는

어머님의 흰머리가 눈부시어 울었소

아~쓸어안고 싶었소.

6·25 한국전쟁이 한창이던 1951년. 가수 신세영(1926~2010)이 불러 전국 산하를 울린 〈전선야곡〉의 2절 가사다. 자식을 군에 보내놓고 애타는 부모 심정을 어찌 이리도 절절하게 표현해 냈을까 싶어 언제 들어도 가슴이 먹먹해진다. '엄마, 어머니'. 언제 떠올려도 우리 가슴 속에 지울 수 없는 영원한 화두다.

'우리의 어머니'는 예나 지금이나 변함이 없다. 특히 음력 정월이 되면 고향의 뒷산이나 전국의 명산대천을 남몰래 찾아 영산靈山의 정기를 받으려고 온갖 정성을 아끼지 않는다. 영험 사찰이나 산속 기도원도 예외는 아니다. 오복五福을 비는 그 정성은 하늘을 감동시키고 그 덕분에 잘 산다고 우리는 믿는다.

오복은 수壽(오래 사는 것), 부富(재산이 많은 것), 강녕康寧(건강하고 마음이 편한 것), 유호덕攸好德(도덕 지키기를 낙으로 삼는 일), 고종명考終命(제 명대로 살다가 편안하게 죽음)을 이른다. 이 다섯 가지 복 중에서도 오래 사는 것이 맨 먼저다. 날이 갈수록 인간의 기대수명은 점차 늘어가고 있는데 도대체 사람의 수명은 몇 살까지가 한계일까.

고대로부터 인간 수명을 예견하고 장수비법을 비전해 온 게 중국의 도교道敎다. 기원전 3세기 무렵 중국에서 자연 발생한 도교는 산악·신선사상 기반 위에 노장老莊사상과 유교·불교를 포함한 통속적인 신앙 요소까지 수용한 복합종교다. 사람이 죽지 않고 영생불멸한다는 신선사상은 삼국시대부터 우리나라에 유입됐다. 고려·조선사회를 풍미했고 인간의 장수열망에 무한한 욕망의 불을 지폈다.

그 장수에 대한 욕구는 현재까지도 열화와 같이 산악신앙 형태로 유지되며 많은 수도인들을 결집시키고 있다. 강원 태백산, 경기 감악산, 충남 계룡산, 충북 속리산, 경남 영축산, 경북 팔공산, 전남 월출산, 전북 모악산, 제주 한라산이 이러한 명산이다. 이밖에도 우리 산하에는 강력한 영산정기를 내뿜는 명산들이 도처에 산재한다. 강화 마니산을 오르다 보면 정상의 참성단 가까운 곳에 '전국에서 가장 정기가 센 곳'이라는 팻말이 세워져 있다.

이러한 화강암 암반 위의 전국 명산 명소에서는 천막을 치고 기도

하는 수도인들을 쉽사리 만날 수 있다. 오탁汚濁으로 얼룩진 세속의 탐貪(남의 것을 탐냄), 진瞋(까닭 없이 성냄), 치癡(어리석음)의 삼독심三毒心을 제거해 세상을 정화시키려는 자기수행이다. 그들의 연단수행은 불교와 전혀 다른 또 다른 형태의 신앙에 뿌리를 두고 있다.

신선사상에서는 사람에게 주어진 수명의 한계를 120년으로 산정한다. 그런데 인간은 왜 누구에게나 주어진 120년을 살지 못하고 일찍 죽는 것일까. 해답은 욕심과 악행 때문이다. 그렇다면 선한 인간본성을 파괴시켜 수명을 단축하는 욕심과 악행을 없애버려 오래 사는 방안은 없는 것인가. 일찍이 우리 선조들은 수경신守庚申이란 신앙수행을 통해 익숙히 대처해 왔으며 현재까지도 도가道家에서는 치밀한 계획을 세워 이를 시행하고 있다.

어느 종교를 막론하고 논리나 과학으로 입증 안 되는 권선징악의 교리해석이 뒤따르지만 신선사상의 경신일 신앙은 매우 구체적이다. 우리 몸속에는 상시上尸, 중시中尸, 하시下尸라는 눈에 보이지 않는 삼시충三尸蟲이 기생하며 인간의 일거수일투족을 감시한다. 상시의 이름은 팽거彭据로 보물을 좋아하고 중시는 팽질彭質로 오미五味를 즐기며 하시는 팽교彭矯라 하여 색욕을 탐한다.

이 삼시충이 경신(육십갑자 천간 중 8번째로 원숭이에 해당)일만 되면 하늘로 올라가 사람이 저지른 죄악상을 천제에게 낱낱이 고해바친다. 삼시충의 보고는 60일을 단위로 한 차례씩 1년에 모두 6차례 행해지는데 이때마다 인간의 수명은 점차로 단축된다. 죄가 무거우면 기紀를 빼앗고 가벼운 죄는 산算으로 감했는데 기는 300일이고 산은 3일이다.

삼시충은 인간이 잠든 사이 몰래 빠져나가 천제에게 고자질하고 잠

궁궐 지붕 위의 십이지상. 액을 막는 상징적 동물이다.(사진 위)
12동물 중 원숭이상. 수경신은 경신일에만 행한다.(사진 아래)

경신일에 잠을 자지 않고 날을 새우면 고약한 삼시충이
몸을 이탈 못해 인간의 수명은 연장된다. 이를 바탕으로
경신일을 골라 밤을 새우며 서로 간의 수명을 축수하고
잔치까지 벌였던 게 수경신 또는 경신수야 수행법이다.

깨기 전 다시 돌아온다. 따라서 경신일에 잠을 자지 않고 날을 새우면 고약한 삼시충이 몸을 이탈 못해 인간의 수명은 연장된다. 이를 바탕으로 경신일을 골라 밤을 새우며 서로 간의 수명을 축수하고 잔치까지 벌였던 게 수경신 또는 경신수야庚申守夜 수행법이었던 것이다.

이러한 삼시충의 저주 신앙은 단순한 민간설화가 아니다. 중국의 역대 천자들도 이를 두려워해 측근 대신들과 함께 잔치와 풍악으로 경신일 밤을 지새웠다.

수경신에 관한 기록은 우리나라 문헌에도 전한다. 《고려사》원종 6년(1265) 4월 경신일 조에 "태자는 이날이 올 때마다 반드시 모여 술을 마시고 밤새도록 놀며 잠을 자지 않았다"고 기록돼 있다.

조선조에 들어서는 더욱 구체적이다. 성종실록 17년(1486) 11월과 연산군일기 3년(1497) 11월 조에는 지나친 수경신 향연으로 궁궐의 기강이 손상된다는 대신들의 상소가 빗발치고 있다. 이 모두가 삼시충의 육체이탈을 막아 무병장수를 꿈꾸는 간절한 여망이었다.

궁중에서도 이러했거늘 하물며 백성들은 어떠했겠는가. 급기야 영조 때 와서는 국법으로까지 금지시켰지만 단절은커녕 오늘날까지 면면히 이어지고 있다.

사람이 먹지 않고는 견뎌도 잠 안 자고는 못 산다. 군의 강도 높은 극기 훈련 중에서도 가장 큰 고통은 잠을 안 자는 것이다. 때로는 행군하면서도 순간순간 눈을 붙이기도 한다. 경신일을 지키는 수경신도 수 없는 자기 한계와 맞닥뜨린다. 특히 수경신은 일반 수행과 달라 경신일 밤 12시 정각부터 이튿날(신유일) 밤 12시 정각까지 버티는 동안 단 1초라도 깜빡 졸면 원천무효다.

1년 6회의 경신일 중 1회를 통과하면 3일(1산) 씩의 수명이 늘어나며 6회를 모두 버텨낼 경우에는 300일(1기)의 명이 연장된다. 죄과가 많은 사람일수록 견딜 수 없는 잠이 엄습한다. 인간의 헛된 욕망과 거짓 망언으로 기와 산을 갉아먹는 죄과는 수백 가지가 넘는다. 누구에게나 주어진 보편적 수명인 120년을 못 채우고 세상을 떠남은 미망을 좇으며 막행막식하는 자기 자신의 탓이다.

그 옛날 우리의 할머니와 어머니는 수경신의 법도를 알았다. 비록 새 옷은 아니었지만 누더기 무명옷을 정갈히 빨아 입고 뜰 안의 장녹대에 정안수를 떠놓고 자식들의 공을 빌었다. 자신의 수명을 간구하지 않고 자식들의 무병장수를 밤새워 기원했다. 그날이 바로 경신일이었던 것이다.

임진년 2012년 경신일은 2월 29일(수), 4월 29일(일), 6월 28일(목), 8월 27일(월), 10월 26일(금), 12월 25일(화)이었다. 수경신, 경신수야는 정기가 센 영산 명당이 아니더라도 구애를 받지 않는다. 후조候鳥처럼 지조가 흔들리고 중상모략이 난무하는 현실 세태 속에 수경신을 제대로 지켜낼 자, 과연 그 누구일까 싶다.

한라산이 신성한 화기를 내려 북쪽 기슭 모흥혈이란 세 곳의 구멍에
삼신인을 탄강시키니 삼성혈이라 부르게 되었다. 삼신인은
한라산 중턱 사시장올악에 올라 제주를 3분키로 합의하고 활을 쏘아
명중한 지역을 도읍으로 정하니 탐라국의 시조가 되었다.

제주 역사의 발상지
삼성혈과 탐라신화

4300여 년 전 삼신인이 태어난 삼성
혈. 제주도 내 최고의 명당 자리로 성
역화 지역이다. 단군의 굴(窟) 신화와
삼신인의 혈(穴) 신화가 대비된다.

삼성혈은 제주 역사의 발상지
탐라신화에서 성탄지로 성역화돼

태고적 제주도에는 사람이 없었다. 이곳에는 태초부터 구름과 바다가 맞닿아 기이하게 빼어난 한라산이 있었다. 비바람이 거세게 몰아치는 풍운조화로 천지가 진동하던 날, 그 한라산이 신성한 화기를 내려 북쪽 기슭 모흥혈毛興穴(제주특별자치도 제주시 이도1동 1313번지)이란 세 곳의 구멍에 삼신인三神人을 탄강시켰다.

위쪽 구멍에선 고을나高乙那, 왼쪽에선 양을나梁乙那, 오른쪽에선 부을나夫乙那 성씨의 세 신인이 솟아나 삼성혈三姓穴(사적 제134호)이라 부르게 되었다. 삼신은 사이가 좋아 원시 수렵생활을 하며 평화롭게 살았다. 어느 날 동해 벽랑국 임금이 보낸 아름다운 세 공주가 자주색 목함을 타고 연혼포延婚浦(서귀포시 성산읍 온평리)에 도착했다. 그들은 오곡의 종자와 가축도 싣고 왔다.

삼신인은 하늘의 큰 뜻임을 알아차렸다. 혼인지婚姻址(서귀포시 성산읍 온평리 1693번지, 지방문화재 기념물 제17호)에서 목욕재계한 뒤 세 공주를 각각 배필로 정해 예식 올리고 연못 옆 가까운 동굴에 신방을 차렸다. 이로부터 제주도에는 인간으로서의 정착생활이 비롯되었고 농경사회로 발전하기 시작했다. 지금부터 4300여 년 전 일로 이 무렵 한반도에서도 단군왕검이 고조선을 건국했다.

가정을 이룬 삼을나는 각기 정주할 생활터전이 필요했다. 한라산 중턱 사시장올악射矢長兀岳에 올라 제주를 3분키로 합의하고 활을 쏘아 명중한 지역을 도읍으로 정했다. 맏이 양을나는 제1도都, 둘째 고을나는 제2도, 셋째 부을나는 제3도로 가 탐라국의 시조가 되었다. 그때 쏜 화살이 박혔던 삼사석지三射石址는 지방문화재 기념물 제4호(제주시 화북1동 1380-1번지)로 지정돼 있다.

이후 탐라국은 수천 년 동안 동북아 지역의 독립국가로 존재하며 신라, 백제, 고구려는 물론 중국, 일본, 유구(오키나와) 왕국과도 활발한 해상 교역 활동을 전개했다. 고려 제15대 숙종 10년(1105) 탐라국을 폐하고 탐라군으로 흡수되며 왕조는 멸하고 대성부大晟府가 설치됐다. 제24대 원종 12년(1271)에는 진도에서 패한 김통정의 삼별초군이 제주로 쫓겨와 3년간 항몽전쟁을 벌였으나 김방경에게 패해 원나라 직할령이 되는 뼈아픈 역사로 이어진다.

이와 같이 신화에서 기록시대로 이어지는 제주의 역사는《고려사》《동문선》《탐라지》《영호지》등 문헌에 상세히 기술돼 있다. 삼성혈은 제주 역사의 발상지여서 선사시대부터 성탄지로 숭앙돼 온 성역이다. 유교가 국시였던 조선조에는 조정의 배려와 역대 관리들 간 존숭 치적으로 더욱 신성시되었으며 제11대 중종 21년(1526) 이수동 제주목사가 처음으로 국제國祭를 지냈다.

삼성혈에 가면 수천 년간 이어져 온 전설과 신비를 온몸으로 느낄수 있다. 품品 자 모양의 세 개 구멍 중 하나는 둘레가 6자(약 1.8m)이고 깊이가 바다까지 통한다고 하며 나머지 두 개는 각각 3자씩이다. 영겁의 세월 동안 폭설과 폭우가 내렸어도 쌓이거나 고이지 않은 채 원형이 보존되고 있다. 수백 년 된 고목들도 모두 삼성혈을 향해 경배하듯 가지 벌려 감싸 안고 있다.

삼신인이 용출湧出한 혈장은 오좌자향의 정북향이고 고·양·부 삼신 위패를 봉안한 삼성각은 유좌묘향의 정동향이다. 원래 궁궐은 북쪽에 등을 두고 조상 신전은 동향을 하는 법이다. 풍수역사가 태동되기 전 섬나라 탐라국에 어떻게 이런 풍수배치가 적용됐는지 경이롭기만 하다. 삼성전은 예부터 전해오던 혈단 옆 건물을 숙종 24년(1698)에 중건한 것이다.

삼을나 후손들이 윤번제로 헌관을 맡아 매년 4월 10일과 10월 10일 춘·추대제를 봉행한다. 12월 10일에는 하늘이 문을 처음 연 것을 기리는 건시乾始대제를 올린다. 제례는 향교의 석전제와 같은 예법이며 조선시대는 나라에서 지냈던 것이 현재는 제주도민제가 되었다.

무속과 전설이 살아있는 제주에서는 건국신화와 연관된 각 곳의 땅을 풍수와 연관지어 풀이해내고 있다. 세 공주가 도착했다는 온평리 마을을 배를 타고 멀리서 바라보면 마치 아낙네가 누워있는 것 같은 여근곡을 연상시킨다. 마을 중심부에는 100년 넘게 딱 붙어 있는 연리지連理枝 두 그루의 고목이 있다. 신혼부부가 이곳에 묵어가면 반드시 득남하고 금실 좋게 장수한다 하여 필수 방문코스가 되어있다.

탐라국 시조 고·양·부 삼을나의 위패를 봉안한 삼성전. 춘·추대제는 제주도민의 축제다.

무속과 전설이 살아있는 제주에서는 건국신화와 연관된
각 곳의 땅을 풍수와 연관지어 풀이해내고 있다. 온평리 마을
중심부에는 100년 넘게 딱 붙어 있는 두 그루의 고목이 있다.
신혼부부가 이곳에 묵어가면 반드시 득남하고 금실 좋게
장수한다 하여 필수 방문코스가 되어있다.

삼성전 안에 봉안된 삼신인 위패

　현지 풍수학계서는 이곳의 풍수 물형을 한반도 내륙과 연결된 도수맥渡水脈으로 보지 않고 제주만의 자생 풍수맥으로 보고 있다. 한라산을 주산으로 섬 전역에 이어진 내룡 지맥이 생기를 공급한다는 형세론이다. 제주의 전통 장법이나 묘제도 육지와 달라 생경하게까지 느껴진다. 휴화산 지대이긴 하나 땅속의 마그마 활동이 육지보다 강해 나경의 측정도 오차 범위를 감안해야 한다.

　도처가 화산석인 현무암 지대여서 내리는 빗물을 머금지 못하고 지하로 내려 보내 제주에는 암반수가 풍부하다. 이런 지질 토양에선 논농사가 어려워 쌀이 귀하고 밭작물이 주종을 이룬다. 화기를 품은 탄화석이 생기를 흡수해 인걸의 탄출이 드물기는 하나 삼성혈이 있는 성역은 다르다. 세 마리 용이 승천하며 성인의 출현을 알리는 주변 지세가 암묵적으로 드러난다.

단군신화 속의 곰이 쑥과 마늘로 100일을 견뎌내 사람이 된 굴窟과, 삼을나가 솟아난 구멍穴이 상생하며 한민족 고유의 삼신일체 사상과도 만난다. 인류역사의 변천이나 국가형성 과정을 보면 영토 뺏기나 투쟁의 연속인데 제주 삼신인은 다르다. 오늘날 제주인들의 자존심과 평화 존중 사상은 여기서 연원된다.

삼신인이 동시에 태어나 수렵생활을 하면서 경쟁하지 않고 사이좋게 협력한 점, 세 공주를 맞아 아무런 다툼 없이 배필을 정한 것, 생활 터전을 나눔에 능력껏 활을 쏘아 나누고 결과에 승복한 지혜, 분할지역을 정한 후 영토 확장 싸움이 없었던 것, 이웃 간에 서로 돕는 품앗이로 자립과 화합을 이루었다는 협동정신이 제주인을 감동시킨다.

척박한 땅을 일궈 부를 창조하고 외세침략에도 굴하지 않은 삼신인의 개척정신은 아직도 제주인의 혈관 속에 흐른다. 제주 도내 최고 명당에 자리한 삼성혈을 비롯해 도내 각 곳에는 삼신인과 세 공주에 얽힌 선사유적이 선명하게 남아 있다.

웅진에서 사비성으로 도읍을 옮긴 백제 왕실에서는 일찍부터
이 산을 신성시해 명산대천에 올리는 주요 국가 제천 행사를
칠갑산에서 봉행했다. 이 산자락에 7대 명당이 숨겨져 있다는
소문은 이때부터 전해오는 비결인데 아직껏 한 곳 밖에
못 찾았다고 한다. 그 한 자리가 바로 장곡사 터다.

청양 칠갑산 장곡사. 상·하 대웅전이
한 도량 안에 있는 국내 유일의 천년 고
찰이다.

칠갑산에는 천하제일 7명당이 있으니 그 한 자리가 바로 장곡사 터라

청양 칠갑산七甲山(561m)은 천하제일의 명당 7개가 있다 해서 지어진 이름이다. 북두칠성의 일곱 성인을 뜻하는 칠원성군七元聖君의 '七'과 천지시운의 근본원리인 육십갑자六十甲子 중 '甲'자를 따서 칠갑산이라 부른다. 얼핏 들어도 예사롭지 않은 산명이다.

웅진(공주)에서 사비(부여)성으로 도읍을 옮긴 백제 왕실에서는 일찍부터 이 산을 신성시해 명산대천에 올리는 주요 국가 제천 행사를 칠갑산에서 봉행했다. 이 산자락에 7대 명당이 숨겨져 있다는 소문은 이때부터 전해오는 비결秘訣인데 아직껏 한 곳 밖에 못 찾았다고 한다. 그 한 자리가 바로 장곡사長谷寺(충남 청양군 대치면 장곡리 14번지) 터다.

옛 명풍수라 해도 팔도강산의 명당을 모두 골라낸 신풍은 아니었다. 반면에 이 시대의 풍수 지관이라고 옛 신풍만 못하란 법도 없다. 따라서 우리 고장에는 상반된 물형해석이나 법수法數의 오판으로 남겨진 명당들이 도처에 산재해 있다. 청양에는 나머지 여섯 곳의 명당을 찾으려는 풍수 학인들의 발길로 늘 북적인다.

충청남도를 서남쪽으로 관통하며 차령산맥을 업고 태안반도까지 연결되는 금강 이북 지역이 백두대간 중 금북정맥이다. W자 형의 차령 여맥餘脈이 북동에서 남동으로 불현듯 멈춰 명혈을 맺은 융기가 칠갑산이다. 높지 않으면서도 계곡이 깊어 경사면이 급하다. 산 정상에서 방사상狀으로 뻗은 능선이 청양군 면계를 가른다. 지세가 험한 덕분에 산림이 훼손 안 돼 태곳적 신비를 잃지 않고 있다. 1973년 충남 도립공원으로 지정됐다.

칠갑산 남쪽 기슭에는 천년고찰 장곡사가 있다. 신라 제46대 문성왕 12년(850) 보조국사가 창건한 이 절에 가면 아직껏 풀리지 않는 의문의 수수께끼가 있다. 정남향(자좌오향)의 상대웅전(보물 제162호)과 서남향(인좌신향)의 하대웅전(보물 제181호)이 50m 급경사지를 위·아래로 자리하고 있는 것이다. 하나의 도량 안에 두 개의 대웅전 개창은 국내에서는 물론 중국 일본 태국 등 전통적인 불교국가에서도 유례가 없는 가람 배치다.

여기에는 놀라운 풍수비결이 전해온다. 험준한 칠갑산 산세는 도처의 산문山門을 중첩으로 막아서 혈처가 협소한 데다 지관의 명당 점지마저 흐리게 한다. 장곡사 도량 내의 명당은 누가 봐도 하대웅전 자리인데 지대가 너무 낮아 안산案山을 볼 수가 없다. 물형 상으로 귀인貴人이나 손님에 해당하는 안산(남주작)이 좌청룡 우백호 북현무에 압도당함은 이곳 거주자가 외부인으로부터 능멸 당함을 뜻한다.

하대웅전과 함께 상대웅전도 명당자리이긴 하나 주산과 너무 가까

경내의 아름다운 장곡사 길. 칠갑산 아래여서 산세가 급하다.

칠갑산 남쪽 기슭에는 천년고찰 장곡사가 있다. 신라 제46대
문성왕 12년 보조국사가 창건한 이 절에 가면 아직껏 풀리지
않는 의문의 수수께끼가 있다. 하나의 도량 안에 두 개의 대웅전
개창은 국내에서는 물론 중국 일본 태국 등 전통적인 불교
국가에서도 유례가 없는 가람 배치다. 장곡사 상·하대웅전
터는 지형상의 장단점을 상호 보완시킨 절묘한 명당 배치다.

워 도량의 지기를 누를 수가 없다. 풍수에서 인寅, 신申, 사巳, 해亥 방향은 역마살에 해당돼 인마人馬를 오래 머물지 못하게 하나 자子, 오午, 묘卯, 유酉 방향은 장군살로 작용해 방랑기를 억제한다. 군 장성이나 연예인의 사주에 장군살이나 역마살이 끼어있음은 결코 우연이 아니다. 따라서 장곡사 상·하대웅전 터는 지형상의 장단점을 상호 보완시킨 절묘한 명당 배치로 풍수학계에선 해석하고 있다.

공주 마곡사(조계종 제6교구 본사) 말사에 속하는 장곡사에 가면 좁은 도량 내의 수많은 문화재들로 다시 한번 놀란다. 국보 제58호 철조약사여래좌상부 석조대좌, 보물 제174호 철조비로자나불좌상부 석조대좌, 금동약사여래좌상이 보물 제337호로 각각 지정돼 있다. 상대웅전 마루의 8판 연화문 전돌(벽돌)은 통일신라 후기의 사찰건축사 연구에 중요한 자료가 되고 있다.

청양을 답산하다 보면 주산主山과 동떨어져 있는 딴산單山들을 자주 만나게 된다. 칠갑산은 전형적인 다골다탄多骨多灘의 지형으로 좁은 협곡에 낙차 큰 급류가 많다. 이런 풍수환경에선 세간인심과 타협 않고 신의를 중히 여기는 의인 기운을 강하게 받는다. 때로는 혈육 간에도 명분을 굽히지 않아 골육상쟁까지 불사하는 인물이 출현하기도 한다.

조선 정조 때 영의정을 지내면

국보 제58호 철조약사여래좌상부 석조대좌

장곡사 대웅전. 땅 기운을 상호 보완하는 두 채의 대웅전이 한 도량 안에 있다.

서 대쪽 같은 지조로 일관한 번암 채제공(1720~1799)이 이곳 출신으로 화성면 구재리에 그의 사당이 있다. 면암 최익현(1833~1906)은 고향 포천에서 청양으로 이사온 후 항일 의병을 일으켜 대마도에서 순절했다. 목면 송암리에 면암의 충절을 기리는 모덕사慕德祠가 건립됐고 대치면에는 동상이 세워졌다.

화성면 농암리 다락골에는 고종 3년 병인(1866) 박해 때 천주교 신앙을 고수하다가 순교한 16명의 순교자들이 묻힌 '줄무덤'이 있어 순례자들이 자주 찾는다. 정산면 서정리에는 3·1운동 당시 정산시장에서 만세시위를 일으켜 일본 헌병과 맞서다가 순국한 권흥규 최용안 의사의 순열비殉烈碑가 있다. 청양 사람들에겐 어릴 적부터 이런 역사와 인걸의 행장行狀을 듣고 보며 자란 전통의 맥이 있다. 4·19때 육군참모총장 겸 계엄사령관으로 군의 정치적 중립을 지켜 국민적 신뢰를 얻은 뒤 5·16후 내각 수반을 지낸 송요찬(1918~1980) 장군은 청양을 빛낸 현대인물이다.

장곡사 일주문

'충남의 알프스'로 회자되는 칠갑산 중턱에는 칠갑산 노래비가 있다.

> 콩밭 매는 아낙네야 베적삼이 흠뻑 젖는다/
> 무슨 설움 그리 많아 포기마다 눈물 심누나/
> 홀어머니 두고 시집가던 날 칠갑산 산마루에/
> 울어주던 산새 소리만 어린 가슴속을 태웠소.

저려오는 배고픔과 걸칠 것조차 변변찮던 산골 여인의 눈물과 체념이 옛 우리네 어머니의 모습 그대로다. 청양은 근자에 와서야 맵고 알싸한 청양고추와 지방간 제거에 좋다는 구기자가 특산물로 부상하면서 모진 가난에서 벗어났다. 얼마 전까지만 해도 칠갑산이 교통을 가로막아 질곡 같은 여인의 한이 대물림되는 줄 알았다고 이곳에선 술회한다.

한때 불편했던 교통 환경이 칠갑산 정기를 오늘날까지 훼손 안 시키고 국내에서 손꼽히는 청정지역으로 지켜냈다. 역사의 새옹지마塞翁之馬가 아닐 수 없다.

원효가 점지한 절 터는 오늘날의 풍수 법수로 접근해도 오차가 없는 명당들이다. 한국풍수의 기원은 신라 말 도선국사에서 비롯되는데 원효는 도선보다 200여 년이나 앞선 인물이다. 이러한 원효의 사찰풍수는 한국의 자생풍수 기원을 2세기나 앞당기는 방증이다.

자유분방인 원효대사와
한국풍수

여주 신륵사 옆 괴수 바위. 직사로 들어오는 거센 물을 ㄷ자 바위가 순화시켜 생기를 준다. 신륵사는 신라 때 원효대사가 창건했다.

해골 썩은 물을 마시고 불도 이치 깨달아
왕실 귀족불교를 민중 속으로 끌어내려

원효(617~686)대사와 의상(625~702)대사는 속수俗壽로는 아홉 살 차이였으나 7세기 중반 통일신라 시대를 함께 재세한 더없는 도반道伴이었다. 둘은 불도를 깨치러 당나라로 유학길을 떠났다. 육로로 도당渡唐길에 나섰다가 신라군 첩자로 몰려 고구려 군에 고초를 당한지 10년 만이어서 이번에는 뱃길을 택하기로 했다. 당시 원효元曉는 34세였고 의상義湘은 25세였다.

당항성(오늘의 화성시 남양) 근처에 이르렀을 무렵, 밤이 깊어 얼핏 눈에 띄는 웅덩이에서 하룻밤 유숙하기로 했다. 잠결에 목이 마른 원효가 손에 잡히는 대로 바가지에 있는 물을 달게 마셨다. 날이 밝아 잠자리를 살펴본 두 스님이 경악했다. 웅덩이는 파헤쳐진 무덤 속이었고 바가지 물은 해골에 담긴 썩은 물이었다.

가부좌를 튼 원효가 뱃속의 쓴 물까지 다 토해냈다. 그런데 웬일인

가. 토악질을 하는 원효의 머리가 텅 비어 오더니 갑자기 눈앞에서 섬광이 번득이는 것이었다. 순간 원효의 단전에서 뇌성벽력 같은 외마디 비명이 터져 나왔다.

"할喝! 이것이로다. 도는 멀리 있는 것이 아니로다. 바로 나를 깨치는 게 득도가 아니고 무엇이겠는가."

원효는 깊은 선정禪定에 들었다. '타는 목마름으로 간절히 마셨던 단물이 해골 안의 썩은 물인 줄 알고 토해낸 내 안의 또 다른 나는 정녕 누구인가. 그렇다. 삼라만상이 일체유심조一切唯心造로다. 인간의 오욕칠정이 내 마음의 작용일진대 내가 나를 의지하고 내가 나를 이겨내면 활연대오豁然大悟가 아니겠는가.' 원효가 벌떡 일어섰다.

"이보게 의상, 나는 유학길을 포기하겠소. 신라로 돌아가 가진 자와 배운 자만의 전유물이 돼버린 불도佛道를 무지중생들에게 널리 펴겠네."

둘은 말없이 헤어졌다.

불도의 깨우침에는 두 가지 길이 있다. 산문에 들어가 치열한 화두와 칼날 같은 자기 연단으로 득도의 경지에 이르는 구도행각이 있다. 이른바 점진적 수행길의 돈오점수頓悟漸修다. 다른 하나는 막행막식으로 주유만행하다가 막다른 단애절벽에서 어느 한순간 활연대오하는 돈오돈수頓悟頓修의 길이다. 그러나 두 경지에 우열은 없다.

해골수骸骨水 득도 이후 원효는 당시 신라의 왕족·귀족 불교를 대중 불교로 과감히 끌어내렸다. 때로는 상상할 수 없는 온갖 기행으로 민중 속에 뛰어들어 그들과 동고동락했다. 원효는 제26대 진평왕에서 선덕여왕·진덕여왕·태종무열왕·문무왕을 거쳐 제31대 신문왕에 이르는 신라의 삼국통일 시기를 살았다. 서라벌(경주)에서 가까운 압량(경산 불지

서울 효창공원에 있는 원효대사 동상. 걸림 없는 무애행으로 당시의
귀족 불교를 대중화시켰다.

원효의 만행萬行은 만행蠻行이었다. 난해한 불경을 쉽게 푼 주소를
지어 설법하는데 아무에게서나 들을 수 없는 명법문이었다.
표주박 하나를 허리춤에 차고 일체무애인 일도출생사란
'무애가'를 부르며 불교 종단끼리 서로 다투지 말 것을 외쳤다.
이것이 원효 설법의 핵심요체인 화쟁사상이다.

촌) 출생이며 아명은 서당이고 원효는 법명이다. 내마奈麻(신라 17관등 중 11번째 위계) 담날의 아들로 성은 설薛씨였다.

원효의 성장기는 신라가 삼국통일을 위해 화랑을 집중 양성하며 국가를 위해 절대적 충성을 요구하던 때다. 소년 시절 화랑 무리에 속했던 그는 '왜 사람이 사람을 죽여야 하는가'의 화두를 만나 걷잡을 수 없는 번뇌에서 헤어나지 못했다. 원효는 출세길이 보장되는 화랑도를 뛰쳐나와 자기 집을 헐어 초개사初開寺라 이름 짓고 불도수행에 전념했다. 32세(진덕여왕 2년 · 648) 때는 황룡사로 자진 입문해 집단 승려생활을 자청했다. 그에게는 각별히 섬기는 은사나 계사도 없었고 당나라 유학길에 나서려 했던 것도 이즈음이다.

당항성에서 돌아온 원효의 만행萬行은 만행蠻行이었다. 길을 가다가 갑자기 비명을 지르며 통곡하는가 하면 무뢰배들과 어울려 기생집도 자주 출입했다. 거문고와 가야금을 메고 남의 사당祠堂에 들어가 음률을 타고 모르는 여염집을 찾아 서슴없이 잠을 잤다. 그러나 원효의 참모습은 그것이 아니었다. 한날한시에 여러 곳에서 똑같은 모습으로 나타나는가 하면 쇠망치와 정을 들고 큰 바위에 경구를 새겼다. 난해한 불경을 쉽게 푼 주소註疏를 지어 설법하는데 아무에게서나 들을 수 없는 명법문이었다. 표주박 하나를 허리춤에 차고 일체무애인一切無碍人(일체에 걸림이 없는 사람은) 일도출생사一道出生死(단번에 생사를 벗어난다)란 '무애가'를 부르며 불교 종단끼리 서로 다투지 말 것을 외쳤다. 이것이 원효 설법의 핵심요체인 화쟁和諍 사상이다.

어느 날 원효가 술에 만취돼 비틀거리며 서라벌 거리에 나타났다. 고성방가를 목청껏 내지르며 표주박을 두들겨 댔다.

원효대사가 터를 잡은 여주 신륵사

"수허몰가부誰許沒柯斧(누가 나에게 자루 없는 도끼를 빌려 주겠는가) 아작지천주我斫支天柱(내가 하늘을 떠받칠 기둥을 깎으리라)."

서라벌 민중들은 이 뜻을 몰랐으나 태종무열왕(김춘추)은 원효의 속내를 알아차렸다. 문천교 다리에서 일부러 빠진 원효를 내관이 건져오게 해 요석瑤石공주의 방에 합방시켰다. 요석공주는 김춘추의 둘째 딸로 고구려와의 전쟁에서 남편을 잃은 과부였다. 원효는 요석궁에서 3일간을 머물렀다. 이 3일간의 사랑으로 태어난 이가 신라 십현十賢의 하나로 이두문자를 집대성한 설총(생몰년 미상)이다.

계율을 중시하던 당시 신라 불교계는 원효를 마왕파순魔王波旬(마귀 중의 우두머리)으로 규정했다. 어떤 속박의 굴레도 거부했던 대자유인 원효도 자신의 실계失戒에는 감당 못할 충격을 받았다. 스스로 '아랫것 중의 아랫것'이란 뜻의 복성卜姓·소성小姓거사라 비칭하고 참회의 여생을 보냈다.

이후 원효는《보살계본법요기》등 계율을 중시하는 저서를 지어 다른 불자들로 하여금 계율에 엄격하도록 가르쳤다. 현존하는 저술만도 《대승기신론소》등 20권 22부에 달한다. 인간이 세상을 떠나면 생전의 그릇된 행적은 침전되고 미움도 연민으로 변질되는 것인가.

원효가 점지한 절터는 오늘날의 풍수법수로 접근해도 오차가 없는 명당들이다. 한국풍수의 기원은 신라 말 도선(827~898)국사에서 비롯되는데 원효는 도선보다 200여 년이나 앞선 인물이다. 이러한 원효의 사찰풍수는 한국의 자생풍수 기원을 2세기나 앞당기는 방증이다.

원효가 창건한 대표적 사찰 중의 하나인 여주 신륵사에 가 보면 그 실증을 명징하게 확인할 수 있다. 있는 그대로의 자연을 활용해 허한 지점에는 전각(조사전과 명부전)을 배치시켜 지기를 눌렀다. 신륵사 중심부인 자좌오향(정남향) 극락보전과 다층석탑(보물 제225호) 중앙에는 비가 와도 질퍽거리지 않는 굵은 용맥이 활기차게 내리뻗고 있다.

원효의 놀라운 풍수적 혜안은 신륵사를 끼고 흐르는 여강 가에서도 드러난다. 절 뒤의 북현무(봉미산) 꼬리에 세워진 정자 강월헌에 올라서면 절묘한 비보풍수와 만나게 된다. 묘방(동쪽)에서 치고 들어오는 수파를 ㄷ자 모양의 화강암 바위가 완충시켜 오방(남쪽)으로 돌려놓은 것이다. 이런 지형에서 도량을 감싸 안은 좌청룡·우백호까지 화강암이 포옹한 물형은 더없는 금상첨화다.

불교계는 요석공주와 파계해 설총을 낳고 기행 포교한 원효대사는 추앙하면서도, 묘화와 파계해 등운·월명을 낳아 마누라까지 귀의시킨 부설은 거사로 낮춰 부른다. 그는 《부설전》을 통해 영희와 영조 사이에 얽힌 선문답과 촌철살인하는 게송을 남겼다.

월명암에는 당대 최고 명풍수들의 발길이 끊이지 않았다. 근대에도 한암·용성·서옹·탄허 대종사 등 고승 대덕들이 주석하며 명당 자리를 찬탄했다.

파계승이 되었으나 도심은 그 누구보다 깊어
가족이 도통하는 한국 불교사의 대업 이뤄

인간의 삶은 무엇이고 죽음은 무엇인가. 불가의 선지식善知識들은 시작도 끝도 없는 무시무종無始無終한 윤회고輪廻苦의 해탈 화두를 놓고 평생을 고뇌했다. 1천 3백여 년 전 신라의 파계승 부설浮雪거사도 잠시 떴다가 가라앉는 한 생의 노정에 과도한 무게 중심을 얹지 말자면서 다음과 같은 선시를 남겼다.

차죽피죽화거죽此竹彼竹化去竹(이런대로 저런대로 되어가는 대로)/

풍타지죽낭타죽風打之竹浪打竹(바람 부는 대로 물결치는 대로)/

죽죽반반생차죽粥粥飯飯生此竹(죽이면 죽 밥이면 밥 이런대로 살고)/

시시비비간피죽是是非非看彼竹(옳으면 옳고 그르면 그르고 저런대로 보고)/

빈객접대가세죽賓客接待家勢竹(손님 접대는 집안 형편대로)/

시정매매세월죽市井賣買歲月竹(시정 물건 사고파는 것은 시세대로)/

만사불여오심죽萬事不如吾心竹(세상만사 내 맘대로 되지 않아도)/

연연연세과연죽然然然世過然竹(그렇고 그런 세상 그런대로 보내세)

의미심장한 팔죽시八竹詩다. 대나무의 소리 음운을 따라 '대로' 읽으면서 7자씩 표현해낸 율조가 정감 있게 다가온다. 국문학계서는 통일신라시대의 생활상과 시장 모습까지 엿볼 수 있는 뛰어난 시작으로 평가하고 있다. 일상적 삶을 초탈한 도통 경지를 통해 문자가 없었던 당시의 고대 우리 말 형태를 가늠해 볼 수 있게 하는 귀중한 시다.

이 시를 남긴 부설(647~?)은 우리 불교사에 위대한 족적을 남긴 신라 원효(617~686) 의상(625~702)대사와 동시대 인물로 그의 가족사 자체가 큰 화두다. 속명이 진광세陳光世인 부설은 서라벌(경주)에서 태어나 14세 때 불국사로 입산했다. 도반인 영희·영조와 함께 원정화상을 은사로 득도한 뒤 광대무변한 우주진리를 함께 깨치겠다며 도원결의로 맹세했다.

셋은 지리산 천관산 능가산 등지의 심산유곡을 찾아 허상으로 다가오는 참된 나를 찾기 위해 치열하게 용맹정진했다. 그들은 오대산 문수도량에만 현현한다는 문수보살을 친견해 고집멸도苦集滅道를 이루겠다며 순례 길을 떠났다. 일행이 만경 들녘 두릉(전북 김제시 성덕면 고현리)에 이르렀을 무렵 갑작스런 큰 비를 만나 가까운 구무원의 집에서 하룻밤을 유숙하게 됐다.

시대를 불문하고 가장 뛰어넘기 어려운 게 색정계色情界다. 구무원에게는 18세 된 절세가인의 딸 묘화가 있었는데 벙어리였다. 그런데 이게 무슨 인연법인가. 묘화가 부설의 설법을 엿듣더니 돌연 말문이 트이면서 전생에 풀지 못한 인연이 있으므로 부부되어 살겠다고 나섰다. 아버지와 부설에게 승낙을 안 해주면 죽어버리겠다며 칼을 빼들었다.

찰나, 부설에게 섬광같이 스치는 깨달음이 있었다. "모든 보살의 자비는 중생을 인연 따라 제도하는 것이로다. 혼자만 불도를 이뤄낸들 진세塵世에 무슨 보탬이 되겠는가." 부설은 묘화와 부부 연緣을 맺고 15년을 살면서 아들 등운과 딸 월명을 낳아 곱게 길렀다.

뇌성벽력이 천지를 가르던 어느 날 새벽, 부설에게 또 다른 각자覺者의 음성이 생각을 질타했다.

"잘 사는고!"

부설은 그 자리에서 일어나 누더기 하나 걸치고 집을 나섰다. 다시 출가한 것이다. 변산반도 봉래산 쌍선봉 아래 초막을 짓고 오매일심 참회정진에 들어가니 오늘날의 월명암月明庵(전북 부안군 변산면 중계리)이다. 제31대 신문왕(재위 681~692) 11년으로 그의 나이 45세였다. 얼마 후 묘화와 등운 월명도 이곳에 들어 속세와 절연하니 이때부터는 가족이 아닌 수행도반이었다.

딸 월명은 어릴 적 묘화보다 더 아름다웠다. 월명암에서 빌어먹으며 나무 해대는 부목負木이 월명을 볼 때마다 한 번만 안아보자고 졸랐다. 오빠 등운에게 허락을 얻어 부목과 살을 섞었는데 그 후로도 자꾸 몸을 요구해 세 번을 응해 주었다. 등운이 월명에게 그때마다 어떠하더냐고 물었다.

월명은 "첫 번은 허공에 대고 장대를 휘두르는 듯 실체감이 없었으나 그 다음엔 진흙탕을 말뚝으로 휘젓는 반허반실의 질감이었는데 세 번째는 굳은 땅을 후벼 파는 것 같았다"고 대답했다. 등운은 색色이 정情

부안 앞바다의 해무에 휩싸인 월명암 대웅전. 이곳의 해무는 변산반도 8경 중 하나다.

부설은 그 자리에서 일어나 누더기 하나 걸치고 집을 나섰다.
다시 출가한 것이다. 변산반도 봉래산 쌍선봉 아래 초막을 짓고
오매일심 참회정진에 들어가니 오늘날의 월명암이다.
제31대 신문왕 11년으로 그의 나이 45세였다. 얼마 후
묘화와 등운 월명도 이곳에 들어 속세와 절연하니
이때부터는 가족이 아닌 수행도반이었다.

으로 변해감을 알았다. 등운이 부목을 불러 군불을 지피게 한 뒤 아궁이에 밀어 넣고 월명은 못나오게 막아 생다비生茶毘를 시켰다.

세월이 흐른 뒤 부설의 파계를 조롱하며 떠났던 영희·영조가 크게 오도해 다시 부설을 찾았다. 셋은 질그릇 병 세 개에 물을 가득 담아 대들보에 걸어놓고 도력을 시험했다. 둘이 내리친 물병에선 물이 쏟아졌으나 부설이 돌로 깬 물병의 물은 병 모양 그대로 남아있었다.

부설이 임종게臨終偈를 읊었다.

눈에 보이는 바가 없으니 분별할 것이 없고/
귀에 소리 없는 참 소식을 들으니 시비가 끊이는 구나/
분별과 시비를 모두 놓아버리고/
다만 마음의 부처를 보며 스스로 귀의를 하소.

기적이 없어 부설을 건드려 보니 이미 입적해 있었다. 영희·영조가 부목이 죽은 아궁이에 불을 질러 사다비死茶毘한 후 가까운 묘적봉 바람에 날려 버렸다. 둘이 월명암을 나서며 주변 용맥을 살피니 절경 속의 명당이었다. 옥순 같은 군봉들이 산 구비를 감싸고 있어 곳곳마다 진혈처였다. 그중에서도 부설이 정진하던 거처는 경좌(서에서 남으로 15도) 갑향(동에서 북으로 15도)으로 정동향에 가까웠다. 서해에서 해가 뜨는 동쪽을 바라본 좌향으로 현재의 대웅전 자리다. 그들은 시 한 수를 남기고 월명암을 뒤로 했다.

수태극 산태극으로 감아 돌아서/

기운차게 맞물려진 곳 명당이 분명해/

가는 곳마다 주主가 되고 닿는 곳이 모두 진眞일세/

선객의 맑은 법규 길이 끊이지 않을러니.

이후 등운은 영희를, 월명은 영조를 은사로 각각 득도하여 어머니 묘화와 함께 온 가족이 도통하는 한국 불교사의 대업을 이루었다. 후세의 불교는 요석공주와 파계해 설총을 낳고 기행 포교한 원효대사는 추앙하면서도 묘화와 파계해 등운·월명을 낳아 마누라까지 귀의시킨 부설은 거사로 낮춰 부른다. 그는 《부설전》을 통해 영희와 영조 사이에 얽힌 선문답과 촌철살인하는 게송偈頌을 남겼다.

이후 월명암에는 당대 최고의 명풍수들의 발길이 끊이지 않았고 근대에도 한암·용성·서옹·탄허 대종사 등 고승 대덕들이 주석하며 명당 자리를 찬탄했다. 월명암은 변산에서 남여치를 오르는 최단거리가 1.7km로 1시간 30분 걸리고 내변산 능선 길(2.5km)이 2시간, 내소사에서 넘어오는 길(6km)은 3시간 30분이나 걸리는 절벽 위의 절이다. 험한 산길을 헤치고 와 인산인해를 이루는 사월 초파일 봉축법회는 각별한 감동이다.

월명암의 일출·낙조와 함께 변산 8경으로 꼽히는 해무海霧는 참선 승려에게 가장 큰 벗이다. 바로 옆 사람도 구분 못하는 바다 안개가 천지 간의 만물 중 오직 혼자 있게 만드는 까닭에서다.

무학은 이미 땅기운이 쇠한 개경의 고려가 멸하고 한양 땅에
새 왕조가 개국될 것을 내다보고 있었다. 지공과 나옹은
신라 도선국사의 풍수 도참맥을 잇는 신풍이었다. 나옹은 무학에게
'더 배워야 할 것이 없다'면서 무학이란 법호를 내렸다.

무학이 떠난 간월암은 500년이 넘도록 폐사된 채 토굴로만 전해 왔다. 1941년 수덕사의 고승 만공선사에 의해 계좌정향으로 중건됐다.

개국 조선의 왕사가 되어 한양 천도를 성사하고
명당혈처로 인재를 출세시켜 나라 근본을 세우니

무학無學(1327~1405)대사의 출생은 참으로 기구했다.

무학이 어머니 태중에 있을 때 아버지 박인일朴仁一이 지인한테 속아 감당 못 할 국채를 지게 되었다. 부부는 고향(경남 합천군 삼가면)을 버리고 전국을 떠돌다가 충청남도 서산 땅에 이르러 관헌의 추적을 받게 됐다. 아버지는 종적을 감추고 어머니가 대신 붙잡혀 호송돼 가던 중 갑자기 산통을 느껴 몸 풀 곳을 찾게 되었다.

때는 엄동설한이라 적설이 지천인데 기이하게도 한 곳(서산시 인지면 모월리) 만이 녹아있어 그곳을 산실로 삼았다. 관헌은 옷가지로 갓난애를 덮어둔 채 산모를 현감 앞에 대령했다. 사실을 알고 난 현감이 관헌을 크게 질책하며 산모와 관헌을 급히 출산 현장으로 돌려보냈다. 그런데 이게 웬일인가. 커다란 학이 두 날개를 펴 아이를 감싸고 포근히 품고 있는 것이었다. 아이는 무사했다. 보고를 전해들은 현감은 이 고을의 상서로운 조짐이라며 국채를 대신 탕감해 주고 '학이 춤을 추었다'는 뜻을 담아 무학舞鶴이란 이름까지 지어 주었다. 지금 그곳에는 무학대사의 출생지 기념 표지석이 서 있다.

출생 비화를 뒤늦게 안 무학은 인생의 근본문제에 관해 회의를 품게 되었다. 국가 권력과 돈은 무엇이고 각별한 인연으로 맺어진 부모는 누구이며 욕정을 억누를 수 없는 내 안의 또 다른 '나'는 어떤 존재인가. 그는 생존하는 것은 반드시 멸하는 생자필멸生者必滅의 우주법도와, 부귀빈천을 가릴 것 없이 찾아드는 인간세계의 생(봄)로(여름)병(가을)사(겨울)가 왜 멈추지 않는지도 고뇌했다.

이런 낌새를 눈치챈 어머니는 평소 다니던 절의 소지小止 스님에게 17세 된 아들을 의탁했다. 얼마 후 혜명慧明국사를 친견해 불경을 배웠으나 의문은 안 풀렸다. 어머니는 무학을 서산 앞바다 천수만에 떠 있는 외딴 섬에 내려놓고 육지로 떠나며 일렀다. "금생에서 우리 모자 간 인연은 오늘이 마지막이다. 이곳에서도 불법을 못 깨우치면 무덤을 파고 죽어라."

무학이 어머니와 생이별한 곳은 삼국시대부터 피안도彼岸島로 불리며 당대 운수납자雲水衲子들이 무릉도원 선경으로 여기는 섬이었다. 무학은 이 섬 끄트머리에 있는 자그마한 무인도에 토굴을 파고 홀로 앉아 생사를 뛰어넘는 일념정진에 들어갔다. 백 일째 되던 날 삼경三更이 지날 무렵 유난히도 희고 밝은 달이 돌연 무서워졌다. 천지 간이 고요하고 아무도 없는 교교皎皎한 달밤에 불현듯 벌레가 기어 나와 속삭이는 소리가 들리는 듯하더니 달이 바다 속으로 뚝 떨어졌다. 질풍노도 같은 한 생각이 스치면서 마음의 빗장이 열렸다.

피안도란 섬 이름을 무학이 '달을 보고 깨우쳤다' 하여 간월도라 고쳐 부르고 무학은 그 자리에 암자를
짓고 간월암이라 했다. 밀물 때는 섬이고 썰물 때는 육지로 변한다.

무학은 활연대오했다. 신안이 열려 땅속의 지기가 훤히
드러나 보이고 중생들의 음성을 듣거나 표정만 살피고도
미래를 관통했다. 오고 감이 없으니 가로 옴이 있을소냐.
모두가 마음의 작용에서 비롯됨이로다.

'일수사견一水四見이로다. 똑같은 물이거늘 ▲천인天人은 보석으로 장식된 연못으로 보고 ▲축생畜生은 단지 먹는 물로 보며 ▲아귀餓鬼는 피로 보게 되고 ▲물고기는 자신의 주처住處로 여김이 아니겠는가. 어찌 광대무변한 우주에 나 혼자뿐이랴. 오고 감이 없으니 가고 옴이 있을 소냐. 모두가 마음의 작용에서 비롯됨이로다.'

무학은 활연대오했다. 신안神眼이 열려 땅속의 지기가 훤히 드러나 보이고 중생들의 음성을 듣거나 표정만 살피고도 미래를 관통했다. 이후 사람들은 피안도란 섬 이름을 무학이 '달을 보고 깨우쳤다' 하여 간월도看月島라 고쳐 부르고 무학은 그 자리에 암자를 짓고 간월암看月庵(충남 서산시 부석면 간월도리 16-11)이라 했다.

누구나 보아온 달을 보고 홀연히 득도한 무학의 구도행각은 쉼 없이 이어졌다. 공민왕 1년(1353) 원나라 연도에 가 인도승 지공(?~1363)을 만나 도를 인가 받고 그곳에 주석하던 고려 국사 나옹(1320~1376)의 법제자가 되었다. 나옹 입적 후 제34대 공양왕이 왕사로 삼으려 했으나 끝내 응하지 않았다.

무학은 이미 땅기운이 쇠한 개경의 고려가 멸하고 한양 땅에 새 왕조가 개국될 것을 내다보고 있었다. 지공과 나옹은 신라 도선(827~898)국사의 풍수 도참맥을 잇는 신풍이었다. 나옹은 무학에게 '더 배워야 할 것이 없다'면서 무학無學이란 법호를 내렸다.

무학은 태조 이성계(1335~1408)가 고려 장군이던 때 만나 왕이 될 것을 예언한 바 있다. 조선왕조 개국 후 왕사가 된 뒤로는 한양이 새 도읍지로 타당함을 풍수 지상地相으로 설득해 천도를 성사시켰다. 무학은 존경받는 국가 원로로서 나라에 변고가 있을 때마다 임금의 자문에 응

썰물 때 육지와 연결돼 간월암에 오르는 길. 신비의 바닷길이다.

했다. 오리무중의 권력투쟁 속에서도 바른 판단과 소신으로 국초의 조선이 대과 없이 활착하도록 힘을 보탰다. 팔도를 다니며 명당혈처를 잡아 줘 가난한 이들을 발복시키고 유능한 인재가 출세토록 적선했다.

말년에는 천보산 회암사(경기도 양주시 회천읍 회암동 산 8-1)와 간월암을 오가며 입멸을 준비했다. 어느 해 섣달 초하루 손수 딴 간월도 굴을 소금에 절여 저녁 공양을 하고 있는데 남루한 걸승이 찾아와 물었다. 안광은 빛이 났다.

"그 굴은 살았는가, 죽었는가?"

무학이 노승을 보며 맞받았다.

"세 치나 긴 손톱을 자르는 게 살생인가, 몸단장인가?"

"그렇다면 지금껏 무학이 걸을 때 그대의 발밑에서 밟혀 죽은 미물은 무엇들인가?"

무학은 깜짝 놀랐다. 고개 들어 노승을 찾으니 천수만 앞바다에 초승달만 외로이 떠 있었다.

"아하, 내가 갈 때가 되었구나!"

무학은 얼른 공양 수저를 내려놓고 간월암을 떠났다. 하루 두 번씩 바다가 육지로 변하는 섬이 마침 썰물 때여서 금세 나올 수 있었다. 돌틈을 파고드는 해조음海潮音이 갑자기 크게 들렸다. 무학은 그 길로 금강산 금강암에 가 입적했다. 세수 79세로 법랍 62세였다.

무학이 떠난 간월암은 500년이 넘도록 폐사된 채 토굴로만 전해 왔다. 1941년 수덕사의 고승 만공(1871~1946)선사에 의해 계좌정향(서쪽으로 15도 기운 남향)으로 중건됐다. 평생 무학이 즐겨 놓던 좌향이다. 서산 가야산 정기가 해저 용맥으로 응기된 혈처로 방한암·이성철 종정 등 현대 고승들이 참선한 명소이며 조계종 황진경 전 총무원장이 이곳 서산 출신이다. 서산 A·B지구 간척지를 연결하는 절경으로 특히 서해 낙조가 아름답다. 성산聖山 현 주지는 무학대사 이후 또 다른 걸승의 출현을 기대하고 있다.

명당에 관심 있는 호사가들에게 귀가 번쩍 띠는 이름이 있다.
태 자字가 들어간 산이나 마을이니 중심 반경에서는 영락없이
길지 명당을 찾을 수 있기 때문이다. 그곳에는 반드시
역대 왕실과 연관된 풍수 비화가 얽혀 있다.

경기도 고양시 서삼릉에 있는 조선왕실
태실군(群). 일제가 왕기를 끊기 위해
각 곳 태실을 훼손하고 이곳에 옮긴 것
이다.

태자 지명은 국풍이 동원된 곳이라
명당 혈지가 많다고 전해내려 오니

전국 각 지방에는 태실胎室, 태봉산胎峰山, 태장골胎藏谷이란 지명이 여러 곳 있다. 명당에 관심 있는 호사가들에게는 귀가 번쩍 띄는 이름이다. 태胎 자가 들어간 산이나 마을의 중심 반경에서는 영락없이 길지 명당을 찾을 수 있다는 암시이기 때문이다. 그곳에는 반드시 역대 왕실과 연관된 풍수 비화가 얽혀 있다. 임금의 아들 딸들인 대군·군, 또는 공주·옹주의 태반胎盤이 봉안돼 있거나 안장됐던 명당 터로 태실이라고도 부른다. 대표적인 곳이 경북 성주군 월항면 인촌리 산 8번지 선석산 아래에 있는 세종 왕자들의 태실이다.

세종대왕은 이곳에 당대 최고 국풍으로 하여금 명당을 잡게 한 뒤 세종 21년(1439) 18왕자와 손자인 단종까지 모두 19기의 태실을 조성토록 했다. 그러나 현재는 13위의 태실만 보존돼 있다. 수양대군(세조)이 왕위에 오르면서 자신의 왕위 찬탈을 반대한 안평·금성대군 등 6

왕자 태항아리를 산 아래로 밀어뜨려 버렸기 때문이다.

　태는 태반이라고도 한다. 포유동물이 임신했을 때 모체의 자궁 내벽과 태아 사이에 있으면서 영양공급과 호흡, 배설 등의 작용을 해주는 둥근 육질의 생명체다. 예로부터 인간의 태는 태아에 생명력을 부여하는 원천이라 하여 출산 뒤에도 함부로 버리지 않고 소중히 다뤄왔다. 보관 방법도 신분의 귀천이나 계급의 고하에 따라 크게 달랐다. 일반 사가에서는 아이 출산 후 성별된 정수를 떠 놓고 정성 들인 다음 깨끗한 왕겨에다 태를 묻고 태웠다. 천지신명을 받들던 할머니들은 성황당 옆이나 고개 마루에 태를 묻고 시루를 엎어 놓기도 했다.

　서민들도 이러했거늘 왕가에서는 어떠했겠는가. 풍수지리의 동기감응론同氣感應論을 철저히 수용해 신줏단지 모시듯 했다. 태를 명당에 묻어주면 좋은 운기를 받아 그 태의 주인공이 무병장수함은 물론 왕실이 번창한다고 신봉했다. 이래서 왕실의 태실 자리나 '태' 자 지명이 들어가는 주변은 국풍이 동원된 곳이어서 명당혈지가 많다고 전해진다.

　여기에는 풍수 이기理氣의 4대 혈장론穴場論이 근거로 대두된다. 발복을 상징하는 혈穴(사자를 매장하는 주변지형)의 형태는 천태만상으로 한결같지 않으나 크게 나누어 보면 음과 양, 그 자체이다. 천지이치가 신묘하여 양陽 중에도 양과 음이 있어 태양과 태음으로 나누고, 음陰 중에도 음과 양이 있어 소음과 소양으로 나누니 이것이 곧 사상四象 분법이다. 이를 풍수에서는 와窩 겸鉗 유乳 돌突로 구분하여 생기처를 찾고 명당을 점지하는 것이다. 왕실에서는 이 가운데 돌혈을 골라 태실을 조성했다.

　와혈은 고산지대에 많으며 그 모양은 제비집 같거나 닭둥우리 또는 쟁반 같기도 하다. 좌우가 균일하게 감싸 안아야 진혈이다. 겸혈은 삼태기 모양의 개각開脚으로 마치 두 다리를 벌린 것과 같다. 양각이 서로 어긋나 양보하는 듯 환포해야 한다. 유혈은 여인의 가슴을 닮은 지형으로 살풍이 닿고 노출된 곳은 피해야 한다. 반드시 양팔이 에워싸듯 가려져야 명당이다. 돌혈은 평평한 지세에 종을 엎은 것과 같이 우뚝 솟은 형상이다. 야산이나 평지에 주로 있어 일반인들이 찾아 묘 쓰기 쉬웠다.

그 옛날 일반 백성이 왕후지지王后之地와 같은 명당을 골라 묘를 쓰면 역모에 버금가는 중형에 처해졌다. 왕릉은 말할 것 없고 왕가 태실이 들어서는 주변 지역은 성역으로 간주 돼 금표가 세워졌다. 임금 300보(540m), 대군 200보(360m), 군 왕자나 공주의 태실 100보(180m) 이내에 있는 집이나 묘는 이장해야 했고 채석, 벌목, 개간, 방목 등이 엄격히 금지됐다. 이런 연유로 야산이나 평지에 많았던 돌혈 명당에 태실을 봉안했던 것이다.

반면 태실은 왕실과 변방 백성을 잇는 가교 역할도 했다. 도성 인접 지역은 임금의 능 참배나 산릉제를 통해 국왕을 직접 알현하고 성은을 누리기도 했으나 지방까지는 못 미쳤다. 조정에서는 태실이 들어서는 고을에 감세나 감역減役 혜택을 주고 군郡이나 주州로 승격시켜 환심을 유도했다. 지역 주민의 긍지와 충성심을 자극해 전국에 산재한 태실의 보호, 관찰에 경쟁심을 촉발시켰던 것이다.

이처럼 팔도 백성들의 보살핌으로 원형이 보전돼 오던 태실이 수난을 겪게 된 건 일제강점기 일인 풍수가들에 의해서다. 그들은 조선의 왕기王氣를 꺾기 위해 보국이 뛰어난 태실 명당혈지를 마구잡이로 파헤쳤다. 그중 54기를 모아 경기도 고양시 덕양구 원당동 산 38-4번지 서삼릉(사적 제200호)의 한 구석에 옮겨 놓은 곳이 태실군群이다. 비석 뒤의 연

왕릉은 말할 것 없고 왕가 태실이 들어서는 주변 지역은
성역으로 간주 돼 금표가 세워졌다. 임금 300보, 대군 200보,
군 왕자나 공주의 태실 100보 이내에 있는 집이나 묘는
이장해야 했고 채석, 벌목, 개간, 방목 등이 엄격히 금지됐다.

전주 경기전 안에 있는 조선 제8대 임금 예종의 태실. 예부터 왕실은 전국 명당에 태실을
조성한 뒤 국운융성을 기원했다.

서울 경복궁 안에 있는 조선 9대 임금 성종대왕 태실

호를 훼손하고 일본 연호를 새겨 넣는 만행까지 서슴지 않았다.

　예로부터 왕손들의 태는 국운과 직접 관련 있다 하여 국법으로 엄중히 취급했다. 일반적으로 태옹胎甕이란 항아리에 안치하는 것이 통례이나 왕세자나 왕세손 등 다음 보위를 이을 귀인의 태는 별도 석실을 만들어 봉안했다. 태실까지 봉송하는 절차와 의식도 까다로워 정3품 당상관(통정대부, 현 정부 1급 관리관)을 안태사安胎使로 정해 치산 임무를 전담토록 했다.

　조선왕실 발상지인 경기전慶基殿(전주시 완산구 풍남동 3가 102) 경내에는 제8대 예종의 태실이 원형대로 전해 온다. 현존하는 태실 중 가장 완벽한 것으로 평가받고 있다. 어린 단종 왕위를 빼앗고 태실마저 망가뜨린 세조가 자신의 어린 아들 태실은 정성을 다해 조성해 놓은 것이다.

전국에 산재한 태실 관련 지역을 간산하다 보면 국운융성에 큰 공적을 남긴 역사적 인물의 행적과도 만나게 된다. 전북 전주, 경북 성주, 충남 예산 외에도 여러 곳이다. 비록 태실은 흔적조차 없어졌어도 태봉산, 태장골, 태봉마을이란 지명으로 남아 명당을 찾는 풍수학인들을 설레게 한다. 내 땅, 내 혈육이 아니더라도 명혈을 찾아 집을 짓거나 묘를 써 훌륭한 인걸이 난다면 결국 우리나라가 잘되는 길 아니겠는가.

우리나라 각 고장 지명은 역사와 지역 인심, 산천 운기와 상관된 작명이 많다. 그래서 역사는 인걸이 움직이고 지령地靈은 명인을 품는다 했다. 화산폭발이 잦아 기가 빠진 현무암 지반에서는 큰 인물이 배출될 수 없다. 풍수에서는 땅속의 지반을 인간의 태반과 동일시하고 있다. 한반도에는 생기가 충만한 화강암 지반이 대부분이어서 국가적 위기 때마다 영웅이 출현해 난세를 평정해 왔다.

세월이 수상殊常하고 민생이 각박하다 보니 태중의 집이었던 태반에 무관심해져 가고 있다. 한때는 태반이 남성의 양기에 도움이 된다 하여 식용으로 악용된다는 보도가 있어 국민 모두를 경악시킨 적이 있다.

지금도 시골의 할머니들은 손주의 태를 조상의 신주 모시듯 하고 있다. 차세대의 심성 순화를 위해 이 시대에 던져보는 화두이다.

전국 제일의 양택지 명당은 과연 어디일까. 마을 전체가
중요민속자료 제122호로 지정된 경북 안동시 풍천면에 있는
하회마을이다. 물이 돈다고 하여 '물돌이동'으로도 불리는
하회마을에는 인근의 병산서원과 부용대 등 명승유적을
보러 찾아온 탐방객들의 발길이 연중 끊이지 않는다.

부용대에서 바라본 하회마을. 낙동강
물이 S자형으로 굽이치는 산태극 수태
극의 양택 명당이다.

곡물을 실은 배가 들어오는 행주형 명당이나
3대에 걸쳐 적선해야 지기가 왕성해지는 곳

《택리지擇里志》의 저자 이중환李重煥(1690~1752)은 영조(재위 1724~1776) 임금이 등극하던 해 역모죄로 탄핵받았다. 그는 네 차례나 유배당한 뒤 다시는 복직 못 하고 기구한 생을 마친 조선 후기의 실학자다. 그후 30여 년간 일정한 거처도 없이 온갖 풍상을 겪으며 전국 각지를 면밀히 살폈다.

영조 27년(1751) 생생한 현지답사를 기초로 찬술한 《택리지》는 조선 후기 정치·경제·문화 등 각 분야가 망라된 우리나라 최초의 인문지리학서로 평가받고 있다. 택리지의 절반 이상을 차지하는 복거총롱卜居總論에서는 지리, 생리生利(경제적 환경), 인심, 산수 등을 상세히 다루고 있는데 풍수 대가였던 이중환의 안목이 구체적으로 기술돼 있다.

그는 음택(묘지)보다는 양택(집터)에 큰 비중을 두었다. 명당 집터를 택지하는 요령으로 "해거海居(바닷가)는 강거江居(강가)만 못 하고 강거는 계거계居(시냇가)만 못 하다. 계거 중에도 영嶺(고개)에서 멀지 않은 배산임수 지형이 난세, 평시를 가릴 것 없이 가장 살기 좋다"고 비법을 제시했다.

이중환이 고른 전국 제일의 양택지 명당은 과연 어디였을까. 528만 808㎡의 마을 전체가 중요민속자료 제122호로 지정된 경북 안동시 풍천면에 있는 하회河回마을이다. 물이 돈다고 하여 '물돌이동'으로도 불리는 하회마을에는 인근의 병산서원(사적 제260호, 서애 유성룡 위패 배향)과 부용대 등 명승유적을 보러 찾아온 탐방객들의 발길이 연중 끊이지 않는다.

《택리지》를 통해 이중환이 화두로 던진 양택 명당 진혈처眞穴處를 탐색하기 위한 풍수학인들의 간산 행렬도 줄을 잇는다. 《택리지》에 이르기를 "하회는 평평한 언덕이 황강潢江(낙동강) 위를 돌았는데 모두 돌벽인데다 물빛이 온화, 수려하며 조금도 험한 모양이 없다"고 지형지물을 묘사하고 있다. 어떤 정기가 서려 있기에 선조 때 영의정으로 미증유의 국가적 재앙(임진왜란)을 슬기롭게 극복해낸 서애 유성룡(1542~1607)이 태어났을까.

하회마을의 유래는 곧 풍수지리의 역사이기도 하다. 원래 이 지역은 고려 말 김해 허씨 문중이 화산花山 남쪽의 거묵실골에 뿌리를 내리고 세거해 왔던 곳이다. 뒤이어 광주 안씨 일족이 화산 북쪽 기슭 행개골에 터를 잡으며 두 문중의 집성촌이 형성되었다. 화산은 하회마을에 생기를 전달하는 주산主山이다.

이 무렵 풍산 유씨 족장族長 유난옥(서애의 9대조)이 학문 깊은 풍수 지관을 만나 자손만대 유복하게 살아갈 천년 길지 양택 명당을 찾아 나섰다. 지관이 하회에 이르자 탄복하며 일렀다.

"여기는 곡물을 실은 배가 들어오는 행주형行舟形 명당으로 3대에 걸쳐 적선을 해야 지기地氣가 왕성해집니다. 이곳 땅을 깊이 파면 배 밑창을 뚫는 격이니 혈을 비낀 대동 샘 외에 우물을 파선 안 됩니다."

유난옥은 마을 뒤 큰길 가에 관가정觀稼亭이란 정자를 짓고 오가는 길손에게 적선을 베풀었다. 풍산 유씨의 선행은 아들→손자 대로 이어져 향리는 물론 관가의 칭송까지 자자했다.

조선 초 손자 유종혜(서애의 6대조)가 공조전서 벼슬을 퇴임하고 낙향하면서 거묵실골(허씨)과 행재골(안씨)을 벗어나 낮은 지역인 하회마을에 정착하면서 오늘에 이르고 있다.

적선지가積善之家(선덕을 쌓는 집안) 필유여경必有餘慶(반드시 경사스런 일이 생김)이라 했다. 두 문중 간 마찰을 피해 유종혜가 터를 잡은 근거지가 화산의 주맥인 진혈처였던 것이다. 이후 하회마을에서는 조선 중기 이후 관직과 학문에 뛰어난 숱한 인재를 배출하면서 안동의 주류마을이 되었다. 그 후 허씨와 안씨 일문은 가세가 점점 약해져 마을을 떠나게 되었고 18세기 이후 풍산 유씨 동족마을로 번성하게 된 것이다.

사랑방 풍수 10년보다 산山 공부 1년 다닌 풍수가 낫다고 했다. 하회마을 강 건너 절벽 위에 있는 부용대에 올라보면 화산으로부터 행룡한 주맥이 용틀임하듯 변신하며 내려온다. 놀랍게도 서애와 친형 겸암 유운룡(1539~1601)이 출생한 양진당(보물 제306호)에 이르러 우뚝 멈춰 섬을 한 눈으로 조감할 수 있다. 낙동강 7백리 물길이 이곳에 와 S자형으로 굽이치며 산태극山太極 수태극水太極을 작국해내 마치 거대한 연꽃 한 송이가 물 위에 떠 있는 것 같다. 이래서 하회의 풍수물형을 연화부수형蓮花浮水形으로도 지칭한다.

북서쪽의 삭풍과 황천살을 막아주는 만송정 솔밭. 인공으로 식재한 대표적인 비보 풍수림이다.

하회마을의 유래는 곧 풍수지리의 역사이기도 하다.
원래 이 지역은 고려 말 김해 허씨 문중이 화산 남쪽의
거묵실골에 뿌리를 내리고 세거해 왔던 곳이다.
뒤이어 광주 안씨 일족이 화산 북쪽 기슭 행개골에
터를 잡으며 두 문중의 집성촌이 형성되었다.
화산은 하회마을에 생기를 전달하는 주산이다.

하회마을 안의 공동 우물

서애 유성룡의 종가 충효당

 하회마을 가옥의 대문 방향은 앞뒷집 모두가 다르다. 낮은 높이의 구릉일지라도 적절히 활용해 집 뒤 산등성이와 집 앞 물길을 중시하는 배산임수의 이기理氣풍수 원리를 철저히 따르고 있는 것이다. 사신사(좌 청룡, 우백호, 북현무, 남주작)를 도외시하고 남향집(자좌오향)만 선호하는 일반적 관념이 허물어진다. 이 마을의 요지 혈처에 있으면서 모두 중요민속자료로 지정된 북촌댁(제84호) 남촌댁(제90호) 하동고택(제177호) 등이 대표적인 예다.

 하회마을에 가면 비보裨補풍수에 대한 풍산 유씨 선조의 슬기를 확인할 수 있다. 이기풍수 법도를 완벽히 갖춘 자연물형이란 있을 수 없다. 이 마을도 서쪽 원지산과 북쪽 부용대 사이 건방乾方(서북향)이 함몰돼 엄동설한의 세찬 북서풍을 피할 수가 없다. 풍수에서 건방풍은 황천살黃泉煞로 지기를 비산시키고 횡액을 불러온다. 영남 유림의 거두였던 겸암이 이곳에 소나무를 심어 황천살을 막으니 오늘날까지 건재한 '만송정 소나무' 밭이다. 봄에는 모래바람을 거르는 방사림, 여름엔 낙동강 범람에 맞서는 방수림, 가을의 향기 그윽한 송풍림, 겨울은 삭풍을 잠재우는 방풍림이다.

예로부터 풍수에서는 남자의 척추같이 드러난 내룡맥에는 묘(음택)를 쓰고 여근곡女根谷처럼 좌·우가 환포된 지형에는 집(양택)을 지으라 했다. 다시 부용대에 올라 화산을 내려다보면 허씨 세거지 거묵실골은 좌청룡 끝자락이고 안씨 터전은 우백호에 해당하는데 하회마을은 여근곡 형상임이 일목요연하게 조망된다. 전원주택이나 별장을 장만할 때 여지없이 적용되는 양택 풍수의 비결이다.

서애가 쓴 징비록(국보 제132호)과 함께 국보 제121호로 지정된 하회탈은 하회별신굿탈놀이(중요무형문화재 제69호)때 쓰는 가면이다. 여기에는 고려 말 이 마을에 살던 허도령과 17세 낭자 사이의 애달픈 사연이 담겨 있다. 허도령이 서낭신 계시를 받아 금줄을 치고 탈을 만드는데 도령을 사모한 낭자가 열어선 안 될 공방 문을 연 것이다. 허도령은 부정 타 죽었고 낭자도 뒤따라 자결했다. 이런 연유로 하회 마지막 탈은 마무리가 안 돼 아래 턱이 없다.

하회마을은 일제 강점기 한·일 간 풍수 격론이 벌어졌던 현장으로도 유명하다. 마을 전체 지형이 득수국得水局으로 거대한 배가 뜬 행주형임을 알았던 일본인들이 혈맥을 찾아 우물을 판 것이다. 낙동강 물을 길어다 먹던 주민들이 마을이 가라앉는다며 거세게 저항했지만 일인들의 의도적 강압에 속수무책이었다. 최근까지도 이곳에선 우물 파는 것을 금기시하고 있다.

명성당 광평대군은 세종과 정비 소헌왕후 사이의 다섯째 왕자로 20세
에 조졸한 이여다. 광평대군의 묘역은 명당으로 이름나 있다.
과연 어떤 혈처이기에 이토록 왕성한 후손 발복으로 이어지고 역사를
빛낸 수많은 인걸들이 오늘날까지 대를 이어 출현할 수 있는 것인가.

광평대군 묘역은 서울 강남의 대모산을 주산으로 북동쪽 기슭에 정남향 혈처를 찾아 자리하고 있다. 천 년 학이 커다란 날개로 알을 품는 형상의 학익포란형의 산세가 안정감을 준다.

명당 발복은 후손들의 입신양명으로 입증하니 전주 이씨 등과자 중 115명이 광평 문중서 배출

수년 전 세종대왕의 한글창제 과정의 위업을 다룬 TV 사극에 광평대군 이여李璵(1425~1444)가 극중 주요 인물로 활약하면서 장안의 화제가 된 적이 있다. 그러나 그것은 사실史實과 다르다.

　명성당明誠堂 광평대군廣平大君이 누구인가. 세종과 정비 소헌왕후(청송 심씨 1395~1446) 사이의 다섯째 왕자로 20세에 조졸한 이여다. 짧은 생애를 살다간 그가 비중 큰 역사 인물로 조명받기도 드문 일이었기 때문이다.

　그 후 서울시 강남구 수서동 산 10-1번지에 있는 광평대군 묘역(서울특별시 유형문화재 제48호)에는 각 지의 답사 행렬이 쇄도했다. 거기에는 총 면적 41,253㎡(12만 5,237평)의 드넓은 광수산록에 태조(이성계)의 일곱째 왕자 무안대군 방번芳蕃(1381~1398) 묘와 함께 광평대군 종문宗門 묘소 700여 기基가 완벽히 보존돼 있다.

명당 소문을 듣고 찾아온 탐방객들은 명성당의 19대 종손 규명揆明 씨가 살고 있는 유서 깊은 종가를 돌아보고 종회당(이사장·이원하)에 들러 문중 내력을 알고 난 뒤 광평 후손들의 선조에 대한 외경심으로 새삼 옷깃을 여민다. 과연 명당에 쓴 한 기의 묘가 이토록 왕성한 후손 발복으로 이어짐이 가능한 것이며 역사를 빛낸 수많은 인걸들이 오늘날까지 대를 이어 출현할 수 있는 것인가.

성군 세종은 그의 정비 손인 8대군大君(문종 세조 안평 임영 광평 금성 평원 영응)과 후궁 손 10군君(화의 계양 의창 밀성 익현 영해 담양 한남 수춘 영풍) 왕자 가운데 자신을 빼닮아 학문에 열중하고 언행이 조신한 광평을 가장 총애했다고 세종실록은 전하고 있다. 이여는 8세 때 광평대군에 봉해지고 12세에 평산 신씨 신자수(동지중추부사)의 딸과 혼인한 후 그해 성균관에 입학했다.

세종 20년(1438) 북방 경비강화 및 풍속교화를 위해 서울 경재소京在所를 두었는데 이때 광평은 함경도 종성을 관장했다. 성품이 너그럽고 총민했던 그는 종실 관리부서인 종부시宗簿寺를 맡아 종친과 신료들로부터 능력과 덕망을 인정받기도 했다. 세종의 명에 의해 후사가 없는 무안대군 봉사손奉祀孫이 되어 그의 묘를 지극 정성으로 시묘하자 백성들 간 칭송이 자자했다. 봉사손은 양자로 입후入後되는 것과 달리 제사만 모시는 보학 예법이다.

현재 6만 명에 달하는 광평대군 후손들은 바다생선 준치를 먹지 않는다. 파시조 광평이 20세 되던 해 식사 도중 목에 걸린 준치 가시가 화근이 돼 세상을 떠났기 때문이다. 광평이 요절하자 세종은 크게 슬퍼하며 저자를 문 닫게 하고 수랏상을 거부했다. 당시 광평에게는 5개월 된

묘역 내의 궁촌별묘. 각 지파 후손들이 모여 종사를 논의하는 곳이다.

당시부터 전주 이씨 종친은 물론 타 문중에서조차
명당에 조상을 잘 모신 덕분이라며 광평 묘역을 자주 찾아
주변 산세와 물형을 살펴갔다. 이후 조선왕조 5백년을 통한
광평 후손의 벼슬길은 끊임없이 이어져 오늘날까지도
그 명성을 날리고 있다. 전주 이씨 과거등과자 850명 중
115명이 광평 문중에서 배출됐다.

외아들 영순군 이부(1444~1470)가 있었는데 안타깝게 여긴 세종이 곧바로 입궐시켜 왕자의 예로 양육토록 했다.

초장지 경기도 광주군 서촌 학당리(현 서울시 강남구 삼성동 선릉 부근)에 예장됐던 광평의 묘가 연산군 1년(1495) 아들 영순군 묘가 있던 현재 묘역으로 천장되면서 광평대군과 문중은 놀라운 융성기를 맞는다. 연산군은 부왕(제9대 성종)의 능을 그곳에 조영하는 대신 당시 국풍에게 어명을 내려 최고의 명당 길지를 잡아주도록 배려했다. 이후 광평대군 묘역은 500년이 넘는 조선 초기 묘제 전통을 지켜 오고 있으며 문화재 전문위원과 각 성씨 문중 관계자들의 발길이 끊이지 않고 있다.

광평 묘는 서울 강남의 대모산을 조산朝山으로 북동쪽 기슭에 정남향(자좌오향) 혈처를 찾아 자리하고 있다. 천 년 학이 커다란 날개로 알을 품는 형상의 학익포란형鶴翼抱卵形의 산세가 안정감을 준다. 묘와 사당 사이에는 명당에서만 찾아볼 수 있는 천심수天心水가 혹독한 가뭄에도 마르지 않은 채 끊임없이 샘솟고 있다. 이런 명당에서는 굳이 나경으로 측정 안 해도 풍수법수에 딱 맞아떨어진다.

명당의 발복은 후손들의 입신양명으로 입증돼야 한다. 현재 광평로로 명명된 서울 지하철 3호선의 수서역과 일원역 일대는 예부터 '궁말'로 불리던 지명이다. 영순군의 아들 남천군 청원군 회원군 3형제가 광평 묘역 아래 집을 짓고 살자 인근 주민들이 삼궁三宮이라 하여 '궁마을'로 불렸던 것이 '궁말'로 변형된 것이다. 수서가 광평 후손의 근원지가 된 연유다.

당시부터 전주 이씨 종친은 물론 타 문중에서조차 명당에 조상을 잘 모신 덕분이라며 광평 묘역을 자주 찾아 주변 산세와 물형을 살펴갔다.

19대 종손이 살고 있는 광평대군 종가

이후 조선왕조 5백년을 통한 광평 후손의 벼슬길은 끊임없이 이어져 오늘날까지도 그 명성을 날리고 있다. 전주 이씨 과거등과자(문과) 850 명 중 115명이 광평 문중에서 배출됐다.

선조 때 대학자 이의건, 효종 때 우의정 이후원, 숙종 때 영의정으로 북한산성 수축을 완료한 이유, 고금석림을 편술한 이의봉, 헌종 때 우 의정 이지연을 비롯해 주로 문신들이 대거 출사했다. 한 말의 법부대신 (주 러시아공사) 이범진, 의병장 이범승, 헤이그 밀사 이위종, 청산리 전투의 영웅(초대 국무총리) 이범석 장군, 초대 서울시장 이범승, 이범준·이규현· 이규성·이광표 전 장관도 문중을 빛낸 인물이다.

광평 묘역 안에는 풍수적으로 깊이 고찰해야 할 귀중한 사례들이 있다. 남편과 외아들을 먼저 여의고 질곡 같은 삶을 살다 73세로 세상 을 떠난 광평대군의 부인 영가부부인永嘉府夫人(정1품) 평산 신씨(1426~

1498) 묘의 위치다. 일반적으로 묘의 당판에서 볼 때 남자를 좌측에 두고 여자는 오른쪽에 매장하는 남좌여우男左女右의 장법과 달리 남자가 우측에 있는 남우여좌男右女左의 환장법換葬法을 쓴 것이다.

이러한 환장법은 먼저 간 망자(광평대군)의 생(을사) 몰(갑자)년과 묻힐 사람(신씨)의 생(병오) 몰(무오)년을 오행둔시법五行遁時法으로 역산해 찾아내는 비전의 장법이다. 이 비법을 알고 광평 묘역을 찾아온 풍수지관은 옛 신풍의 열린 신안神眼에 탄복하며 광평 문중의 발복 비결을 덕담으로 주고 받는다.

묘역 내의 궁촌별묘宮村別廟는 각 지파 후손들이 모여 종사를 논의하는 별채다. 별묘의 대들보 아래에는 선조들의 행적과 묘역 유래를 상세히 기록한 목판木板이 전한다.

숙종 21년(1695) 세워진 묘역 안 세장기비世葬紀碑는 소중한 문화유산이다. 광평의 묘로부터 몇 보步를 가면 누구누구의 묘가 있다는 위치를 새긴 금석金石 기록유산인데 아직껏 별도의 문화재 지정을 못 받고 있다.

안씨 묘터를 새로 잡은 당대 지관은 깜짝 놀랐다. 한북정맥의 관악산 내룡맥이 한강수를 만나면서 마치 공작새가 알을 품듯 감싸 안은 공작포란형의 군왕지지였기 때문이다. 이 묘를 쓴 뒤 4년 후 덕흥군에게 셋째 아들 하성군이 태어났는데 바로 제14대 선조대왕이다. 후사 없는 13대 명종의 뒤를 잇게 되는 것이다.

여인의 처신
서울 현충원과 창빈 묘

왕위에 등극한 선조가 친할머니에게 예를 갖춰 정1품 창빈으로 추존하면서 창빈 묘로 불리게 되었다. 아들 덕흥군은 조선왕조 최초로 덕흥대원군에 추봉되었고 이후 360년간 이 여인의 혈손으로 왕실 대통이 승계되었다.

국립묘지 한복판에 조선시대 후궁의 묘가 있으니
한 여인의 조신했던 처신으로 왕의 발복지가 되다

국립 서울현충원(서울시 동작구 동작동 299-10번지)에 가면 창빈昌嬪 안씨 (1499~1549) 묘가 있다. 초대 이승만 대통령 묘와 제15대 김대중 대통령 묘 중간에 위치한 창빈 묘는 서울시 유형문화재 제54호로 지정돼 있다. 오가는 참배객들은 묘역 입구의 안내문을 읽고 나서 "국립묘지 한복판에 웬 조선시대의 후궁 묘냐"고 의아해하며 지나쳐 간다. 안내 표지판에는 '조선시대 후궁 묘역이 어떤 모습인지 알려주는 귀중한 문화재다'고 기록해 놓았다.

조금은 생뚱맞게 여겨지는 이 묘에 얽힌 내력을 알고 나면 서울 현충원의 명당에 대한 자부심과, 조선 초기 구중궁궐의 내명부 비사가 술술 풀려 나온다. 한 여인의 조신操身했던 처신이 후손들에게 안겨 준 천추만대의 발복을 되새기며 '여자의 길'을 암시해 주기도 한다.

안산 안씨였던 창빈은 연산군 5년(1499) 경기도 안산에서 태어났다. 연산군 폭정을 뒤엎은 중종반정 때 원종原從 공신으로 공을 세워 적순부위(정7품)가 된 안탄대의 딸로 9세 때 입궐해 궁녀가 되었다. 당시 반정공신들은 자신의 권력유지를 위해 딸이나 누이를 새 임금의 후궁으로 바쳐 중종(재위 1506~1544)은 1폐비, 2계비에 7명의 후궁을 거느리게 되었다. 여기에서 9남 11녀가 탄출되면서 바야흐로 내명부는 바람 잘 날이 없었다.

안씨는 제9대 성종의 계비 정현왕후 파평 윤씨(1462~1530 · 중종 생모)를 시봉하며 엄격한 궁중 법도와 후덕한 부도를 묵묵히 익혔다. 중종이 모후를 알현하러 대비전에 들 때마다 안씨가 눈에 띄었다. 19세 되던 해 금상의 승은을 입고 후궁이 된 뒤 30세에 숙원(종4품)으로 봉함 받고 41세 때는 종3품의 숙용이 되었다. 종3품은 오늘날 정부 부처 국장이나 군의 준장 급에 해당하는 요직이다

안씨는 중종과의 사이에 영양군(1521~1561) 덕흥군(1530~1559) 정신옹주(1526~1552)의 2남 1녀를 두었다. 자비로운 성품과 근검절약하는 절제행동으로 덕망이 높았던 그녀는 자신의 지위와 분수를 알았다. 이 당시 내명부 최고 수장은 중종의 제2계비 문정왕후 파평 윤씨(1501~1565 · 제13대 명종 생모)였다. 다른 후궁들은 자신의 소생으로 대통을 이으려고 계비와 대립각을 세우다 왕자는 죽고 자신마저 사약을 받았는데 안씨는 일찌감치 마음을 접었다.

1544년 11월 제11대 임금 중종이 재위 38년 2개월 만에 승하했다. 안씨는 또 한 번의 위기를 직감하고 소생 3남매를 불러 눈물로 당부했다.

"권력과 재물은 사람이 얻고자 해서 취해지는 것이 아니다. 때가 난

세이니 만큼 너희들은 탐욕을 내려놓고 필부필부로 살아감이 마땅할 것이다. 모角가 나면 깎이는 법임을 명심하라."

일부 사서에는 이후 안씨가 문정왕후의 배려로 대궐에 머물렀다고 전해지나 사실과 다르다. 조선왕실의 정통 비사인《선원보감》에는 중종 훙서 후 인수사仁壽寺로 입산해 비구니가 된 뒤 속세와 인연을 끊었다고 기록돼 있다. 난신적자들의 가혹한 횡포와 왕실의 변고 속에 제13대 명종(재위 1545~1567)이 즉위했으나 국정 난맥상은 극에 달했다. 위험에 빠진 영양군 덕흥군 정신옹주가 인수사를 찾았으나 안씨는 만나주지 않았다. 이런 무념무욕의 행보가 내명부에 전해지자 희대의 악후惡后 문정왕후조차 안씨를 가상하게 여겼다.

명종 4년(1549) 안씨가 50세로 세상을 떠나자 경기도 양주시 장흥리에 묻혔는데 풍수상으로 흉지라는 소문이 떠돌았다. 19세의 덕흥군이 이듬해 3월 현재의 장지로 천장하고 나서 세간에서는 동작릉銅雀陵으로 불렀다. 묘역 인근에는 단종에게 충절을 바쳤던 육신사六臣祠가 있던 유서 깊은 자리다.

안씨 묘터를 새로 잡은 당대 지관은 깜짝 놀랐다. 한북정맥의 관악산 내룡맥이 한강수를 만나면서 마치 공작새가 알을 품듯 감싸 안은 공작포란형의 군왕지지였기 때문이다. 왕실이나 조정 권신들에게 발각되면 역모행위로 몰려 살아남지 못할 판이었다.

누가 다난한 인간사를 어찌 장담하겠는가. 이 묘를 쓴 뒤 4년 후 덕흥군에게 셋째 아들 하성군(1552~1608)이 태어났는데 바로 제14대 선조대왕이 되어 후사 없는 명종의 뒤를 잇게 되는 것이다.

창빈 묘역 아래의 순국 장병 묘. 서울 현충원은 마제출주형으로 곳곳이 명당 혈처다.

이름난 명당 주변에 또 다른 명당 혈처가 맺히듯이
서울 현충원 성역 안은 곳곳마다 천년향화지지로 응결돼 있다.
지하철 9호선 동작역에서 현충원을 조망하면 적토마가 적진을
향해 돌진하는 마제출주 물형으로도 투시된다.

창빈 안씨 묘비

왕위에 등극한 선조가 친할머니에게 예를 갖춰 정1품 창빈으로 추존(선조 10년 · 1577)하면서 창빈 묘로 불리게 되었다. 아들 덕흥군은 조선왕조 최초로 덕흥대원군에 추봉되었고 이후 360년간 이 여인의 혈손으로 왕실 대통이 승계되었다. 선조는 정비 출생의 대군왕자가 아닌 후궁 소생 서자로 처음 용상에 오른 군왕이며 창빈은 후궁 출신 최초의 왕의 할머니가 된다. 숙종 10년(1684)에는 후궁으로는 드물게 묘 앞 신도비가 세워졌다.

창빈 묘는 신좌인향(북에서 동으로 45도 기운 동향)으로 한강의 동작대교 쪽을 바라보고 있다. 묘역에 가면 풍수에서 명당 여부를 판가름하는데 가장 우선시하는 뚜렷한 입수 내룡맥을 누구나 확인할 수 있다. 낮게 둘러쳐진 곡장 안 상단 지점이 드럼통처럼 솟아있다. 땅의 이치는 신묘해 이런 명당 자리에선 풍수의 사신사 법수가 딱 맞아떨어지게 되어있다.

명당 주변에 또 다른 명당 혈처가 맺히듯이 서울 현충원 성역 안은 곳곳마다 천년향화지지千年香火之地로 응결돼 있다. 지하철 9호선 동작역에서 현충원을 조망하면 적토마赤兔馬가 적진을 향해 돌진하는 마제출주馬蹄出走 물형으로도 투시된다. 1955년 7월 15일 '국군묘지'로 창설된 연유가 묵시적으로 납득되며 성역을 찾는 발걸음이 더욱 숙연해진다. 국립 서울 현충원으로 명칭이 변경된 건 1996년 6월 1일이다.

143만m^2(약 47만평) 규모의 아늑하고 쾌직한 이곳 호국묘원은 6·25전쟁 전몰 군·경과 월남전 전사자 및 대간첩작전 희생자를 비롯한 국가유공자 16만 8000여 위位가 영면해 있는 국가의 성역이다. 신념이나 종교를 떠나 망자가 명당에 묻힌다는 건 남은 이들에게 마음 편하고 좋은 일이다.

현충일을 맞아 미리 찾은 유가족들이 하얀 국화 한 송이씩을 헌화한다. 조국수호와 국가발전을 위해 고귀한 목숨을 바친 순국선열과 호국영령들, 그들을 위해 남겨진 우리가 해야 할 일은 무엇인가.

《심청전》의 무대는 명나라 연호 성화 1년에서 성화 23년이니
조선 초기의 세조 11년부터 성종 18년에 해당한다. 오랜 세월동안
《심청전》을 읽으며 효심을 일깨운 전설 속의 인당수는
과연 있을까. 인천광역시 옹진군 백령도에 가면 그 현장이
있어 애틋한 전설이 현실로 되살아난다.

백령도의 풍수 기원
심청각과 인당수

북한 땅 장산곶과 마주한 백령도 심청
각. 접적지역으로 항상 긴장감이 감돈
다. 효녀 심청이 공양미 3백 석에 팔려
몸을 던진 인당수가 바로 아래다.

백령도의 풍수 기원점은 심청각에서 비롯
사당 비각 전망대 등이 들어서야 기를 눌러

13세 어린 딸 심청沈淸이가 부잣집 절구 방아를 찧어주는 삯품으로 근근이 연명하던 어느 날. 늦도록 외동딸이 오지 않자 아버지 심 봉사가 마중을 나섰다. 한순간 실족으로 수렁에 빠져 허우적거리는데 명월산 화주승化主僧이 지나가다 구해주며 혼잣말로 중얼거렸다.

"쯧쯧-, 앞을 못 보는구먼. 공양미 300석을 부처님 전에 시주하면 눈도 뜨고 부녀 간에 장차 부귀영화도 누릴 텐데….'

심 봉사는 앞뒤도 생각 않고 즉석에서 시주를 언약했다. 끙끙 앓는 아버지의 사정을 알게 된 심청은 "어찌하면 약속을 지킬 수 있을까" 하고 천지신명께 빌었다. 때마침 명나라를 오가며 장사하는 선주船主가 인당수 거센 물살을 잠재우기 위해 산 사람을 제사 지내려고 흠결 없는 처녀를 사러 다닌다는 얘기를 들었다. 어린 심청은 공양미 300석에 몸을 팔아 아버지 눈을 뜨게 하고 인당수 푸른 물에 몸을 던졌다.

《심청전傳》의 무대는 명나라 연호 성화成化 1년에서 성화 23년이니 조선 초기의 세조 11년(1465)부터 성종 18년(1487)에 해당한다. 오랜 세월 동안《심청전》을 읽으며 효심을 일깨운 전설 속의 인당수는 과연 있을까. 인천광역시 옹진군 백령도에 가면 그 현장이 있어 애틋한 전설이 현실로 되살아난다. 그곳에는 만고 효녀를 기리는 심청각沈淸閣도 있다.

백령도白翎島는 인천에서 북서쪽으로 191.4km 떨어진 북한과 가장 가까운 섬이다. 더는 북상할 수 없는 군사분계선을 머리에 인 채 서해 5도 중 최북단에 홀로 떠 있는 바다의 종착지. 북한 장산곶에서 15km 떨어진 첨예한 군사 요충지이기도 하다. 맑은 날이면 몽금포 타령의 무대인 장산곶이 먼발치로 다가온다.

백령면 진촌동 야트막한 산 정상에 있는 심청각은 북녘 땅 황해도를 지척에서 바라볼 수 있는 곳이다. 시·군비 29억 원을 들여 1989년 10월 20일 개관했다. 심청이 뛰어든 절벽 아래 인당수는 남북한 어느 쪽에서도 접근할 수 없는 민감한 군사 구역 안에 있다. 이 점을 노려 중국 어선들이 수십 척씩 몰려와 저인망 그물로 어족을 훑어가는 통한의 바다이기도 하다.

예로부터 이곳을 지나는 배는 목숨을 걸어야 했다. 바다 속 바위에 부딪친 해류의 걷잡을 수 없는 소용돌이로 배가 뒤집혀 사람이 죽고 화물은 수장됐다. 현재도 인당수 부근을 지나는 소형 어선은 해류를 피하거나 우회한다고 한다. 선주들은 용왕의 심술을 달래기 위해 순진무구한 숫처녀의 제물이 필요했던 것이다.

정동향(유좌묘향)으로 진촌 마을을 내려다보고 있는 심청각 뒤에는 해

천안함 순국 46용사 위령탑. 격침 당한 침몰 현장이 가깝게 보인다.

백령도는 인구의 잦은 이동으로 섬을 거쳐 간 역사적
인물들이 많다. 최근 화동과 사곶 사이를 잇는 1백만 평의
간척지 매립으로 국내 14번째에서 8번째 큰 섬으로 바뀌었다.
발길 닿는 곳마다 명승 절경인 이 섬은 육지의 보급을
받지 않고도 자급자족이 가능한 축복 받은 땅이다.

풍에 치마를 날리며 투신하는 심청의 동상이 있다. 슬픔에 잠긴 얼굴 표정이 애절하기 짝이 없다.

2층 규모의 심청각 안에는 그녀의 기구하고도 극적인 일생이 아름다운 조형물로 형상화돼 있다. 용왕의 도움으로 연꽃 위에 환생한 심청이 황후마마로 반전되고 아버지가 눈을 떠 눈물짓는 장면이 가히 압권이다. 취향에 따라 김소희, 성창순 명창이 부르는 심청가를 골라 들을 수도 있다.

북한의 연평도 포격 도발 이후 우리 군의 대응조치로 안정을 되찾은 뱃길 덕분에 육지 관광객들의 발길이 쇄도하고 있다. 심청각에서 멀지 않은 친안함 순국 46용사 얼굴이 새겨진 부조浮彫 위령탑과 함께 어느덧 백령도는 충과 효의 생생한 교육현장이 되어가고 있다.

바다가 갈라놓은 섬 지역에서 명당을 택지하려면 육지와 연결된 해저 암골맥岩骨脈을 제대로 찾아야 한다. 이곳에서는 인당수의 암골맥이 장산곶과 백령도를 잇는 입수入首맥이다.

따라서 백령도의 풍수 기원점은 심청각에서 비롯되는 것이다. 다른 섬의 바다 풍수도 이런 맥락에서 관측하면 오차가 없다고 고서에는 기록돼 있다. 다만 육지의 풍수 기맥이 바다 속 어느 지점을 통해 입수되었는지를 정확히 찾아내는 게 관건이다. 이런 지세 파악은 명당의 근원이 되는 종산宗山과 혈처의 기준이 되는 조산祖山을 잡는데 결정적 단서를 제공하게 되는 것이다.

사람들은 사통팔달로 전망이 탁 트인 산 정상이나 들녘에 멋진 정자를 짓고 유유자적하길 꿈꾸기도 한다. 심청각도 뒤로는 천애절벽의 인당수 바다요, 앞으로는 일망무제의 들판이 보이는 산꼭대기다. 이런 지

심청 동상. 몸을 던진 인당수가 바로 뒤에 있다.

세에서는 좌청룡(용·동쪽) 우백호(호랑이·서쪽) 북현무(거북이·북쪽) 남주작
(공작·남쪽)의 사신사 물형이 갖춰질 수가 없다. 살풍이 몰아쳐 집터나 별
장지로는 적합지 않고 여러 사람이 드나들어 사기邪氣를 제압하는 사당,
비각, 전망대 등이 들어서야 하는 장소다. 이래서 심청각은 제자리를 잡
은 명소다.

　서해의 해금강으로 불리며 고려 충신 이대기가 이곳에 유배와 '늙은
신이 빚은 마지막 걸작품'이라고 극찬한 백령도는 인천항에서 4시간
30분 걸리는 뱃길이다.

　유사시 적의 심장부를 가장 근접 거리에서 강타할 수 있는 군사 요

백령도 두무진의 암벽 절경

새로 육·해·공군은 물론 상륙 주력 부대인 해병대가 주둔하고 있다. 섬의 용기포항 왼쪽 사곶 해수욕장에서는 해병들의 극기훈련 상황을 수시로 목격할 수 있다. 사곶 규조토 해변은 이태리 나폴리와 더불어 세계에서 두 곳 밖에 없는 천연비행장이다.

백령도의 중화동 교회가 주민들에 의해 세워진 한국 최초의 자생적 교회라는 사실을 아는 사람은 드물다. 순조 32년(1832) 독일 출신 귀츨라프 선교사가 성경을 남기고 간 이후 고종 2년(1865) 주민들의 자발적인 모금과 봉사로 지어져 교인들의 자부심이 크다.

백령도는 인구의 잦은 이동으로 섬을 거쳐 간 역사적 인물들이 많다. 최근 화동과 사곶 사이를 잇는 1백만 평의 간척지 매립으로 국내 14번째에서 8번째 큰 섬으로 바뀌었다. 발길 닿는 곳마다 명승 절경인 이 섬은 육지의 보급을 받지 않고도 자급자족이 가능한 축복 받은 땅이다. 취항을 앞둔 쾌속여객선이 백령도와 육지를 더욱 가깝게 이어 줄 것으로 주민들은 기대하고 있다.

당시 조정에서 선뜻 내준 외국인 묘터 옆의 잠두봉은 어떤 곳인가.
한국 천주교인의 통한이 서린 오늘날의 절두산 순교성지다. 사람의 목이
잘려 죽었다 해서 절두산이라 부르는 섬뜩한 지명이다. 공교롭게도
가톨릭의 절두산 순교성지와 개신교의 외국인 선교사 묘원은 합정역과
당산역 철길이 경계를 이루며 의미심장한 대조를 이룬다.

한국 기독교의 성지
절두산과 외국인선교사 묘원

절벽 끝이 누에머리 같아 잠두봉으로
불리는 절두산 순교성지. 천주교 신자
1만여 명이 처형된 곳이다. 아래에는
개신교의 외국인선교사 묘원이 있다.

가톨릭의 순교 성지와 철길을 경계로
개신교의 성지가 대조를 이루고 있으니

고종 27년(1890) 조선 조정과 주한 미국대사관은 한 선교사의 장지 문제를 둘러싸고 크게 충돌했다. 이해 7월 28일 제중원에서 의사로 일하던 미국 북장로회 소속 헤론(1856~1890) 선교사가 이질에 걸려 세상을 떠났는데 그가 묻힐 장소 때문이었다. 헤론이 한국에 온 지 5년 만으로 35세의 젊은 나이였다. 제중원濟衆院은 고종 22년(1885) 미국인 알렌 선교사에 의해 세워진 우리나라 최초의 서양의학 의료기관이다.

대사관 측은 조선을 위해 봉사하다가 순교했으니 명당을 골라 내놓으라고 했다. 조정에선 외국인의 조선 영토 내 공식 매장은 안 된다며 미국으로 돌아가라고 맞섰다. 그러자 대사관에서 초강수의 극약처방을 내렸다. 경복궁이 바라보이는 미 대사관 관저 안에 헤론을 묻겠다는 것이었다. 당시 사대문 안에 묘를 쓴다는 건 상상조차 할 수 없는 역모 행위였다.

허를 찔린 조정에 비상이 걸렸다. 이때 원로대신 하나가 기발한 착상을 제안했다. 양화진 잠두봉 옆 공터를 내주라고 임금께 주청한 것이다. 다른 권신들도 절묘한 대안이라며 일제히 동조했다. 고종은 비로소 근심을 덜었다며 상을 내리고 즉시 윤허했다. 이런 곡절 끝에 헤론은 서울시 마포구 합정동 145-8번지 13,224㎡(약 4000여 평) 규모의 외국인 선교사 묘원에 안장되는 최초의 피장자가 되었다.

그렇다면 당시 조정에서 선뜻 내준 외국인 묘터 옆의 잠두봉은 어떤 곳인가. 한국 천주교인의 통한이 서린 오늘날의 절두산 순교성지(서울시 마포구 합정동 96-1)다. 사람의 목이 잘려 죽었다 해서 절두산切頭山이라 부르는 섬뜩한 지명이다. 공교롭게도 가톨릭의 절두산 순교성지와 개신교의 외국인 선교사 묘원은 한강을 가로지르는 지하철 2호선 합정역과 당산역 철길이 경계를 이루며 의미심장한 대조를 이룬다. 한국순교복자기념성당과 한국기독교 선교100주년 기념교회가 각각 들어서 성역화 사업을 마무리하고 희생과 봉사로 먼저 간 영령들을 기리고 있다.

홍선대원군 이하응(1820~1898)은 어린 둘째 아들 고종이 등극하자 섭정이 되어 국정 전반을 장악했다. 그는 외국과 교역·문호개방을 안하면서 우리끼리만으로도 잘 살 수 있을 것으로 판단했다. 절대왕권 유지에 저해되는 동학(천도교)과 서학(천주교)도 가혹하게 탄압했다.

고종 3년(1866) 초 대원군은 프랑스 선교사 9명과 국내 천주교 신자 수천 명을 처형했다. 중국에 주둔하던 프랑스 함대가 조선 천주교인을 앞세워 강화도와 양화진을 침공한 뒤 강화도를 점령했다. 당시 양화진楊花津은 송파진, 동작진, 노량진, 한강진과 함께 서울을 지키는 5진 중 하나였다. 1개월 후 프랑스 군은 철수하면서 조선인을 살해하고 강화 정족산성 사고에 있는 고도서 345권과 은괴 19상자를 약탈해 본국으로 보냈다. 병인년에 서양인들이 소요를 일으켰다 해서 병인양요丙寅洋擾라 한다.

대원군은 "서양 오랑캐로 더럽혀진 한강 물은 서학 무리의 피로 씻어야 한다"며 전국 각지에 척화비를 세우고 천주교 신자들을 닥치는 대로 잡아다 잠두봉에서 처형했다. 이때 별다른 심문 없이 즉결 처단한 신자 수가 1만 명이 넘으며 이후부터 절두산으로 불리게 되었다. 현재 순교기념 박물관에는 무명 순교자 1위를 포함해 27위의 순교자 유해가 봉안돼 있다. 1984년 5월 3일 이곳을 방문한 교황 요한 바오로 2세는 순교자들에게 진정한 경의를 표했다.

당산철교 아래로 연결된 외국인선교사 묘원의 총 417기 가운데 선교사는 145인(가족 포함)이다. 구한말 개화 시대를 통해 귀에 익은 선교사들 묘비가 촘촘히 서 있다. 〈대한매일신보〉를 창간한 베델, 평양 숭실대학 설립자 베어드 부부와 두 아들, 이화학당을 세운 스크랜턴, 정동감리교회(아펜젤러)와 새문안장로교회(언더우드)를 창립한 두 선교사와 세브란스 병원을 세운 에비슨도 이곳에 잠들어 있다. 비석에 새겨진 명문銘文들이 인상적이다.

"나는 웨스트민스터 사원보다 한국 땅에 묻히기를 원한다."(헐버트)

"나는 고국으로 돌아가기를 원치 않는다. 한국에서도 하나님 나라로 갈 수 있다."(위더슨)

"섬김 받으러 온 것이 아니라 섬기러 왔다."(아펜젤러)

선교사 중에는 건국공로훈장 독립장(헐버트)을 수상하기도 했고 언론인 베델은 일본인들이 미워해 비석을 훼손한 흔적이 있다.

구한말 개화기 외국인사 417명이 안장된 합정동 외국인선교사 묘원. 한국 개신교의 성지다.

풍수 논쟁으로도 당파싸움이 치열했던 조선시대. 절두산
바위가 정기를 발산하는 화강암이었으면 결코 이곳을 사형집행
장소로 선택하지 않았을 것이다. 푸석한 암반지형에는 사람이
모여드는 향교, 성당, 사찰, 교회, 학교 등이 들어섬이
필연적이다. 밀집한 여러 사람의 운기가 흩어진 땅의 산기를
제압하고도 남기 때문이다.

양화진 나루터는 조선조 이래 서울의 천연방어선을 이루며 군사상 주요기능을 담당했던 전략요충지였다. 오늘날에는 양화대교가 서부 서울의 남북을 잇는다. 삼남지방에서 한강을 통해 운송되어온 곡식을 저장했다가 재분배하던 곳으로 현재도 서울에서 양천을 지나 강화·인천으로 연결되는 교통요지다.

백두대간이 한북정맥으로 분맥하며 수도 복판에서 한강을 만나 용진처龍盡處가 되는 한수 이북 강변은 곳곳이 절경이다. 겸재 정선(1616~1759)이 즐겨 그리던 선유도가 양화진 건너편에 있으며 한음 이덕형 (1561~1613)·덕연 형제가 벼슬을 버린 뒤 이수정二水亭(현 영창정)을 지어 유유자적하던 정자 터가 가까이 있다. 흥선대원군은 왜 하필 이토록 아름다운 경승지에서 1만 명이 넘는 인간의 생목숨을 끊었을까.

절두산에 있는 대원군 척화비

절두산은 누에의 머리를 닮았다 하여 잠두봉蠶頭峰, 또는 용의 머리와 흡사하다 해서 용두봉龍頭峰으로도 불린다. 경복궁 주산인 북악산 우백호가 신촌 연세대학교를 휘감으며 서강대학교까지 내룡한 뒤 당인리에 와 멈춰선 암벽지점이다.

그러나 절벽의 암석을 자세히 살펴보면 쉽게 부서지는 파쇄석이다. 풍수 논쟁으로도 당파싸움이 치열했던 조선시대 절두산

절두산 성당 앞의 표석

한강보다 지형이 낮은 선교사 묘원

바위가 정기를 발산하는 화강암이었으면 결코 이곳을 사형집행 장소로 선택하지 않았을 것이다. 푸석한 암반지형에는 사람이 모여드는 향교, 성당, 사찰, 교회, 학교 등이 들어섬이 필연적이다. 밀집한 여러 사람의 운기가 흩어진 땅의 산기散氣를 제압하고도 남기 때문이다.

이런 관점에서 볼 때 당시 미국 대사관의 헤론 선교사 장지 요청에 절두산 옆 공터를 내준 조선 조정의 의도는 금세 드러나고 만다. 선교사 묘원 내 을좌신향(북으로 15도 기운 서향)의 언더우드 가家 묘역 앞에 서면 지형이 너무 낮아 바로 앞의 한강이 가로막혀 있다. 건수乾水가 들락거려 습기가 침범하는 물형이다. 그러나 공동묘지 구역 내에서도 필히 명당은 있는 법이어서 베델이나 헐버트 묘비 앞에 서보면 똑같은 좌향이라도 가슴이 탁 트인다. 아무 연고도 없는 이역만리 우리 땅에 와 자신을 내던지고 한국만을 위해 살다 이 땅에 영면한 이들에게 한국인이 해줄 수 있는 영적인 위안은 무엇일까.

절두산 성지 안에는 천주교를 믿는다는 이유로 할머니 정순왕후(영조계비)에 의해 사사된 은언군(사도세자 서자) 묘비와 흥선대원군이 세운 척화비가 함께 보존되고 있어 참배객들의 심사를 어지럽게 한다.

1955년 11월 7일 국회가 부산 유엔군 묘지 토지를 영구히 기증하면서
성지화됐다. 같은 해 12월 15일 유엔총회는 이 묘지를 유엔이
영구적으로 관리하기로 결의했다. 유엔에서 지정한 세계 유일의 성지가
된 묘역은 2007년 유엔의 날, 근대문화재 제359호로 등록됐다.

세계 평화의 상징
재한유엔기념공원

11개국 2,300위 전사자가 안장돼 부산의 재한유엔기념공원. 유엔이 지정한 세계 유일의 성지로 우리의 관리 주권이 미치지 않는 특수 영토다.

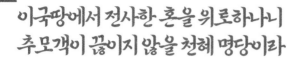

이국땅에서 전사한 혼을 위로하나니
추모객이 끊이지 않을 천혜 명당이라

① 미국 ② 영국 ③ 터키 ④ 캐나다 ⑤ 호주 ⑥ 프랑스 ⑦ 네덜란드 ⑧ 뉴질랜드 ⑨ 남아공 ⑩ 콜롬비아 ⑪ 그리스 ⑫ 태국 ⑬ 에티오피아 ⑭ 필리핀 ⑮ 벨기에 ⑯ 룩셈부르크.

1950년 6월 25일 북한의 기습 남침으로 6·25 한국전쟁이 발발하자 이들 16개국은 자국 군대를 파견해 북한, 중공군과 맞서 싸워 대한민국을 지켜냈다. ① 노르웨이 ② 덴마크 ③ 인도 ④ 이탈리아 ⑤ 스웨덴 등 5개국은 의료지원 부대를 보내 부상병을 치료해 주었다.

3년 1개월 2일 만에 미군과 북한군 간의 휴전협정 조인(1953년 7월 27일)으로 총성이 멎은 이 전쟁의 희생은 컸다. 참전 21개국 중 17개국(의료지원국 가운데 노르웨이 포함)에서 4만 896명의 전사자가 발생한 것이다. 4만 896명. 그들은 조국의 명령에 따라 영문도 모르는 이국땅 대한민국에서 소중한 목숨을 잃고 말았다. 그런데 이 전쟁은 종전이 아닌 아직도 끝나지 않은 휴전 상태에 있다.

자식과 남편을 전쟁터에 보내놓고 입술이 타들어가는 데야 동서고금이 다를 바 있겠는가. 하늘이 무너지는 전사 통보를 받은 17개국 부모와 아내들은 견딜 수 없는 슬픔 속에서도 그들의 유해만이라도 온전하기를 소망했다. 전쟁 초기 전사자들은 개성 인천 대전 마산 등지에 흩어져 묻혔다.

유엔군(국제연합군) 사령부는 전쟁 중에도 이들에 대한 정중한 예우를 잊지 않았다. 1951년 부산광역시 남구 대연4동 779번지의 13만 3,701㎡(4만 500평)의 대지에 유엔군 전몰장병 묘지를 조성했다. 휴전 직후에는 미국 프랑스 벨기에 콜롬비아 에티오피아 그리스 필리핀 태국 등의 희생자 1만 1,000위가 봉안되었다.

대한민국 국민도 이들에게 최고의 경의를 표했다. 1955년 11월 7일 국회가 부산 유엔군 묘지 토지를 영구히 기증하면서 성지로 지정할 것을 유엔에 건의한 것이다. 같은 해 12월 15일 유엔총회는 이 묘지를 유엔이 영구적으로 관리하기로 결의(결의문 제977(X)호)했다. 유엔에서 지정한 세계 유일의 성지가 된 묘역은 2001년 3월 15일 한국어 명칭을 재한유엔기념공원으로 변경한 뒤 2007년 유엔의 날(10월 24일) 근대문화재 제359호로 등록됐다.

유엔기념공원은 우리의 국토 안에 있으면서도 우리의 관리주권이 미치지 않는 특수영역이라는 점에서 각별한 의미를 갖는다. 1974년 이후 관리업무가 유엔에서 11개국으로 구성된 재한유엔기념공원 국제관리위원회CUNMCK로 위임돼 오늘에 이르고 있다.

그곳에 가면 색다른 각국의 묘제와 만난다. 전사자 출신국 국기와

유엔기념공원 정문. 호국 교육을 겸한 관광 명소로 국내외 추모객들이 줄을 잇는다.

동·서양을 뛰어넘어 명당에 관심이 쏠리고 있는
최근 추세를 감안할 때 풍수지리적으로 이들의 안식처는
어떤 곳일까. 6·25 한국전쟁 중 전사한 4만여 명의 유엔군 장병
이름을 모두 새긴 전몰장병 추모명비 앞에 서면 풍수에 앞서
동양의 음양오행 사상이 철저히 적용됐음에 새삼 놀란다.

사진이 각인된 묘비 옆엔 아름다운 장미가 만발해 있고 짧은 생을 마감한 애틋한 사연들이 음각돼 있다. 망자들의 공간이란 숙연함보다 산 자의 곁에 있는 친숙한 생활공간으로 다가온다. 그들에게 신세를 갚아야 할 우리 입장에선 크나큰 위안이 아닐 수 없다.

현재 묘역에는 유엔군으로 참전해 전사한 36명의 한국군을 포함해 11개국 2,300명의 유해가 안장돼 있다. 영국 885, 터키 462, 캐나다 378, 호주 281, 네덜란드 117, 프랑스 44, 미국 36, 뉴질랜드 34, 남아공 11, 노르웨이 1, 비전투요원 11, 무명용사 4. 당초 1만 1,000위 중 자국으로 귀환된 8,700위가 떠난 자리엔 질푸른 한국의 토종 잔디가 빈 터를 지키며 그들의 영혼을 기억하고 있다.

동·서양을 뛰어넘어 명당에 관심이 쏠리고 있는 최근 추세를 감안할 때 풍수지리적으로 이들의 안식처는 어떤 곳일까. 6·25 한국전쟁 중 전사한 4만여 명의 유엔군 장병 이름을 모두 새긴 전몰장병 추모명비 앞에 서면 풍수에 앞서 동양의 음양오행 사상이 철저히 적용됐음에 새삼 놀란다.

추모명비는 음양의 조화를 상징하는 원형수반(우주)의 물(음)에 영원히 꺼지지 않는 불꽃(양)이 타오르고 있다. 수반 내 움푹 팬 곳(음)에는 평화로운 삶으로 승화함을 뜻하는 꽃이 있고 전쟁과 죽음을 상징하는 철모(양)가 대칭으로 배치돼 있다. 22개국(한국 포함) 국기가 반기로 게양된 길 건너에는 목(청) 화(적) 토(황) 금(백) 수(흑)의 오행五行 색깔이 자유롭게 뒤섞여 상생하고 있는 백일홍이 흐드러지게 피어있다.

추모명비 입구 벽면에는 한국전 유엔군 전몰용사를 영구히 추모하며 쓴 이해인 수녀의 헌시가 새겨져 있다.

공원 입구의 재한유엔기념공원 표석

'우리의 가슴에 님들의 이름을 사랑으로 새깁니다/
우리의 조국에 님들의 이름을 감사로 새깁니다.'

누가 이런 자리를 잡았을까. 묘역 전체는 동남향(건좌손향)으로 앞이
낮고 뒤가 높은 전저후고前低後高의 전형적인 명당 지형이다. 정서향(묘
좌유향)의 정문 건너편 내룡맥이 우백호로 감싸며 묘역 앞 안산(남주작)을
환포한 백호 작국作局의 산세다. 재물(백호)이 손님(안산)을 궁형弓形(안으로
굽은 활모양)으로 얼싸안으니 추모객이 끊이지 않을 뛰어난 명당이다.

건축가 김중업(1922~1988)의 설계로 1964년 건립된 묘역 안 추
모관은 참전 21개국의 통通 종교적인 상징성을 형상화하고 있어 세계

평화의 큰 상징물로 주목받고 있다. 각국 용사들의 종교를 고려해 독특한 구조의 삼각형 형태로 지어진 추모관(예배당)은 가톨릭 개신교 불교 이슬람교 등 어떤 종교인들이 합석해도 편안하다. 손좌건향(서북향)으로 동남향의

추모명비 앞에 핀 8월의 백일홍 꽃

묘역과 마주하며 유리창을 대신한 스테인드글라스에는 평화의 사도, 승화, 전쟁의 참상, 사랑과 평화 등의 의미가 담겨 있다.

이렇듯 아름다운 생활·근린공원으로 꾸며 놓은 유엔기념공원에서도 무명용사의 길을 걷는 추모객들은 모두 빚진 마음이 되고 만다. 이 공원에 안장된 11개국의 장병들을 상징하기 위해 11개의 물 계단 위로 11개 분수대를 만들었고 수로 가에는 11그루의 소나무를 심었다. 지금 이들은 무엇을 위해 싸우다 이곳에 묻혀 있는가.

부산 시가지 중심에 자리한 용두산 공원에 올라가면 부산의 명소와 함께 명당 혈처가 일목요연하게 조망된다. 개항의 역사가 유구한 한국의 제2 도시로 수많은 곡절이 골목마다 쌓인 부산의 사연은 낙동강이 알고 있다.

맥아더 장군은 낙동강 전투에 전력을 소진해 후방 경비가 허술한
적군의 틈을 노려 인천상륙작전을 기습으로 감행했다.
작전명 '크로마이트'로 명명된 이 작전의 성공으로 9월 15일 월미도에
교두보를 확보했다. 연합군은 9월 27일 한국 해병대가 중앙청 옥상에
태극기를 계양하는 개가를 올리고 이튿날 서울을 완전 수복했다.

인천상륙작전기념관 내의 자유수호탑. 송도 신도시와 서해 바다를 품고 있는 명당 자리다. 멀리 월미도를 굽어볼 수 있다.

한반도의 배꼽 송도에 거룩한 영혼을 모시니
나라를 위해 헌신한 마음의 빚을 갚는 길이라

옛날의 한 대장장이가 '모든 것을 뚫을 수 있다'는 세모진 창을 만들어 큰 돈을 벌었다. 나라에서는 그 창을 사들여 전쟁 시 무기로 사용했고 적국의 많은 병사들이 희생당했다. 그러자 그 대장장이는 '어떤 창도 뚫을 수 없다'는 방패를 만들어 적국에 몰래 팔아 더 큰 돈을 챙겼다. 전쟁을 지휘하던 장군이 말했다.

"모순이야, 모순! 세상에 모든 것을 뚫는 창이 어디 있고, 어느 것에도 뚫리지 않는 방패가 어디 있어. 당착모순撞着矛盾(앞뒤가 서로 맞지 않아 맞부딪침)이지…."

이후부터 '서로 대립하여 양립하지 못하는 관계'를 모矛(세모진 창 모)순盾(방패 순)으로 불렀다. 현대에 와서는 수천 킬로를 날아가 적국의 심장부를 강타하는 미사일을 만들어 팔고, 그 미사일을 공중에서 폭파해 무력화시키는 요격 미사일을 개발해 팔고 있다. 예나 지금이나 모순이기는 피장파장으로 전쟁에서 살상자 수만 늘어날 뿐이다.

세상의 가장 큰 모순은 전쟁이다. 인간이 인간을 죽이고 민생을 황폐화시키며 패전국은 혹독한 대가를 치러야 되기 때문이다. 인류역사를 통해 전쟁의 위협 속에 살지 않은 날이 몇 날 며칠이나 될까. 기왕지사 피할 수 없는 전쟁이라면 기필코 승리해야 한다. 어떤 전쟁에서도 2등은 없다.

1950년 6월 25일 한국전쟁에서 북한군의 기습 남침에 무방비 상태로 당한 대한민국은 개전 3일 만에 수도 서울을 점령당하고 두 달도 채 안 돼 낙동강 전선까지 후퇴했다. 6월 27일 유엔의 신속한 결의로 세계 21개국(의료지원국 포함) 장병이 파병돼 전투 임무를 수행했지만 전세는 불리해져만 갔다. 자칫 대한민국이 함락될 수도 있는 풍전등화의 위기상황이었다.

전쟁은 지략이 뛰어난 장수의 결단으로 승패가 판가름 난다. 당시 국제연합군 사령관 맥아더(1880~1964) 장군은 낙동강 전투에 전력을 소진해 후방 경비가 허술한 적군의 틈을 노려 인천상륙작전을 기습으로 감행했다. 작전명 '크로마이트Chromite'(크로뮴 철광)로 명명된 이 작전의 성공으로 9월 15일 월미도에 교두보를 확보했다. 연합군은 9월 27일 한국 해병대가 중앙청 옥상에 태극기를 게양하는 개가를 올리고 이튿날(28일) 서울을 완전 수복했다.

인천항의 주요거점인 월미도를 상륙하는 과정에서 미 해병대가 입은 피해는 부상자 17명인데 반해, 적군은 사살 108명, 포로 136명의 전과를 올렸다. 세계 전사에 길이 빛나는 완벽한 작전의 승리로 전세는 역전됐고 적군의 퇴로와 보급로는 막혀 버렸다. 인천상륙작전에 참여한

항공모함 구축함 순양함은 모두 8개국 261척(미국 225 영국 12 캐나다 3 호주 2 뉴질랜드 2 프랑스 1 네덜란드 1 한국 15)으로 병력 규모는 한국군을 포함해 7만 5,000여 명이었다. 맥아더 장군과 함께 무공을 세운 한국군 장성 중에는 신현준 장군(해병대 중장), 손원일 제독(해군 중장), 백인엽 장군(육군 중장)이 있다.

원래 인천상륙작전은 성공을 장담할 수 없는 위험한 작전이었다. 서울에서 32km 거리의 인천 앞바다는 조수간만의 차가 10m나 되며 간조 시에는 2~5km의 넓은 개펄이 드러나 상륙함의 접근이 불가한 해안이다. 만조 일수도 겨우 2~3일 밖에 안 돼 참모들은 대안으로 군산이나 평택을 제시하며 인천으로의 상륙을 반대했다. 그러나 맥아더는 단호했다.

"적이 지리적 곤란성 때문에 인천을 상륙지점으로 불가능하다고 여기고 있는데 바로 그 점이 기습 작전을 달성할 수 있는 관건이다."

맥아더의 결단으로 적군을 대파한 연합군은 파죽지세로 10월 1일 38선 돌파, 10월 19일 평양탈환, 10월 26일 평북 초산지역 압록강까지 진격해 통일이 눈앞에 다가온 듯 싶었다.

그러나 어쩌랴. 중공군의 개입으로 전세가 다시 역전돼 일진일퇴를 거듭하는 동안 아군, 적군의 희생자는 늘어만 갔고 민생은 더욱 참담해졌다. 맥아더 장군은 당시 군통수권자인 미국 제33대 트루먼(1884~1972) 대통령의 확전방지 정책을 공공연히 반대하면서 중공과의 전면전을 주장하다가 1951년 4월 '명령불복종'으로 해임되고 말았다. 불퇴전의 장군 맥아더는 미 의회의 마지막 연설에서 "노병은 죽지 않는다. 다만 사라져 갈 뿐이다"란 명언을 남겼다.

연합군이 처음 상륙한 월미도 앞바다. 이 작전의 성공으로 열세였던 연합군 전세가 반전됐다.

1984년 9월 15일 인천 시민의 정성으로 완공된
대지 면적 2만 4,347㎡의 상륙기념관은 송도 신도시와
서해안을 내려다보는 갑좌경향의 명당자리다. 한반도의 배꼽에
해당하는 송도는 청량산을 주산으로 멀리서 보면 바다
한가운데 거북이가 엎드린 모습의 해중복구형이다.

인천 자유공원의 맥아더 장군 동상

항구도시 인천에 가면 맥아더 장군의 궤적이 곳곳에 있어 눈길을 끈다. 시 중앙 나지막한 산 중턱의 자유공원(중구 신포동)엔 망원경을 들고 서해를 응시하는 그의 동상이 내방객을 맞는다. 동상 좌대는 진좌술향(북으로 30도 기운 서향)이나 시선은 정서향(묘좌유향)인 월미도를 바라보고 있다. 상륙 장소인 월미도엔 표지석이 세워졌고 한때 해수욕장으로 유명했던 송도에는 상륙작전기념관(연수구 옥련동 525)이 건립돼 희생자들의 넋을 위로해 준다.

1984년 9월 15일 인천시민의 정성으로 완공된 대지면적 2만 4,347㎡(7,365평)의 상륙기념관은 송도 신도시와 서해안을 내려다보는 갑좌경향(서향)의 명당자리다. 한반도의 배꼽에 해당하는 송도는 청량산을 주산으로 멀리서 보면 바다 한가운데 거북이가 엎드린 모습의 해중복구형海中伏龜形이다. 이런 지세에 탑이나 비석 등 무거운 석물을 세우면 거북이가 굴신屈伸을 못해 운기를 차단당한다. 배꼽은 기氣의 원천이자 생명 보급로의 상징이다.

이일영 화백이 설계한 자유수호의 탑은 거북이의 기를 누를 만한 무게가 아니다. 조병화(1921~2003) 시인의 친필 헌사가 음각된 '영원히 꺼지지 않는 불'은 서해의 넘치는 수기水氣를 막아 주산과 비보를 이룬다. 인근의 고찰 흥륜사 경내와 원인재(문화재자료 제15호, 연수2동 584) 안에 있는 이허겸(인천 이씨 중시조) 묘역에도 큰 석조물이 조성되지 않았음은 이러한 풍수사상의 방증으로 사료된다.

대한민국을 위해 희생한 그들의 영혼을 좋은 명당자리에서 추모할 수 있음은 마음의 빚을 다소나마 갚는 길이다. 전쟁은 사람이 사람을 죽이는 살생이다. 수명이 다하는 자연사도 안타까울진대 인간의 그릇된 욕망에 의해 저질러지는 비명횡사의 모순을 막을 수는 없는가.

2 장
역사의 표상이 되다

회헌의 주자학에 대한 깊이와 통찰력에
경탄을 금치 못했다. '동방의 주자'란 별칭은
그들로부터 비롯된 것이다.
동방 소국 고려의 최초 유학자로
중원 대륙의 성인 반열에 오른 것이다.

조선 최초의 사액서원 순흥 소수서원.
서원 터는 연화부수형의 명혈지로 퇴
계의 영남 인맥이 무수히 배출된 산실
이다.

고려의 최초 유학자로 사상적 혼란 수습
중원 대륙의 성인 반열에 올라 시대를 향도

사람은 가도 옛날은 남는다.

회헌晦軒 안향安珦(1243~1306)이 세상을 떠나자 고려 제25대 충렬왕(1236~1308)은 황해도 장단의 대덕산록에 장지를 잡아주고 정중히 예장토록 했다. 제27대 충숙왕(1294~1339)은 고려 궁중에 있던 원나라 화공한테 안향의 화상(국보 제111호)을 그리게 하고 그를 흠모했다.

오늘날에도 회헌의 신위는 성균관 안에 있는 문묘文廟(공자의 위업을 기리며 제향 올리는 사당)에 배향돼 불천지위不遷之位(국가에서 영구히 제사 올리는 역사 인물)로 추앙받고 있다. 안향은 갈피를 잡을 수 없이 혼란스러웠던 고려 후기 사회에 혜성같이 나타나 사상적 혼란을 수습하고 시대를 향도한 뛰어난 경세가였다.

최충헌(1149~1219) 일족의 무신정권 횡포로 국가 기강이 붕괴된 고려 국운은 국내외적으로 사면초가였다. 사상적 주류를 이루며 당시 사회를 견인해 왔던 불교가 부패하면서 백성은 도탄에 빠졌고 국기國基마저 무너졌다. 혹세무민하는 무속들이 활개를 치며 불신 풍조를 만연시켰고 노예들마저 봉기해 걷잡을 수 없는 난국이었다. 왕권은 타락해 왕실 지친至親과 소수 권신들이 국정을 농단했고 권력을 잡은 자는 대를 물려가며 벼슬의 끈을 놓지 않았다.

설상가상으로 상국 원나라는 목불인견이었다. 고려왕에게 자국 공주를 시집보내 부마국이 되게 하고 외손자가 왕위를 잇게 했다. 왕이 승하한 뒤 정하는 조祖와 종宗의 묘호에 조·종을 떼도록 하고 원에 충성한다는 의미로 충忠자를 붙여 변방국 왕으로 격하시켰다. 영민한 고려 백성들은 이러한 국내외 정세들을 속속들이 알고 있었다.

이즈음 회헌이 여러 차례 원나라를 왕래하며 주자학을 배워 와 방황하던 고려사회에 통합이념을 제시한 것이다. 원에 문안 가는 왕과 공주(고려의 왕후)를 호종해 주자서를 베끼고 공자와 주자의 화상을 손수 그려 귀국했다. 충렬왕 29년(1303)에는 김문정을 원에 보내 공자의 70제자 초상과 문묘에 사용할 제기·악기 등을 반입한 뒤 대성전에 봉안하고 제향을 올렸다.

부패한 상류사회와 귀족불교에 식상했던 당대 지식인들에게 주자학은 신선한 충격이었다. 점차 사회사상으로 확산돼 전국 유림들이 신봉하게 되었다. 어느덧 주자학은 불교사상과 함께 당시 사회를 주도하는 양대 이념의 축軸으로 자리하게 되었다. 회헌은 주자가 찬술한《주자가례》를 통해 지나치게 복잡하고 호화로워 서민경제를 파탄내는 관·혼·상·제 의례를 간소화시켰다. 의식 위주가 된 밀교의 변질로 윤리·도덕이 문란해지자 주자학의 핵심인 이기理氣철학을 내세워 이성회복을 호

소수서원을 감아 노는 반원형의 죽계천. 명당에서 볼 수 있는 물형이다.

부패한 상류사회와 귀족불교에 식상했던
당대 지식인들에게 주자학은 신선한 충격이었다.
점차 사회사상으로 확산돼 전국 유림들이 신봉하게 되었다.
안향은 고려보다도 조선사회에 들어와
더욱 높은 평가를 받았다.

소했다. 춘추대의에 의한 명분주의와 자기 수양론을 앞세운 주자학이 그의 이상이었고 이를 학교 재건과 인재 양성을 통해 성취하려 했던 것이다. 회헌이 원나라에 가 그곳의 문묘를 참배할 때 안내하던 학관學官이 물었다.

"동국 고려에도 문묘가 있소이까."

"아국에도 귀국과 똑같은 성묘聖廟가 있어 제향을 올리고 있소이다."

문묘보다는 성묘가 훨씬 정중한 경칭이다. 원의 학관들이 동행하며 문답하는 가운데 회헌의 주자학에 대한 깊이와 통찰력에 경탄을 금치 못했다. '동방의 주자'란 별칭은 그들로부터 비롯된 것이다. 동방 소국 고려의 최초 유학자로 중원대륙의 성인 반열에 오른 것이다.

주자朱子는 남·북송시대 남송南宋에서 태어나 중원의 사상계를 압도한 주희朱熹(1130~1200)를 일컫는 존칭이다. 당시 남송도 고려의 처지와 다를 바 없었다. 원이라는 이민족(몽골) 침입 앞에 국가적 위기를 맞아 민족 저항을 위한 사상적 토대가 필요했던 것이다.

주자는 형이하학인 기氣와 형이상학의 이理를 세워 이·기 관계를 구분지었고 인간은 학문수양을 통해 본성을 회복하는 것으로 간주했다. 일기一氣·음양·오행의 생성론적 관점에서 파악한 주자의 자연·세계관은 광대무변하기 이를 데 없어 현재까지도 그의 사상에 대한 연구가 이어지고 있다.

회헌은 고려보다도 조선사회에 들어와 더욱 높은 평가를 받았다. 조선 제11대 중종 37년(1542) 주세붕(1495~1554)이 풍기 군수로 부임하면서 경북 영주시 순흥면 내죽리 152-8번지에 백운동서원을 설립하고 주자와 이곳 출신의 회헌을 배향했다. 명종 4년(1549) 풍기 군수로 자청 부임한 퇴계 이황(1501~1570)이 소수서원(사적 제55호)으로 개명한 뒤 크게 중창하고 명종의 어필을 하사 받아 우리나라 최초의 사액서원이 되었다.

회헌은 소수紹修서원에서 가까운 풍기읍 상평리에서 밀직부사 안부와 어머니 강주 우씨의 아들로 태어났다. 고려 원종 1년(1260) 문과 급제 후 고위관직을 두루 역임하며 왕도정치를 실현하려 했다. 충렬왕 32년(1306) 64세로 세상을 떠나자 후학 유생들이 나서 장단에 임강서원을 세우고 곡성에는 회당영당을 건립해 추모했다.

소수서원은 퇴계의 풍수 혜안을 고스란히 확인할 수 있는 뛰어난 양택지다. 현재 소수서원은 순흥 문화유적권의 대표 건물로 죽계천이 반원형으로 감아 도는 절경에 위치해 있다. 소수서원에 가서는 서원 입구에 돌출형으로 솟아 있는 영귀봉靈龜峰에 주목해야 한다. 소백산 조종산의 비로봉에서 행룡한 우렁찬 주룡맥이 이곳에 와 똬리를 틀며 계좌정향의 남향으로 자리를 잡았기 때문이다.

서원 안에는 지락재, 장학당, 영정각, 전사청 등 고색창연한 옛 건물들이 빼곡하다. 각기 지형에 따라 정문의 방향이 모두 다르다. 특히 소수서원처럼 연화부수형의 명혈지에 별장이나 아파트, 학교건물 등을 지을 때는 주룡맥에서 질주한 대간大幹이 훼손되지 않도록 대문 방향을 잘 선택해야 한다. 양택 풍수의 비결이기도 하다.

①정남향 집에는 동남쪽 대문 ②동남향 집 서쪽 ③정동향 집 서북쪽 ④동북향 집 서북쪽 ⑤정북향 집 동쪽 ⑥서북향 집 북쪽 ⑦정서향 집 남쪽 ⑧서남향 집에는 서쪽으로 대문을 내는 게 생기 복덕 방향이어서

조선 제13대 명종의 친필 사액 현판

좋다. 부부가 화합해 자손이 번창하고 돈을 크게 벌 수 있는 운수대길
좌향이다. 조선시대 궁궐이나 서원은 물론 향교, 종갓집, 사당도 이 양
택 비결을 벗어난 대문 배치는 아직 보지 못했다.

　순흥 안씨의 관향인 순흥은 조선 초기만 해도 도호부가 있던 큰 도
시였다. 세조가 왕위 찬탈에 반대하는 동생 금성대군을 역모로 몰아 순
흥으로 유배 보냈다. 금성대군이 단종 복위를 도모하자 사사시켜 버리
고 도호부를 폐지해 버렸다. 그 후 순흥은 변방의 한적한 고을로 변해
버렸다.

황희 정승을 모르는 사람이 있을까.
그는 고려와 조선왕조 9대 왕을 섬기며
청백리로 살다간 민족의 사표다.
그가 세상을 떠난 지 600년이 다 돼 가지만
아직도 우리는 그를 못 잊고 있다.

전북 남원에 있는 황희 정승의 조부 묘. 이 명당 기운으로 황희가 태어났고 벼슬이 대를 이어 문중이 번성했다.

정승이 나올 천하제일 명당이긴 하나
객지에 나가 가난하게 살 땅기운이라

고려 말 나옹懶翁(1320~1376)선사의 명성은 하늘을 찔렀다. 땅속까지 꿰뚫어 보는 신안神眼으로 명당을 잡았고 그가 예언한 말은 그대로 이루어졌다. 조선왕조 국초의 기틀을 닦은 무학(1327~1405)국사가 나옹의 수제자다.

나옹은 자신이 주석하고 있는 절이 퇴락하여 중창하고자 했다. 이 소식을 전해들은 전라도의 남원 고을 오 부자가 수백 냥을 자루에 메고 나옹을 친견했다. 오 부자는 탐욕이 많은 졸부로 천하제일 명당을 잡아 더 큰 부자가 되려고 했다. 속셈을 몰랐던 나옹이 선뜻 응했다.

그해 낙엽이 진 늦가을. 청명한 날을 골라 명당 길지가 많기로 소문난 전라도 남원 땅을 향해 떠났다. 산세를 살필 때는 녹음이 무성한 여름보다 산속까지 훤히 들여다 볼 수 있는 늦가을이 좋다는 풍수 이치에 따라서였다. 전북 남원시 대강면 풍산리에 이르렀을 무렵 나옹이 발길을 멈췄다. 풍산리에는 오 부자가 살고 있었다.

"아니, 아직까지도 저런 명당이 남아 있단 말인가."

기별을 듣고 마중 나온 오 부자가 반색을 하며 속히 명당을 찾아 달라고 나옹을 채근했다. 그런데 이게 무슨 연고인가. 갑자기 희뿌연 안개가 온 산을 뒤덮으며 시야를 가리더니 방금 전까지 보였던 명당이 금세 사라지고 만 것이다. 나옹도 당황했다.

기미를 알아챈 성미 급한 오 부자가 시주금을 도로 내놓으라며 나옹의 바랑을 내동댕이치고 개망신을 시켰다. 시주금을 돌려받고 거저 명당을 잡아 보려는 속셈이었다. 곁에서 이를 지켜보다 못한 황군서가 무리 중에서 나섰다.

"그런 심보로 어찌 좋은 명당을 차지하겠나. 그 시주금 대신 갖고 내가 큰스님을 모시겠네. 선사님, 노여움을 푸시고 제 집으로 가시지요."

황군서의 약조로 위기를 모면한 나옹이 그의 집에서 하룻밤을 묵었다. 이튿날 나옹이 "명년 이른 봄 나뭇잎이 피기 전에 다시 오겠노라"며 길을 떠났다.

이듬해 초 약속대로 나옹이 황군서 집을 찾아왔다. 나옹은 말없이 산촌마을 뒷산으로 올라갔다. 봄을 재촉하는 가랑비가 내려 용맥은 더욱 뚜렷하게 드러났다. 나옹이 우뚝 섰다.

"바로 이 자리일세. 정승이 나올 명당이긴 하나 가난하게 살 땅기운이야. 건너편 산엔 만석지기 명혈이 있는데 자식의 벼슬과 재물 중 어느 것을 택하겠는가."

"선사님, 인간에게 재물은 잠시 머물다 가는 허상일 뿐인데 신명 바쳐 발광할 일이 무엇이겠습니까. 근근이 살더라도 명분 있는 가문을 전하고 싶사오니 부디 정승 낳을 터를 잡아 주소서."

나옹이 짚고 온 주장으로 명당을 찍어주며 다시 일렀다.

"이 혈장穴場은 묘를 쓴 후 반드시 이사해야 발복하는 출아향지지出亞鄕之地이네. 미련 없이 고향을 떠나게."

얼마 후 황군서는 나옹이 소점해준 자리에 아버지 황군비 묘를 이장하고 치성을 다했다. 오래지 않아 부인에게 태기가 있자 서둘러 가산을 정리한 뒤 개경 가조리로 이사했다. 이곳에서 태어난 이가 바로 우리 역사를 통틀어 가장 명망 있는 재상으로 칭송받는 황희黃喜(1363~1452) 정승이다.

황희 정승을 모르는 사람이 있을까. 그는 왕王씨와 이李씨의 두 왕조 9대왕(고려조 공민왕 우왕 창왕 공양왕, 조선조 태조 정종 태종 세종 문종)을 섬기며 청백리로 살다간 민족의 사표다. 인재명人在名(사람은 죽어 이름을 남기고) 호재피虎在皮(호랑이는 죽어 가죽을 남긴다)라 했지만 그가 세상을 떠난 지 600년이 다 돼 가는데 아직도 우리는 그를 못 잊고 있다.

그는 장수長水 황씨로 90년을 살면서 60년 동안 관직에 몸담았다. 바르고 의로운 것이 아니면 행하지 아니하여 조정 권신 모두가 두려워했다. 육조 판서와 우의정, 좌의정을 거쳤고 세종 때는 18년이나 영의정 자리에 있으면서 조선 초기 문물을 만개시킨 행정의 달인이었다.

그는 인재를 기용할 때 출신 성분이나 가문보다는 인성과 실력을 우선시했고 요직을 두루 거치면서도 극도로 청빈한 삶을 살았다. 황희의 성품은 폐서인 한 번, 두 번의 좌천, 세 번의 파직, 귀양살이 4년으로 대변된다.

그의 인생역정은 험난했다. 31세 때 고려가 멸망하자 두 임금을 섬

황희가 말년을 보낸 임진강변의 반구정. 90세를 산 청백리로 말년에는 갈매기와 벗했다.

황희는 인재를 기용할 때 출신 성분이나
가문보다는 인성과 실력을 우선시했고
요직을 두루 거치면서도 극도로 청빈한 삶을 살았다.
황희의 성품은 폐서인 한 번, 두 번의 좌천,
세 번의 파직, 귀양살이 4년으로 대변된다.

긴 수 없다며 고려 유신들과 두문동에 들어가 풀뿌리와 나무껍질로 연명했다. 그의 학문과 의기를 아까워한 동료들 간 추천과 태조의 요청으로 새 왕조에 출사했다. 태종이 세자 양녕대군을 폐하고 충녕대군(세종)을 세우려 할 때는 목숨 걸고 반대하다가 폐서인 신분으로 유리안치되기도 했다.

왕위에 등극한 성군 세종이 자신의 세자 책봉을 극력 반대한 황희를 맨 먼저 찾았다. 이후 세종은 18년 동안 영의정 황희를 교체하지 않았다. 세종 치세 32년 중 절반이 넘는 기간이다. 그는 일심전력으로 세종을 보필하며 나라를 위해 헌신했다.

청백리의 표상 황희 동상

어느 날 세종이 미복 차림으로 황 정승의 집을 예고 없이 찾았다. 저녁을 먹다 황급히 물린 밥상에는 풋고추와 된장 뿐이었고 잠자리엔 멍석이 깔려 있었다. 세종의 옥음이 벅차오르며 떨렸다.

"경은 편해서 좋겠소. 등이 가려워도 비비기만 하면 될 테니까. 영상이 있어 조선의 앞날은 창달할 것이고 경을 보기만 해도 짐은 행복하오."

황희는 죽어 세종의 묘정廟廷에 배향되면서 불천지위不遷之位(큰 공훈을 세워 영원히 나라에서 제사지내는 공신)가 되었다.

황 정승의 조부 묘는 '기러기가 바람을 만나 울면서 멀리 날아간다'는 명홍조풍형鳴鴻遭風形의 유명한 혈처다. 특히 나옹선사의 택지비법을 전수받으려는 전국 풍수 학인들의 발길이 끊이지 않는다.

이 묘를 쓴 후 황씨 문중은 대대로 벼슬하며 크게 번성했다. 황희의 아들 황수신은 세조 때 영의정을 지냈다. 선조 때 일본 통신사로 침략조짐을 보고한 황윤길, 영조 때 대제학 황경원, 한일합병으로 나라가 망하자 음독 순결한 매천 황현도 그의 방손들이다. 묘 하나를 잘 써 이런 인물들이 배출됐다면 필경 까닭이 있는 법이다.

나옹선사가 예언한 출아향지지는 풍수비기에도 등장하는 신비의 명당혈이다. 황균비 묘는 을좌신향(북쪽으로 15도 기운 서향)으로 묘 뒤에서 내려오는 용맥이 지현자之玄字로 꿈틀대며 우렁차다. 좌청룡 우백호가 안산과 조산을 감싸며 열 두 굽이를 이루고 있으나 직사直射로 물이 빠져나간다. 풍수에서 물은 여자이고 재물인데 가난은 면할 수 없는 것이다.

후세인들이 역사적 인물을 평가함에는 공적과 처신이 우선이다. 황희가 있어 그의 문중은 천추만대에 본이 되고 있다. 임종이 가까워서는 경기도 파주시 문산읍 사목리 산 122번지 임진강변에 '갈매기와 벗을 한다'는 반구정伴鷗亭이란 정자를 짓고 세월을 이겨냈다.

황희는 경기도 파주시 탄현면 금승리 산 1번지(경기도기념물 제34호)에 묻혔다. 그의 아호를 딴《방촌집》을 남겼다.

사람들은 그가 '흙으로 지은 정자'에
산다 하여 토정이라 불렀다.
토정은 당대 누구도 대적할 수 없는 수리의 대가였으며
앉아서도 천리를 내다보는 좌견천리의 신풍이었다.

보령에 있는 토정 가족 묘역의 원경. 우렁찬 성주산 내룡맥이 한눈에 명당명혈임을 알 수 있게 해준다. 토정이 직접 잡은 자리다.

앉아서도 천리 밖을 내다보는 수리의 천재
주역과 명리 예견이 신풍의 경지를 넘어서다

토정土亭 이지함李之菡(1517~1578)이 경기도 포천의 현감(군수)으로 있을 때 실제로 있었던 일이다.

하루는 천기가 궁금하여 오행으로 복서卜筮(길흉을 점치는 것)를 풀어보니 수일 내 임진강이 범람할 수리數理였다. 토정은 아전(지방 관청의 말단 행정관리)에게 급히 명을 내려 강변의 저지대 백성들을 안전한 관공서나 친인척 집으로 대피시켰다. 포천 주민들은 현감을 믿고 의심 없이 따랐다.

토정의 예언은 적중했다. 이튿날 아침부터 갑자기 적란운과 먹장구름이 뭉쳐 다니더니 폭우로 변해 쏟아졌다. 꼬박 3일 동안 내린 비를 견디지 못한 임진강이 마침내 범람했다. 이지함은 연약한 지반까지 사전 대비토록 하여 단 한 사람의 인명피해도 없이 이 위기를 넘겼다. 이런 그를 당시 사람들은 신인神人으로 추앙했다.

토정은 자신의 직위를 빙자해 토색질과 가렴주구하는 하급관리를 가장 싫어했다. 임진강 재앙을 미리 막은 공덕으로 제14대 선조(재위 1567~1608) 임금이 푸짐한 포상과 은전을 내리자 기고만장한 건 오히려 아전 무리들이었다. 이듬해 그는 모든 것이 자신의 부덕 탓에서 비롯된 것이라 자책하고 미련 없이 현감직을 내던졌다. 포천 백성들은 어진 현감이 떠나는 걸 서러워했다.

토정은 예전에 지어놓은 마포 한강변의 토담집에서 청빈한 일상을 이어갔다. 사람들은 그가 '흙으로 지은 정자'에 산다 하여 토정이라 불렀다. 그러나 세상은 그를 더욱 필요로 했다. 누추한 우거에 당대 권신들이 줄을 이었고 입신양명을 꿈꾸는 난세의 적자들이 뇌물과 보석을 싸들고 찾아 들었다. 주역과 명리로 풀어내는 그의 운세와 예견은 한 사람도 어긋나지 않았다. 그의 명성은 하늘을 찔렀다.

토정은 수리·의학·복서·천문·풍수지리·음향오행·술서術書에 달통한 기인이었다. 자신과 상담하러 사시巳時(오전9~11시) 경에 찾는 사람은 남녀 간의 애정문제로, 미시未時(오후1~3시)를 넘겨오는 방문객은 금전문제로, 유시酉時(오후5~7시) 이후 내방자는 권력·출세 여부가 다급해 온 것임을 묻지 않고도 알았다. 이른바 앉아서도 천리 밖을 내다보는 좌견천리座見千里였다.

특히 조정 내 인사이동이나 관리를 뽑는 정치계절의 1·2월에는 호사가들의 발길이 더욱 잦았다. 상황이 이렇다 보니 빈천한 서민들이 토정을 상면하기란 하늘의 별 따기였다. 이런 연유로 신수풀이의 대중화를 위해 저술한 것이 저 유명한《토정비결》이다. 이지함이 친히 쓴《토정비결》은 자신의 생년월일에 당년 역수曆數를 가감승제하여 상·중·하수를 도출해내는 수리법의 정수다. 조선 중기 이런 수리 계산법이 나

토정 묘(맨 위 가운데) 앞의 옥대봉. 벼슬을 상징하는 물형으로 토정이 직접 잡은 묘역이다.

이지함은 부임 즉시 걸인청을 만들어
일정한 정착지가 없는 노숙자들을 구제하고
노약자와 결식하는 기인들을 보살폈다.
조정에서는 나라 안 지방 관리들이 토정 같기를
원했지만 다수의 아전들이 지역 호족들과 짜고
제 곳간 채우기에만 급급했다.

왔다는 데 오늘날의 수학자들마저 찬탄을 금치 못한다.

토정은 자신을 찾는 사람은 누구도 마다하지 않았다. 그만하면 됐을 싶은 자리에 있으면서도 높은 자리를 탐하거나 넉넉한데도 더 많은 재물을 원해 찾은 자에게는 그에 상응하는 뜨끔한 복채卜債를 받아냈다. 그리고는 그 돈을 노자 삼아 전국 산하를 주유했다. 허름한 옷차림으로 가난하고 힘없는 이들을 찾아 거저 명당 길지를 점지해 주고 발복·출셋길을 터 줬다.

어느 날 남명 조식(1501~1572)이 마포 흙담집의 토정을 찾아와 물었다. 이지함은 박연폭포·황진이와 함께 '송도삼절'로 우러르는 화담 서경덕(1489~1546)의 문하생이었다.

"공은 벼슬도 마다하고 물탐物貪마저 내던졌으니 도무지 어디에 심주心柱(마음 기둥)를 묻었는지 알 수 없소이다."

"과분한 말씀이외다. 삼라만상의 틈새에 내가 존재해 봄꽃을 본 뒤 여름비를 맞고 가을 단풍에 취하자마자 겨울눈을 밟으니 바로 오유지족吾唯知足(오직 자신이 존재함에 만족스러움을 앎)이 아니겠사옵니까."

이날 이후 남명은 제자들에게 토정 이지함은 조선의 도연명陶淵明이라고 가르쳤다. 유림과 백성은 토정이 벼슬길에 올라 어진 목민관이 되어야 한다고 조정에 상소했다. 포천 현감의 추천에 이어 두 번째였다. 선조 11년(1578) 토정은 다시 왕명을 받들어 아산 현감으로 부임했다.

이지함은 부임 즉시 걸인청을 만들어 일정한 정착지가 없는 노숙자들을 구제하고 노약자와 결식하는 기인飢人들을 보살폈다. 조정에서는

오늘날 토정의 주역과 명리를 근간으로 한 책들이 많다.

나라 안 지방 관리들이 토정 같기를 원했지만 다수의 아전들이 지역 호족들과 짜고 제 곳간 채우기에만 급급했다.

아산 현감으로 봉직 중이던 어느 날. 우연히 천기 수리를 짚어보던 토정이 깜짝 놀랐다. 불과 한나절 후에 쓰나미가 몰려오는 것이었다. 황급히 주민들을 대피시킨 토정이 맨 뒤에서 영인산을 오르고 있는데 저 멀리 옹기장수 노인 하나가 지게에 장독을 잔뜩 지고 끙끙대며 쫓아왔다. 노인은 지게를 받쳐놓고 태연히 앉아 서녘 하늘을 바라봤다.

들이 닥치는 파도를 무릅쓰고 토정이 노인에게로 달려갔다. 불현듯 마주한 노인은 인간이 아니라 얼굴 전체를 흰 수염이 감싼 선인이었다. 성난 노도는 지게를 받친 작대기 끝에 와 멈췄다. "무엇이 급해 벌써 나를 따르려고…" 하는 음성과 함께 노인은 사라지고 토정은 중병이 들어 그해 세상을 떠나니 62세였다. 주민들은 갑작스런 그의 죽음을 몹시 슬퍼하며 공덕비를 세웠다.

토정은 죽어 고향인 충남 보령시 주교면 고정리 산 27-3번지 국수봉 기슭의 명당에 묻혔다. 보령화력발전소 오른쪽에 있으며 1992년 문화재자료 제320호로 지정됐고, 토정의 조부 부모 형제 조카 등 10여 기가 함께 용사되어 있다.

토정은 그 당대 누구도 대적할 수 없는 신풍이었다. 중종 27년(1532) 어머니 상을 당하자 2년 전 작고한 아버지 묘를 이곳에 합폄하면서 여러 사람들을 모아놓고 예언했다.

"향후 우리 형제(지영 지번 지무)는 기해년(1539) 귀득자貴得子하고 후손 중 일품직(영의정)이 나올 것이다."

과연 그의 말대로 기해년 형 지번이 후일 영의정이 되는 산해(1539~1609)를 출산하고 자신도 장남 산두를 낳았다. 모두 크고 작은 벼슬을 고루 하여 토정의 예언이 딱 맞아떨어졌다.

이런 연유로 자좌오향(정남향)의 이지함 묘역은 전국 풍수학인의 발길이 끊이지 않고 있다. 출렁이는 보령 앞바다를 가로지른 우백호의 옥대봉玉帶峰이 한눈에 명당임을 알아보게 한다. 여말 삼은 중 목은 이색의 6대손인 토정은 죽어 4백 년이 넘은 지금에도 이곳에 묻혀 보령을 빛내고 있다.

금강을 감아 돈 금북정맥이 W자형으로 치솟아 오른 보령지역은 주산인 성주산 정기를 고루 받아 영험사찰이 도처에 산재한다. 그중 성주면 소재의 성주사聖住寺는 통일신라시대 낭혜무염(801~888) 선사가 개창한 선찰로 구산선문 중 가장 큰 가람이었다. 이런 지세에 국가를 위해 헌신한 인걸들이 대를 이어 태어났음은 불문가지의 일이다.

표충사는 임진왜란 당시 호국 승병장으로
국난을 극복해낸 사명대사의 우국충정이 서려 있는
유서 깊은 절이다. 그는 조선 중기의 뛰어난
군승이면서 탁월한 외교관이었다.

호국 승려
사명대사 임응규

밀양 표충사(表忠寺) 일주문. 불교와
유교가 한 경내에 공존하는 호국성지
도량이다.

임진왜란이라는 절체절명의 국난을 당해
승군 승병장으로 호국 일등공신이 되니

사寺와 사祠가 있는데 서로 다르다. 사寺는 불교에서 불상을 봉안한 절을 뜻하고 사祠는 유교에서 제사를 지내는 사당을 의미한다. 경남 밀양시 단장면 구천리 31-2번지에 가면 신라시대 원효(617~686)대사가 창건한 表忠寺 경내에 또 다른 表忠祠가 있다. 숭유억불의 조선왕조시대 서로 견원지간이었던 유교와 불교가 무슨 연유로 한 도량 안에 공존하는 것일까.

표충사는 임진왜란 당시 호국 승병장으로 국난을 극복해낸 사명四溟(1544~1610)대사의 우국충정이 서려 있는 유서 깊은 절이다. 그는 조선 중기의 뛰어난 군승이면서 탁월한 외교관이었다. 풍천 임씨로 속명이 임응규任應奎였던 사명대사는 밀양에서 태어나 조부에게 천자문을 익히고 중국 고전을 배우는 평범한 소년이었다. 성장기 어머니(15세)와 아버지(16세)의 연이은 죽음이 그의 인생 지평을 바꿔 놓고 말았다. 수많은 번뇌 끝에 홀로 김천 직지사 신묵대사를 찾아가 승려가 되었다.

사명은 때를 잘 만났다. 제13대 명종이 12세 어린 나이로 등극하면서 섭정 자리에 오른 문정왕후 윤씨(1501~1565)가 승려 보우를 앞세워 일시나마 불교를 중흥시켰기 때문이다. 18세 승과에 장원급제한 뒤 직지사 주지를 거쳤다. 32세에는 봉은사 주지로 초빙됐으나 사양하고 묘향산 보현사에서 묵언수행 중인 서산西山(1520~1604)대사 법맥을 이으러 떠났다. 서산과 사명의 사제 인연은 이렇게 맺어졌다.

어느 날 사명이 옥천산 상동암에 앉아 뜰 안을 응시하고 있었다. 긴 가뭄 끝에 쏟아지는 소나기를 맞고 꽃잎이 모두 떨어졌다.

"저런, 애타게 기다리던 감로우甘露雨가 낙화를 재촉하다니…. 제행무상諸行無常이로고! 인간사 오고감이 마음속에 일렁이는 포말과 같은 것이로구나."

찰라, 사명은 활연대오했다. 자신을 따르는 문도를 해산하고 팔도 명산대천을 순례하며 해탈 선정에 들어갔다.

마음을 비우면 지혜가 맑아지고 해답이 얻어지는 법이다. 사명에겐 바다 건너 일본의 침략이 노심초사였다. 율곡 이이를 찾아가 10만 군사 양병을 역설했지만 조정 내 당파 간 이해가 엇갈려 무산되고 말았다.

일본은 조선의 내부 분열과 무방비 국방 태세를 염탐해 갔다. 결과는 참담했다. 마침내 선조 25년(1592) 임진왜란이란 절체절명의 국난으로 들이닥치고 만 것이다.

삼천리 강산은 초토화되고 백성의 삶은 풍비박산 났으며 임금은 북쪽 끝으로 도망갔다. 조정 권신들도 나라가 망할 줄 알고 가솔들을 숨긴 채 몰래 줄행랑쳤다. 이때 사명은 스승이 나라를 구할 승군을 모집한다는 발통문을 보고 자신의 승병을 끌어 모아 서산의 휘하에 들어갔다. 가사장삼을 군포로 바꿔 칼을 짚고 일어난 승병들의 전과는 놀라웠다. 도원수 권율 장군과 협공 끝에 평양을 수복하고 의령에선 왜군을 섬멸해 승군도총섭이 되었다. 정유재란(1597) 때는 울산 도산과 순천 예교에서 전공을 세우고 왜장 가토를 찾아가 담판하며 적정을 살피는 대담성도 내보였다.

전쟁이 끝난 후 그의 활약은 더욱 눈부셨다. 선조 37년(1604) 국왕의 친서를 갖고 일본에 건너갔다. 8개월을 머물면서 끈질긴 회담 끝에 강화를 체결하고 3,500여 명의 조선인 전쟁포로를 인솔해 귀국했다. 호국 일등공신 사명에게 선조가 영의정을 제수하며 하문했다.

"대사는 조선 사회가 반기지 않는 승려 신분으로 어찌 남보다 앞서 국가에 충성할 수 있는가."

"국가와 영토의 존립만이 민족이 유지되고 효성도 다할 수 있는 길이옵니다. 전하, 이후에는 산성을 수축하고 투항한 왜병을 달래 조총·화약 제조법을 품토 규기 제수에 매신하소서."

사명은 3일 만에 관직을 되돌리고 스승이 입적한 묘향산으로 향했다. 그곳에서 '삶이란 한 조각 구름이 일어남이오/ 죽음이란 한 조각 구름이 없어짐이오/ 구름은 본시 실체가 없는 것/ 죽고 살고 오고감이 모두 그와 같도다'란 임종게를 확인한 뒤 또 한번 오도悟道했다. 그 길로 합천 해인사에 들어가 결가부좌한 채 무량선정에 들다가 광해군 2년(1610) 좌탈입망하니 법랍 51년에 세수 67세였다.

표충사(寺) 안의 표충사(表忠祠). 임진왜란 당시 호국승병장 사명대사 영정을 모신 사당이다.

'삶이란 한 조각 구름이 일어남이오
죽음이란 한 조각 구름이 없어짐이오
구름은 본시 실체가 없는 것
죽고 살고 오고감이 모두 그와 같도다'
사명은 임종게를 확인한 뒤
또 한 번 깨달음을 얻었다.

조정에서는 국장으로 지내고 밀양 표충사祠와 묘향산 수충사祠에 서
원 편액을 내리며 유교식 제향으로 봉행토록 했다. 당시 사회서 승려에
대한 파격적인 예우였다.

다시 당쟁에 휘말린 조선은 호국승려 사명을 까맣게 잊었다. 헌종 8년
(1839)에 와서야 사명의 8세 법손 천유天有가 예조에 소청을 올리면서
오늘날의 표충사寺 경내로 사당을 옮기게 된 것이다. 당시만 해도 표충
사는 승려가 살지 않는 폐사였다.

표충사는 조계종 제15교구 본사인 통도사 말사로 경남의 알프스로
불리는 명산들이 겹겹으로 에위쎈 명당 중의 명딩이다. 한반도 풍수혈
맥은 참으로 신묘해 백두대간이 강원도 내백산을 일으키며 성기를 내
륙(소백산)에 밀어주고도 우렁찬 기운이 넘쳐난다. 그 혈맥穴脈들이 곳곳

사명대사가 걸쳤던 금란가사

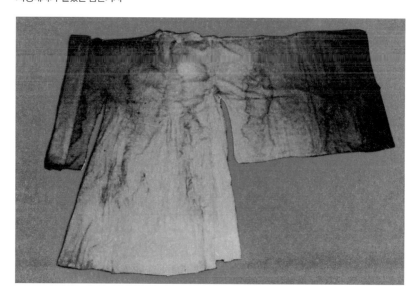

에 응결돼 정기를 발산하니 바로 낙동정맥이다. 이 중에도 가지산, 운문산, 재약산을 북현무에 업고 양수兩水가 겹쳐나가는 밀양지역 산세는 강직한 의인들이 출생하는 물형이다.

조계종 효봉 초대 종정이 표충사서 수행하는 동안 산문 밖을 나서지 않은 일화는 유명하다. 사명대사 진영이 봉안된 표충사당과 그가 걸쳤던 금란가사·장삼(중요민속자료 제29호)이 원형대로 보존된 유물관에는 호국보훈의 날을 맞을 때마다 참배객들의 발길이 끊이지 않고 있다. 16세기 말~17세기 초 법복 연구에 귀중한 자료가 되고 있는 가사 장삼은 대사의 체취가 풍겨날 것 같이 보존상태가 양호하다.

사명대사는 임진왜란과 정유재란이 끝난 후 국방정책에 깊은 관심을 갖고 전국의 산성 개축에 심혈을 기울이도록 했다. 선조의 지원을 받아 그가 수축한 성은 남한산성을 비롯해 금오, 용기, 약견, 이숭, 팔공, 부산성에까지 미친다. 각 사찰의 전답에 봄보리를 심도록 권장해 양대 전란이 끝날 때까지 4,000여 석의 군량미를 비축하도록 이끈 혜안도 놀랍다.

당쟁으로 어지러웠던 난세를 불편부당으로
꼿꼿이 살며 청백리로 일관해 공직기강의 사표가 되었다.
자파·타파 세력의 질시와 모함으로 40년 공직생활 동안
좌천, 유배, 삭탈관직 등 곡절이 없었던 건
아니지만 백사는 끝내 굴하지 않았다.

오성대감의 제향을 받드는 포천 화산서
원. 당쟁에 굴하지 않은 조선 4대 명재
상으로 유배지 북청에서 분사했다.

우국충절 상소하여 유배지서 생을 마감
사후 즉시 복관되어 청백리에 녹선되니

임진왜란(1592) 당시 백사白沙 이항복李恒福(1556~1618)이 없었으면 궁지에 몰린 임금 선조(1552~1608)의 운명과 풍전등화 같은 나라의 미래는 어찌 되었을까.

백사는 오성鰲城대간으로 더 유명하다. 오성은 임진·정유재란(1597) 낭시 몸 바쳐 왕내 국난을 극복한 백사에게 선소 임금이 내닌(신소 35년·1602) 부원군 칭호다.

백사의 어린 시절은 불우했다. 형조판서와 우참찬을 지낸 아버지 이몽량(경주 이씨)를 여읜 뒤 한동안 인근 무뢰배들과 어울려 헛된 세월을 보내기도 했다. 병약한 몸으로 식솔을 돌보던 어머니가 세상을 떠나며 막무가내로 어리석은 짓만 골라 하는 아들에게 유언했다. 이때 백사 나이 15세였다.

"이 세상에 가장 큰 설움은 못 배운 한이니라. 배움이 없으니 좋은 사람을 만날 수 없고 평생 밥만 먹고 폐만 끼치다 가는 것이다. 어미가 죽거든 오직 학문에 정진하여 나라 위해 옳게 살도록 하라. 너는 의기롭고 호방한 기질을 타고 났다."

어머니마저 떠나고 나니 천애고아였다. 백사는 슬피 울며 땅을 쳤고 3년 상을 마친 후 비로소 성균관에 들어가 학문에 전념했다. 선조 13년(1580) 25세 당시 알성문과 병과로 급제해 강직으로 일관하는 평생 공직의 길에 들어섰다.

백사가 살던 시기 벼슬길에 나서려면 복숨을 걸어야 했다. 소성은 동인(김효원)과 서인(심의겸)으로 갈려 수많은 신료들이 죽거나 유배되었고 끝없는 소모전으로 국력 낭비가 극에 달했다. 두 세력 간 타협이나 양보는 전무한 채 자기편 챙기기에만 급급했다. 임격정이 출몰해 관가를 습격하고 조정은 속수무책으로 손을 놓았던 때다.

설상가상으로 제13대 명종에서 선조 임금으로 왕권이 교체되면서 임진·정유재란의 국난까지 겹쳐 조정과 민심은 절망 속에서 허덕였다. 이 와중에 백사는 이조판서를 거쳐 병조판서를 다섯 차례나 역임했고 우·좌의정을 지낸 다음 영의정까지 올랐다. 율곡 이이의 문하로 서인에 속하긴 했으나 그는 어느 당파에도 기울지 않고 정치적 균형을 유지했다.

자파·타파 세력의 질시와 모함으로 40년 공직생활 동안 좌천, 유배, 삭탈관직 등 곡절이 없었던 건 아니지만 백사는 끝내 굴하지 않았다. 신료들 사이에 비난이나 분쟁이 있을 때는 삼사三司에 출입하여 이를 중재했다. 항상 시비를 공정히 판단하고 무마하여 그의 덕을 입은 권신들이 많았다.

임진왜란이 발발하자 조정과 백성은 공황상태였다. 평소 충성을 맹

경기도 포천에 있는 이항복 묘. 비룡상천의 명당으로 후손 발복이 이어지는 혈장이다.

37세의 백사 이항복은 도승지가 되어 왕과 왕비, 왕자를
의주까지 피난시켜 위기에서 구해냈다. 불과 10여 명의
몽진행렬이었다. 한음 이덕형과 함께 명나라에 급파돼서는
대군 파병을 성사시키고 왕의 근위병을 모집해
절체절명의 국난을 이겨냈다.

세하던 대다수 대신들은 가족을 챙겨 도망치기 바빴고 성난 백성들은 궁중 창고에 불을 지르고 약탈했다. 37세의 백사는 도승지(현 대통령 비서실장)가 되어 왕과 왕비, 왕자를 의주까지 피난시켜 위기에서 구해냈다. 불과 10여 명의 몽진행렬이었다. 한음과 함께 명나라에 급파돼서는 대군 파병을 성사시키고 왕의 근위병을 모집해 절체절명의 국난을 이겨냈다.

정유재란 중인 선조 31년(1598)에는 조선이 왜와 결탁해 명을 치려 한다는 오해가 생겨 목숨 걸고 진주사陳奏使가 되어 명을 다녀왔다. 결국 백사의 탁월한 외교적 수완으로 명을 설득시켜 왜군을 이 땅에서 패퇴시켰다.

사람이 바뀌면 인심도 변하는 것인가. 선조의 뒤를 이어 왕위에 오른 후궁 소생 광해군(1575~1641)이 자신의 승계를 반대한 서인 세력을 무자비하게 숙청했다. 권력의 정상에 있으면서 당쟁을 진화하려 했던 백사도 서인 계열이란 명분으로 자유로울 수 없었다. 광해군 등극과 함께 조정을 장악한 대북파(동인의 강경파)는 이이첨, 정인홍을 앞세워 인목왕후 김씨(선조 계비)를 폐모시키고 적통 왕자인 어린 영창대군(1606~1614)을 강화에 귀양 보내 죽이려 했다.

성치 않은 노구를 이끌고 백사가 분연히 일어났다. 추상같은 상소문으로 간신들을 질타한 뒤 금상의 각성도 촉구했다. 열등감을 못 이기던 광해군이 격노했다. 마침내 노 정승을 탄핵시켜 함경도 북청으로 유배 보냈다. 백사는 그 길이 이승에서의 마지막 행보임을 알았다. 강원도와 함경도를 가르는 철령 고갯마루에 선 그는 만감이 교차했다.

철령 높은 봉에 쉬어 넘는 저 구름아

고신원루孤臣寃淚를 비 삼아 띄었다가

님 계신 구중심처에 뿌려본들 어떠리.

　백사는 당대를 대표하는 대문장가였다. 버림받은 신하가 뿌리는 우국충절의 눈물이 서럽게 비친 절창絶唱이다. 주군은 충신을 내쳤어도 충신은 주군을 떠나지 않았다. 백사는 북청에서 63세로 생을 마감했다.

　백사는 북청에서 상여로 운구돼 그의 조부와 부친이 예장된 선산(경기도 포천시 가산면 금현리 산 4-2) 오른쪽에 신좌술향(서북향)으로 부인 안동 권씨(권율 장군 딸)와 쌍분(경기도기념물 제24호)으로 안장됐다. 당대 신풍(박상의)의 소점을 받아 백사가 직접 잡은 비룡상천혈飛龍上天穴로 죽엽산 중출맥의 영세발복 명당이다. 묘 앞의 화려한 옥대玉帶 안산이 후손들의 대 잇는 관삭 능봉을 입승하는 물형이다.

이항복 묘 앞에 있는 문인상

　이후 백사 문중에서는 육조판서와 삼정승이 연이어 출현했고 삼한갑족으로 우뚝 섰다. 묘 좌측 아래에는 재취부인 금성 오씨가 계좌정향(남향)

의 회룡고조혈에 영면하고 있다.

경주 이씨는 조선조에만 8정승과 3명의 대제학이 가문을 빛냈고 178명의 문과 급제자를 배출시켰다. 영의정 이태좌, 이광좌, 이종성 등이 백사의 방손이며 한말 독립운동가 이회영, 초대 부통령 이시영도 그의 후예다.

백사는 사후 즉시 복관되며 청백리에 녹선됐고 고향의 화산서원(포천시 가산면 방축리 산 16-1 · 경기도기념물 제46호)에 배향됐다. 현종 임금 사액서원으로 흥선대원군 당시 훼철됐다가 1971년 지방 유림들이 복원했다.

시호는 문충文忠이며 저서로는《백사집》《북천일록》《사례훈몽》등을 남겼다.

경기도 동북단에 위치한 포천시는 광주산맥의 지맥枝脈이 시 지역 각 곳으로 뻗어내린 화강암반의 명당혈지다. 명성산(923m)을 진산으로 후고구려를 건국했던 궁예 관련 유적지가 많으며 산정호수, 등룡폭포 등이 자리한 명승지다. 기암절벽의 암벽산세가 강한 혈장에서는 불의에 굴하지 않는 당찬 인물들이 배출된다. 구한말 의병장 최익현, 독립운동가 최석휴, 김호훈, 최면식, 이규채, 강지형 의사 등이 이곳 포천에서 태어났다.

사람이 시대를 잘 타고나는 것도
큰 복이라 했는데 한음은 난세를 살다 갔다.
누란위기의 어지러운 세상을 올곧은
신념으로 산 한음의 53년 생애는
공직에 임하는 후세인의 본보기다.

물길이 용맥을 가로질러 나가는 한음 이덕형 묘혈. 좌우 능선들이 용맥을 감싸지 못해 후손의 관직 발복이 더딘 자리다.

난세에 우국충정 올곧은 신념으로 일관
후세 공직자의 본보기가 되어 가문 빛내

'오성과 한음' 얘기는 언제 들어도 귀가 솔깃해진다. 어릴 적 서당 친구로 장난기가 발동하면 서로를 골탕 먹인다는 믿지 않은 악동들의 일화다. 그런데 이건 사실이 아닌 구전 설화다.

오성대감 이항복은 경기도 포천 태생인데 한음漢陰대감(광주 이씨) 이덕형李德馨(1561~1613)은 서울 성명방誠明坊(현 중구 필동과 남대문 사이)에서 태어나 성장했다. 오성이 한음보다 5살 연상이며 서울과 포천의 거리가 얼마인가.

둘은 한음이 별시문과에 급제하던 해(20세)인 선조 13년(1580) 처음 만나 죽을 때까지 변치 않은 관포지교管鮑之交를 나눈 사이다. 두 인걸은 영의정 자리를 번갈아 역임하며 서로 시기하지 않고 미증유의 국난 임진왜란을 극복해낸 조선의 4대 명재상이다. 특히 누란위기의 어지러운 세상을 올곧은 신념으로 산 한음의 53년 생애는 공직에 임하는 후세인의 본보기다.

　사람이 시대를 잘 타고나는 것도 큰 복이라 했는데 한음은 난세를 살다갔다. 문정왕후의 섭정 독재와 권신들 간 당파싸움으로 민생이 붕괴되자 임꺽정 도적떼가 창궐하고, 국론분열의 틈새를 노린 왜적의 침입으로 삼천리 강산이 초토화된 때다. 간신 모리배를 두둔하며 동생을 쪄 죽이고 어머니를 폐모시킨 광해군의 패륜으로 민심이 떠났던 시기다.

　일찍이 한음의 인물됨을 알아본 건 토정 이지함(1517~1578)이었다. 천기와 역술에 관통했던 토정이 조카이자 영의정인 아계 이산해(1539~1609)에게 사위 삼을 것을 권한 것이다. 아계는 주저 없이 지중추부사 이민성과 문화 유씨의 장남인 한음에게 둘째 딸을 시집보냈다. 담력 센 성격으로 재주가 뛰어나 어릴 적부터 문학에 통달했던 한음의 벼슬길은 탄탄대로였다.

　임진왜란 발발 후 충주까지 북상한 왜장 고니시가 한음과의 단독 담판을 요구해 왔다. 죽음을 두려워한 조정 신료들이 극구 만류했지만 한음은 필마단기匹馬單騎로 적진에 가 적장과 마주했다. 회담이 결렬된 뒤 오만방자한 고니시를 호통치고 길을 나서는 한음에게 오히려 왜군들이 경의를 표했다.

　선조가 서울을 버리고 몽진 길에 나서자 내로라하던 권신들은 나라가 망할 줄 알고 가족들과 도망쳤다. 한음은 무능한 임금을 압록강 국경 가까운 정주까지 호종하고 청원사로 명나라에 가 명군 파병을 성사시켰다. 그리고는 적통왕자 출생을 고대하며 미뤄뒀던 세자 자리에 공빈 김씨의 둘째 아들 광해군을 앉혀 전란 중 민심을 다독였다. 당시로선 정

한음의 영정이 봉안된 쌍송재. 붉은 홍살문은 부인의 정절을 기리기 위한 정려문이다.

한음은 무능한 임금을 압록강 국경 가까운
정주까지 호종하고 청원사로 명나라에 가
명군 파병을 성사시켰다. 그리고는 적통왕자 출생을
고대하며 미뤄뒀던 세자 자리에 공빈 김씨의
둘째 아들 광해군을 앉혀 전란 중 민심을 다독였다.
당시로선 정치생명을 건 도박이었다.

치생명을 건 도박이었다.

이때 한음에게 견딜 수 없는 비보가 날아들었다. 강원도 안협으로 피란 간 28세의 부인(한산 이씨)이 왜군에게 쫓기자 그곳 백암산 높은 바위에서 뛰어내려 자결한 것이다. 죽음으로 정절을 지켜낸 것이다.

한음은 대사헌, 병조·이조판서, 4도(경기 황해 평안 함경) 체찰부사를 번갈아 봉직했고, 명나라 이여송 장군의 접반관接伴官으로 줄곧 전쟁터에 가 병사들을 독려했다.

우·좌의정을 거쳐 영의정이 된 한음은 정유재란(1597)이 일어나자 명나라 어사를 설복시켜 기어이 서울을 사수토록 했다. 명군 제독 유정과 순천 전투현장에 종군해서는 왜장 고니시와 유정의 밀통 내용을 사전 입수, 이순신 장군에게 첩보를 넘겨 적군을 대파시켰다. 모진 세월이 흘러 참혹한 전쟁은 끝났지만 전후 시련은 더 가혹했다. 조정은 공훈과 자리다툼, 모함과 무고로 쉴 없이 휘청거렸다.

선조가 돌연 승하하고 광해군이 제15대 임금으로 등극하자 한음은 다시 영의정이 되었다. 31세의 최연소 대제학에 이은 장인 사위 간 영의정이란 조선왕조의 진기록이다. 명나라 진주사가 되어 광해군의 국왕 책봉을 거부하는 명 조정을 설득시켜 윤허를 받아 귀국하니 조선 조정에선 더 큰 싸움이 벌어졌다. 간신 이이첨 무리가 획책한 살제폐모론으로 적통왕자 영창대군을 처형하고 생모 인목대비를 폐모시키자는 반인륜적 범죄였다.

한음은 자신의 주청으로 세자가 돼 왕위에 오른 임금의 정책이 법도에 어긋나자 목숨 걸고 반대했다. 간신들은 한음의 처형을 극력 상소했으나 광해군은 죽음만은 면해준 뒤 삭탈관직해 조정에서 쫓아냈다.

한음은 부친이 살고 있는 양평 송촌리로 낙향해 울분을 삭이다 병을 얻어 광해군 5년(1613) 구국일념으로 헌신한 일생을 마감했다.

역사는 언제나 정의의 편에 서서 섭리를 운행한다. 인조반정(1623)으로 광해군은 폐위돼 유배지서 분사하고 이이첨 일당은 능지처참으로 비명횡사했다. 인조 8년(1630) 한음의 관작이 회복되고 문익공文翼公이란 시호가 내려졌다. 제21대 영조 임금이 한음의 제사를 영원히 모시게하는 불천지위不遷之位를 내리며 도열한 대신들에게 내린 준엄한 옥음이 생생하다.

"경늘은 기억하라. 역사의 진정한 승사는 과연 누구인가."

경기도기념물 제89호로 지정된 한음의 묘는 경기도 양평군 양서면목왕리 산 82-1번지에 묘좌유향(정서향)으로 있다. 한음이 부모와 부인의 묘를 이장(1603)한 뒤 손수 점지했다는 자리로 유명하다. 신풍이었던 그의 명성답게 후손들이 발복하는 자리일까. 현장을 찾은 풍수 학인들의 국세판정은 서로 엇갈린다.

우람한 내·외청룡의 호위로 장자세습이 보장되는 혈장이긴 하나 전방의 한가운데를 가로지르는 물길이 직사로 빠져나간다. 좌우 능선들도

한음 이덕형의 비각

산허리를 돌아 한음 묘역에 오르는 길.

중앙의 물길을 따라 비주飛走하고 있어 용맥을 감싸거나 보호해 주지 못하고 있다. 명당 기운이 쇠한 연유인가 아니면 붕당정치 폐해와 험난한 벼슬길을 피하려 한 한음대감의 속 깊은 배려였을까.

실제로 조선시대 광주 이씨 영화는 한음의 영의정 벼슬로 마감됐다 해도 과언이 아니다. 일설에는 경기도 광주의 이인손(충희공) 묫자리를 영릉(세종대왕) 자리로 내주며 이장한 뒤 문중 운세가 꺾이고 조선왕조는 100년 연장됐다는 '영릉가백년英陵加百年' 설이 무성하다.

문중 관계자에 따르면 국내 명문가 중 순수 장자 세습으로 이어지는 몇 안 되는 가문이긴 하나, 오랫동안 벼슬길에 나서지 못하다가 영조의 탕평책 이후 수 명의 당상관(정3품)만 배출했다는 증언이다. 우리나라 최초의 여성변호사 이태영, 전 평민당 부총재 이중재, 이수성 전 국무총리, 물리학자 이휘소 등이 광주廣州 이씨다.

영의정답지 않게 검소하게
살아 사람들은 그의 집을
'동쪽에 있는 창고'란 뜻으로
동고東庫라고도 불렀다. 이준경이 성장한
이 일대가 '이동고 터'로 통했다.

공직자의 본보기
동고 이준경

경기도 양평 '구정승골'에 있는 이준경 묘. 간신도, 충신도 살아남기 힘든 시기를 중용과 신중함으로 성리학적 정치 이념을 활착시켰다.

중용과 신중함으로 붕당정치를 경계
청렴한 인사 등용 조정 기강 바로 세워

동고東皐 이준경李浚慶은 퇴계 이황, 율곡 이이와 함께 조선 14대 임금 선조 묘정에 입묘된 종묘배향공신으로 시호諡號는 충정공忠正公이다. 그는 혼군시대인 연산군 5년(1499) 태어나 조선왕조 최초의 서출庶出(후궁 아들) 왕인 선조 5년(1572) 세상을 떠난 정객으로 우리 역사가 기억하는 훌륭한 재상 중 한 사람이다.

동고가 살아낸 74년의 세월은 엄혹했다. 정치적 신념이 다르다는 이유로 학문을 깊이 연마해 벼슬한 관료들을 마구 잡아 죽이고, 어미 원수를 갚기 위한 옹졸한 임금의 광기로 아까운 인재들이 도륙당한 대혼돈의 시대였다. 동고의 가계家系 및 성장 과정은 물론 그의 관직생활 중 정치신념과 식견 등은 이 시대를 살아가는 후학들에게 의미심장한 화두를 던져주고 있다.

동고의 집안은 고려 말부터 대대로 벼슬을 이어온 명문 광주廣州 이씨 문중으로 학문이 두루 깊었으며 관직에 오른 이가 부지기수였다. 문중의 발흥은 동고의 고조부 이인손(1395~1463)이 세조 때 우의정을 지내며 아들 5형제가 내리 출세하면서부터 비롯된다. 장남 극배(영의정) 차남 극감(형조판서) 3남 극증(성균관 동지사) 4남 극돈(좌찬성) 5남 극균(좌의정)으로 '5자 등극'으로 회자되며 항간의 부러움을 샀다. 사촌인 극규 극견 극기도 고위직에 올라 '8극' 칭호까지 들으며 당대 최고의 문벌을 형성했다. 차남 극감(1427~1465)이 동고의 증조부다. 이 중 극돈(1435~1503)은 《성종실록》 편수과정에서 김종직의 '조의제문'과 자신의 비위사실을 적시한 김일손의 사초史草를 빌미 삼아 유자광과 함께 수많은 선비들을 내쫓고 죽음에 이르게 한 무오사화의 수괴다.

광주 이씨 문중에는 이인손 묘의 이장과 관련한 무서운 풍수실화가 전해 오고 있다. 세조를 이어 왕위에 오른 8대 예종은 선대부터 논란이 돼 온 영릉(세종대왕)을 천장키로 하고 터를 잡기 위해 유명 풍수지관들을 전국에 파견했다. 이 중 한 일행이 여주지역을 답산할 무렵 건너편 산록에 신묘한 정기가 서려 있음을 발견하고 그곳을 찾아 나섰다. 마침 세찬 소나기가 쏟아져 개울 다리를 건너 조그마한 비각에 들어갔다. 날이 갠후 이곳이 이인손 묘임을 알고 묘소를 둘러봤다. 천하제일 명당임에 탄복한 일행이 입궐해 어전에 아뢰었다. 예종은 즉시 장남 이극배(당시 평양 관찰사)를 불러 이인손 묘를 이장토록 분부 내렸다. '5극'은 그때서야 부친 묘를 쓸 당시 지관의 말을 떠올리며 크게 후회했지만 이미 늦었다.

"이 자리는 발복이 끊이지 않을 천하제일의 명당으로 고관대작이 속출할 테니 남의 눈에 띄지 않도록 유념하시오. 묘 앞에 재실이나 비각을 짓지 말고 불편하더라도 개울에 다리를 놓지 마시오."

묘를 쓴지 몇 년 후 '5극'은 우의정을 지낸 부친 묘가 너무 초라하다고 여겨 비각을 짓고 성묘 시 불편을 덜기 위해 다리를 놓고 말았다.

묘를 파묘하니 '당장동방성인當葬東方聖人(이 자리는 동방성인의 자리)'라는 비기와 함께 '이 자리서 연을 날려 높이 오르거든 줄을 끊어 연이 떨어지는 곳에 이장하라'는 표석이 나왔다. 연이 내려앉은 곳에 묘를 이장하니 경기도 여주군 능서면 신지리에 있는 오늘날의 이인손 묘다.

풍수에서는 시신을 직접 묻는 생장이나 묘를 옮기는 이장을 막론하고 지기地氣가 안정되는 시기를 30년 이후로 내다본다. 이인손 묘 자리로 세종대왕을 천상한 소선왕소는 '영릉가백년英陵加百年'이라 하여 400년 갈 종묘사직이 519년으로 연장되었다고 한다. 반면 이인손 후손들은 연산군 때 일어난 사화에 연류돼 끔찍한 멸문지화를 당하게 된다.

동고의 조부 이세좌는 성종 때 승정원 좌승지로 폐비 윤씨(연산군 생모)를 사사하라는 어명을 받고 봉약관奉藥官이 돼 금부도사와 함께 사약 사발을 들고 갔다. 이때 할머니는 "이제 우리 집안은 망하게 되었다"면서 대성통곡했다고 한다.

연산군 10년(1504) 간신 임사홍이 고사신고 폐비 사건 전모를 알게 된 연산군은 이세좌와 그의 아들 이수정(홍문관 수찬)을 사사시키고 이 사건에 연루된 왕족·신료들을 모조리 처단했다.

이때 동고는 요행히 살아남아 형과 함께 온가족이 충북 괴산으로 유배당했다. 동고의 나이 6세였다. 괴산은 그의 외가였고 외할아버지 신승연이 아들이 없어 의탁할만했다. 신승연은 딸에게 "이 아이들은 세상에 이름을 떨칠 큰 인물이 될 것이니 공들여 잘 키우라"고 당부했다.

어머니 신씨는 "예부터 과부 자식은 남들이 멀리한다고 했다. 그러

서울 종로구 계동의 이준경 생장가. 현재는 인촌 김성수기념관이다.

신권臣權과 척신에게 휘둘리는 임금과
혼란한 정치상황 속에서 그도 어쩔 수 없이
파직과 유배를 여러 번 겪어야 했다.
굽힘 없는 신념과 미래를 관통하는 예지력으로
도학정치를 뿌리내리려 했던 동고의 지조는
현재까지도 공직자의 표상으로 남아 있다.

하니 너희들은 남보다 수십 갑절 더 공부해 가문의 명성을 되찾도록 하라"며 효경·대학 등을 직접 가르쳤다. 동고는 중종반정(1506)으로 유배가 풀린 후 16세가 돼서야 사촌형 이연경과 그의 친구인 조광조에게서 성리학을 배웠다.

중종 14년(1519) 기묘사화가 일어나 조광조 등 사림파 100여 명이 사사 당하거나 관직에서 쫓겨나자 동고는 절망했다. 증조부 이극돈이 일으킨 무오사화, 할아버지·아버지의 비명횡사를 잘 알고 있는 동고는 벼슬길을 접었다. 그러나 어머니 뜻은 달랐다. 동고는 중종 16년(1521) 생원 초시 합격 이후 다음에 진사 복시, 이어서 식년문과에 급제했다. 이후 동고는 중종~인종~명종~선조의 4대 임금을 성심으로 섬기며 주요 관직을 두루 섭렵한 끝에 영의정 지위까지 올랐다.

신권臣權과 척신에게 휘둘리는 임금과 혼란한 정치상황 속에서 그도 어쩔 수 없이 파직과 유배를 여러 번 겪어야 했다. 굽힘 없는 신념과 미래를 관통하는 예지력으로 도학정치를 뿌리내리려 했던 동고의 지조는 현재까지도 공직자의 표상으로 남아 있다.

묘역 아래의 이준경 신도비

동고는 생존 시 조정의 붕당정치를 예언해 율곡 이이, 송강 정철 등의 사림파와 크게 충돌했다. 젊은 사림파는 동고의 이런 태도를 신진 사류들인 자신들에 대한 비판이라고 받아들였다. 율곡이 선조에게 상소를 올려 "조정이 맑고 밝은데 어찌 붕당이 있겠습니까. 이는 임금과 신하를 갈라놓으려는 획책이옵니다"며 동고를 힐난했다. 이에 동고가 율곡에게 말했다.

"과격을 내세운 개혁이 어떤 결말을 가져왔는지 나는 이미 경험했소. 지금 조정에 필요한 것은 정의로움이 아니라 서로 힘을 합쳐 나라를 바로 세우는 일이오. 지금 그대는 군자를 자처한 소인배들을 이끌며 조정을 분열시키는 붕당의 수장이오."

동고 사후 3년 뒤인 선조 8년(1575) 동서 붕당으로 분열돼 당파싸움이 시작되자 사림파들은 이를 저지하려 했으나 자신들도 휩싸이고 말았다. 이처럼 간신도, 충신도 살아남기 어려웠던 시기에도 동고는 특유의 중용과 신중함으로 혼란한 시기를 헤쳐 내며 성리학적 정치이념을 활착시키느라 전력투구했다. 오직 청렴과 공정으로 일관해온 공직자이기에 어느 누구도 이의 제기를 못 했다.

동고는 서울 종로구 연지동에서 태어나 현재 인촌 김성수 기념관이 있는 종로구 계동 128번지서 유배가기 전까지 성장했다. 경사진 언덕이어서 '동쪽의 언덕'이란 의미로 아호를 '동고東皐'라 지었다고 한다.

영의정답지 않게 검소하게 살아 사람들은 그의 집을 '동쪽에 있는 창고'란 뜻으로 동고東庫라고도 불렀으며 이 일대가 '이동고 터'로 통했다는 기록도 전한다.

현재의 인촌기념관은 3·1운동과 깊은 연관이 있는 역사적인 장소다. 1919년 2월 11일 육당 최남선의 편지를 받고 상경한 이승훈이 한상윤의 중재로 고하 송진우와 화합해 기독교 측의 참여를 이끌어낸 곳이다.

역적의 손자, 조정의 고위 관리, 명종의 고명대신으로 선조를 옹립한 원상, 성리학의 대가로 조선의 최고 정승 중 한 명으로 역사에 궤적을 남긴 동고는 언제나 중용의 화합을 앞세웠다. 무엇이든 과한 것은 피했고, 비록 그 뜻이 옳다 해도 방법이 과격한 것은 좋지 않다며 어려운 시대를 살아냈다. 74세에 병이 든 그는 죽음을 예감했다. 의원을 물리치고 "나의 수명이 다했는데 어찌 약을 먹어 목숨을 연장하겠는가. 오직 임금에게 한 말씀 올리고 싶을 뿐이다"며 지필묵을 가져오라 했다.

"흙 속에 들어가는 신臣 이준경은 삼가 네 건을 갖추어 유언을 올리오니 진하께옵서는 소금이나도 살펴 수시옵소서. ① 제왕은 무엇보다 학문을 닦는 일이 가장 중요합니다. ② 아랫사람을 대할 때는 위의威儀가 있어야 합니다. ③ 군자와 소인을 분간해야 합니다. ④ 사사로운 붕당朋黨을 깨뜨려야 합니다."

이것이 동고가 선조에게 올린 그 유명한 동고 유차遺箚이다. 임금으로서 선조의 그릇과 개선해야 할 인간적 약점을 여지없이 간파한 내용이다. 어설피 살아온 노老 대신이 한 소리라면 극형을 받고도 남을 간언諫言이다. 선조는 묵묵부답이었다.

동고는 죽어 경기도 양평군 양서면 부용리 산35-1번지에 건좌(서에서 북으로 45도)손향(동에서 남으로 45도)으로 부인 풍산 김씨와 합장으로 용사됐다. 고조부 이인손의 묘 이장 과정에서 뼈아픈 경험을 기억하는 후손들이 오죽 알아서 명당자리를 점지했겠는가. 분묘 위 입수入首용맥을 측정하니 병오→진손→갑묘 방향으로 꿈틀대며 마지막 도두 일절一節에서 손사룡으로 들어왔다. 풍수의 전문용어이나 사신사 국세는 외당수 끝자락을 수구水口지점으로 파破를 뛰어넘어 화국火局에 속한다. 후손들

이 한꺼번에 번창하는
혈穴보다는 안정적 발
복을 기대할 수 있는 자
리다. 용맥은 순하지만
기세가 우렁차 부와 귀
를 동시에 누릴 수 있는
명당이다.

묘의 서쪽 산록에 있는 이준경 사당

　이곳 양서면 일대는
아홉 정승이 난다는 '9정
승골'로 유명히다. 한북정맥이 한강기맥으로 융기해 태조산→중조산→
소조산→현무봉 모두가 기로 뭉친 명혈 명처가 많다. 선조 18년(1585)
에 세워진 동고의 비석은 마모가 심해 수원대 박물관에 옮겨 보존되고
현재 비문은 원문을 그대로 옮겨 놓은 것이다. 학문과 정치·문화·외
교 등 거의 모든 분야에 걸쳐 당대 모범이 되었던 그의 행적이 상세히
기록돼 있다. 문인석은 도난 당해 근래 새로 세운 것이어서 낯설기만
하다.

　문정왕후의 아들 13대 명종이 후사 없이 병석에 눕자 동고가 명종
의 유언을 받드는 고명대신으로 곁을 지켰다. 명종은 왕비인 인순왕후
청송 심씨의 뜻을 받들어 왕위를 이으라고 했다. 당시 정비 출신 왕자가
없었으므로 할 수 없이 후궁 소생 하성군(선조)이 대통을 잇게 되었는데
후세 사람들은 동고 이준경이 서자 출신 임금을 처음 세웠다며 흠결로
지적하고 있다.

구비문학에 전하는 박문수의
어사 활동에 관한 설화는 97건이나 된다.
우리나라 역사 인물 중 가장 많고 소재도 다양하다.
백성들은 그를 마을의 서낭신이나
잡귀를 내쫓는 수호신으로도 섬긴다.

장군대좌형의 명당에 자리한 암행어사
박문수의 묘. 후손들이 병천(아우내)
시장을 비보로 개설해 병졸을 대신토록
했다.

남루한 헌 옷에 찢어진 삿갓으로 변장
부패한 관리를 적발해 가차 없이 응징

조선시대 암행어사는 관복 대신 남루한 옷차림으로 전국을 누비며 백성들의 억울함을 풀어준 정의의 심판자였다. 임금이 부여한 막강한 권력을 지닌 존재이면서도 헌 옷에 찢어진 삿갓으로 변장한 채 부패한 관리들을 적발해 가차 없이 파직시켰다. 기록으로 선하는 조선시대의 암행어사는 600여 명에 이른다. 그중에서도 가장 유명한 이는 단연 박문수朴文秀(1691~1766)이다.

박문수는 조선 21대 임금 영조(재위 1724~1776)시대 여러 벼슬을 하며 높은 지위에도 올랐다. 하지만 그가 세상을 떠났을 때 남긴 건 세 칸짜리 흙벽 집과《국혼정례》《상방정례》등 몇 권의 저술뿐이었다.

그의 성격은 고집이 세고 강직해 임금 앞에서도 할 말은 다했다. 한번은 어전에서 왕궁 경비 문제로 훈련대장과 호되게 싸웠다. 대신들이 무엄하다며 효수형을 주청했다. 박문수를 아낀 영조가 파직시키는 선에서 마무리했다고 기록은 전한다. 영조는 강직하고 굽힘없는 박문수를 암행어사로 발탁했다.

구비口碑문학에 전하는 박문수의 어사 활동에 관한 설화는 97건이나 된다. 우리나라 역사 인물 중 가장 많고 소재도 다양하다. 백성들은 그를 마을의 서낭신이나 잡귀를 내쫓는 수호신으로도 섬긴다.

충남 천안시 입장면 기로리에서 태어난 박문수의 본관은 고령으로 아호는 기은耆隱이다. 6세 때 아버지를 여의고 편모 슬하에서 자란 그는 과거에 두 번이나 낙방하며 크게 좌절했다. 32세 때인 경종 3년(1723) 증광문과에 병과로 급제하며 뒤늦게 관직에 들어섰다. 그의 급제에도 기이한 설화가 전한다.

과거를 보러 떠나던 날 밤, 어머니 이씨는 손수 만든 찹쌀 유과를 아들에게 챙겨주며 "꼭 안성 칠장사 나한전에 들러 기도한 뒤 가라"고 일렀다. 효자였던 그가 칠장사 나한전에서 기도드리다가 깜박 잠이 들었다. 꿈결에 나타난 문수 동자가 '낙조落照'란 과거 시제試題와 함께 8언 절구의 정답 중 7구句를 가르쳐 주고 "나머지 1구는 네가 지으라"며 홀연히 사라졌다. 시험장에 도착한 박문수는 소스라치게 놀랐다. 동자가 예시해준 시제와 정확히 일치했기 때문이다.

낙조토홍괘벽산 落照吐紅掛碧山

한아척진백운간 寒鴉尺盡白雲間

창연고목계남리 蒼煙古木溪南里

단발초동농적환 短髮樵童弄笛還

토해내듯 넘어가는 붉은 빛은 푸른 산에 걸리고

찬 까마귀는 흰 구름 사이 날기를 그쳤더라 -중략-

저녁 연기는 고목 사이 남쪽 마을 계곡에 피어오르고

까까머리 아이는 풀피리 불며 돌아오누나.

이것이 그 유명한 박문수의 등과시登科詩다. 해 질 녘 고즈넉한 농촌 마을 풍경을 이보다 더 서정적으로 표현할 수 있겠는가.

시험관은 박문수의 답안을 보고 탄복했다. 모두가 장원으로 뽑자고 했으나 한 시험관이 "1~7구는 귀신이 쓰고 8구만 인간이 쓴 것 같다" 하여 결국 병과丙科(3등)로 급제시켰다고 전한다. 성지석으로 온건파 소론에 속했던 그는 도승지 호조판서 병조판서 어영대장 등 수많은 요직을 두루 거치며 영조 시대의 탕평책 실시에 크게 공헌했다. 사후에 영의정으로 추증됐고 나라에서 내린 시호는 충헌忠憲이다.

조선시대 암행어사는 역마驛馬 사용권이 부여된 마패를 품에 지니고 전국을 누볐다. 1~5마리의 말이 새겨진 마패는 왕의 특명 사신임을 입증하는 징표였다. 비리가 있는 지방 군·현의 관리들은 보기만 해도 벌벌 떨었다. 암행어사에게껜 2마패가 시급되었다. 태조 1년(1392) 국경의 불법 무역 감시를 위해 '행대어사'란 이름으로 파견했다는 기록이 있다.

암행어사라는 말이 처음 등장하는 건 중종 4년(1509)이며 고종 29년 (1892)까지 제도가 이어졌다. 직무상 기밀 유지를 위해 말린 밥을 휴대하고, 어떤 대접도 거절했으며, 절대 민폐를 끼치지 않았다.

박문수는 영남과 충청지방을 주로 암행하면서 헐벗고 굶주리는 민생을 보살피고 탐관오리나 욕심 많은 토호들은 매섭게 징치했다. 특히 군정과 세정에 밝아 백성들의 호소에 귀 기울였다. 청백리의 대표 인물

천안에 있는 고령 박씨 문중 재실. '박문수 테마길'이 조성돼 학생들의 체험학습장으로 각광 받고 있다.

고령 박씨 후손들은 부족한 병졸들의 비보책으로 거액의
문중 돈을 각출해 묘의 남쪽에 장터를 개설했다.
유관순 열사가 3·1 독립운동을 주도했던 곳이며
병천 순댓국으로 유명한 아우내 장터이다.

낙엽이 수북하게 쌓인 은석산 입구의 암행어사길.

로서 오늘날까지 공직사회 표상으로 길이 추앙됨은 결코 우연이 아니다. 그는 자신의 재능을 민중들에게 아낌없이 베풀기도 했다.

박문수 어사가 경상도 영천지방을 순행하던 때의 일이다. 큰 산 아래 동네 사람들이 모여 하관을 마치고 봉분을 다지는 데 박 어사가 다가가 말했다.

"여보시오, 송장도 없는 빈 무덤에 무슨 짓을 하는 것인가?"

순간, 터를 잡아준 풍수지관, 상주, 일꾼들이 달려들어 박 어사의 멱살을 잡고 "네 이놈, 그 무슨 방정맞은 소리냐? 만일 무덤 속에 시신이 있으면 목을 내놓도록 해라." 혹시나 미심쩍어 일꾼들이 광중을 파보니 시신이 없었다. 주변 산세와 주역 도수度數를 따져보니 시신이 도망가는 무시무시한 도시혈逃尸穴이었던 것이다. 모두가 박 어사 앞에 엎드렸다.

"여기서 동남방으로 아홉 자 아홉 치를 가서 파보시오! 그 자리가 바로 정혈로 천하명당이오."

모두 달려가 그 자리를 파보니 과연 시신이 옮겨져 있었다. 기뻐하는 그들의 모습을 뒤로 하고 박 어사는 유유히 발길을 재촉했다.

이번에는 충청북도 단양 고을에서의 일이다. 날이 저물어 어느 외딴 오두막에 들렀는데 40넘은 노총각이 아버지 주검 앞에 구슬피 울고 있었다. 그에게는 장사 지낼 돈은커녕 당장 먹을 양식조차 없었다. 이튿날 박 어사가 가진 돈을 털어 삼베를 사게 하고 묏자리를 잡아주며 일렀다.

"내일 새벽 축시(01~03시)에 장사지내고 이 집을 떠나거라."

노총각이 장사지내고 산에서 내려오다 보니 새벽 불빛 담장 너머로 한 여인이 청승맞게 울고 있었다. 천석꾼 남편의 3년 탈상을 마친 청상 과부였다. 노총각은 과부와 한몸이 되었고 재산을 더욱 늘려가며 오래도록 잘 살았다. 박 어사가 잡아준 그 자리가 다름 아닌 즉시 발복지發福地의 명당 터였던 것이다.

그렇다면 암행어사 박문수가 묻힌 유택도 명당자리일 것인가. 그의 묘는 충남 천안시 동남구 북면 은지리 산1-1에 있다. 충청남도 문화재 자료 제261호로 지정(1984. 5. 17)돼 있으며 독립기념관이 있는 흑성산에서 멀지 않은 곳이다. 이 일대는 박문수가 역신 이인좌의 난(1728)을 오명항과 함께 진압하고 영조대왕으로부터 하사 받은 사패지이다. 신라 고승 원효대사가 창건한 은석사를 끼고 오르는 고즈넉한 산길은 천안 시에서 '박문수 테마길'로 가꿔 놓은 아름다운 임도林道이다. 샛노란 낙엽이 푹신푹신하게 밟힌다.

은석산 정상(455m)의 7부 능선에 박 어사의 묘가 있다. 나경을 펴드니 임좌병향으로 동으로 15도 기운 남향이다. 이 자리는 박 어사가 병천에 머물 때 향리의 명풍수와 함께 잡은 명당으로 유명하다. 좌청룡과

박문수 묘 오른쪽 시성 안에 있는 방패 모양의 명당 징표석

우백호가 겹겹이 에워싸고 남주작(안산)이 일망무제로 멀리 있으니 무장 武將이 편히 앉아 쉬는 장군대좌형將軍對坐形이다. 이런 물형에는 반드시 병사와 창검을 상징하는 예리한 산봉우리와 방패 형상의 바위가 있어야 한다.

낭반을 살피니 묘 앞에 문인식 대신 무인식 2개가 세워져 있고 오른쪽 사성莎城(무덤 뒤를 반달형으로 누둑하게 눌러쌓은 둔턱) 안에 한 아름이 넘는 빙패석이 자리하고 있다. 명당 징표석이다.

고령 박씨 후손들은 부족한 병사들의 비보책으로 거액의 문중 돈을 각출해 묘의 남쪽에 장터를 개설했다. 유관순 열사가 3·1 독립운동을 주도했던 곳이며 병천 순댓국으로 유명한 아우내 장터이다. 일제강점기 총독부가 면적이 좁다는 이유로 장터를 옮기려 했으나 박씨 문중의 결사반대와 주민들 협조로 뜻을 이루지 못하고 오늘날까지 번성하고 있다. 우리 선조들의 비보 풍수에 대한 믿음과 민족의식이 결합된 민중봉

유관순 열사가 만세운동을 벌인 아우내 장터. 고령 빅씨 문중에서 비보책으로 연 5일 장이다.

기의 발로였다.

박문수의 묘 너머 산기슭에는 고령 박씨 문중의 재실(문화재자료 제289호·충남 천안시 북면 은지리 44)이 있다. 박 어사의 초상화(보물 제1189호)가 보존돼 있으며 전국 각급 학교의 체험학습장과 수학여행지로도 각광 받고 있다. 한 시대를 바르게 산 뛰어난 인물이 문중을 빛내고 그 후손들을 자랑스럽게 하고 있는 현장이다.

암행어사 박문수는 청사에 길이 남아 모든 이의 사표로 오래도록 기억될 것이다.

21세에 괴거급제해 19년 관직생활을 했다.
40세 되던 해부터 17년간 귀양살이를 한 뒤
고향 집에 돌아와 18년 세월 울분을 삭이다
세상을 떠났다. 당사자의 심사는 어떠했을까.
다산 정약용의 삶이 그러했다.

실학의 대가
다산 정약용

다산 정약용의 남양주 생가. 강진 유배
지에서 미완성한 《목민심서》를 이곳에
서 완성했다. 불행했던 유배생활이 오
히려 실학의 대가로 키웠다.

명분과 논쟁에만 집착해 정사 그르쳐 백성을 위한 실용적 대안은 무엇인고

사람이 75년의 한평생을 살면서 21세에 과거급제해 19년 동안 관직생활을 하고 40세 되던 해부터 17년간 귀양살이를 한 뒤 고향 집에 돌아와 18년 세월 울분을 삭이다 세상을 떠났다면 당사자의 심사는 어떠했을까 실학의 대가 다산茶山 정약용丁若鏞(1762~1836)이 그러했다.

나산이 살았던 후기 조선사회는 치열한 권력 암투와 이념 간 대립으로 매우 혼란스러웠던 시기다. 국가적으로는 임금(영조)이 세자(사도세자)를 뒤주 속에 가둬 죽여 강상綱常이 무너졌다. 저자에는 군왕과 백성이 평등하다는 서학(천주교)이 파고들어 수령방백의 영令조차 먹혀들지 않았던 때다.

다산은 영조 38년(1762) 경기도 남양주시 조안면 능내리 75-1번지에서 정재원(나주 정씨)과 해남 윤씨 사이에 넷째 아들로 태어났다.

신동으로 불리며 정통 유학교육을 받고 성장한 다산이 학문적 전환기를 맞게 된 건 성호 이익(1681~1763)의 실학사상을 접하게 되면서부터다. 그는 고뇌했다. 주자사상과 성리학이 무엇이길래 명분과 논쟁에만 집착하고 실제 백성들이 갈망하는 현실 대처 방안에는 등한한 것인가. 다산은 이념의 발원지인 중국 현지보다도 이를 수용한 조선사회가 도를 넘고 있음에 충격을 받았다. 반드시 이 민족에게 필요한 실사구시實事求是의 실용적 대안이 제시돼야 한다고 마음을 굳힌 뒤 스스로 학문 영역을 압축했다.

이즈음 다산은 일생을 가름하는 서학과 운명적으로 만나게 된다. 한국 천주교 최초 영세자인 베드로 이승훈(1756~1801)이 매형이고 황사영 홍재영 이벽 징칠상 등이 친인칙 간 사위, 조카 촌수로 연결되기 때문이다. 모두 한국 가톨릭 초기史를 장식하는 역사적 인물들이다.

영민했던 다산이 서학을 접하면서 이룬 학문·사상적 진전은 놀라웠다. 정치 경제 문학 철학 의학 과학 조선학 자연과학 등 아우르지 않은 분야가 없다. 이런 인재를 당시 임금이었던 정조(재위 1776~1800)는 무척 아끼고 중용했다.

다산은 23세 때 진사시험에 급제했다. 사간원, 사헌부, 형조참의로 복무 후 경기도 암행어사로 나가서는 가난하고 핍박받는 백성들의 고통을 목격하며 몹시 가슴 아파했다. 연천 현감과 상양 군수의 부정을 찾아내 파직시켰고 이를 통해 청빈한 관리의 책임과 의무를 절감케 되었다. 부패한 당시 사회는 이런 강직한 다산을 가만 놔두지 않았다.

시국도 난세였다. 다산을 아끼던 정조가 승하하고 11세 어린 순조가 등극(1800)하자 벽파(노론) 세력들은 전조前朝에 충성한 시파(남인) 탄압 빌미를 서학 교인에게서 찾았다. 이것이 1801년 자행된 신유박해

생가 뒷동산에 있는 정약용과 부인 묘. 인신 너머 북한강의 절경이 빼어나다.

다산은 권모술수가 미무는 서울의 북녘 하늘을 등진 채
학농늘을 모아 가르치면서 오로지 저술활농에만 전념했다.
혜장 초의선사를 만나 차와 선의 깊은 경지까지
파고들고 아호를 다산으로 바꾸었다.
유배지에서 겪은 고초와 사색의 시간들이
오히려 위대한 민족 문화유산으로 승화되는
역사의 아이러니가 되고 만다.

다. 200명이 넘는 천주교인이 체포돼 모진 고문 끝에 주살됐고 사도세자의 3남 은언군 부부도 천주교 역모로 몰려 사사 당했다.

천주교인으로 지목받은 다산 일가도 무사치 못했다. 생사를 넘나드는 고문 끝에 셋째 형 약종은 처형되고, 둘째 형 약전은 흑산도로, 약용은 포항 장기로 각각 유배되었다. 이때 다산의 나이 40세였다. 전남 강진으로 배소가 옮겨진 후 다산은 17년 동안 그곳에 영어의 몸으로 방치됐다. 초인적 의지가 아니고는 배겨날 수 없는 인고의 세월이었다.

이후 다산은 권모술수가 머무는 서울의 북녘 하늘을 등진 채 학동들을 모아 가르치면서 오로지 저술활동에만 전념했다. 외증조부 되는 공재 윤두서(1668~1715) 집의 방대한 장서를 정독하며 무한한 학문세계를 섭렵했다. 이곳에서 혜장 초의선사를 만나 차와 선의 깊은 경지까지 파고들고 아호를 다산으로 바꾸었다. 유배지에서 겪은 고초와 사색의 시간들이 오히려 위대한 민족 문화유산으로 승화되는 역사의 아이러니가 되고 만다.

다산이 관리로 승승장구하며 생을 마쳤다면 1표《경세유표》2서 《목민심서》《흠흠신서》로 대표되는 500여 권의 역저들과 만날 수 있었을까 싶다. "관리가 지방에 부임할 때 책 수레만 갖고 갔다가, 돌아올 때 토산물을 가득 싣지 않고 책 수레만 갖고 온다면 맑은 바람이 길에 가득하지 않겠느냐"는 질타는 시대를 뛰어 넘어 미래에도 귀담아 두어야 할 경책의 울림이다.

마침내 57세 되던 해 겨울 귀양살이에서 풀려 그리던 고향집 마재로 돌아왔다. 부모는 물론 형제도 다 죽고 혼자였다. 조정에선 다시 벼슬길에 나서라 했지만 사양하고 못다 한 저술 활동에 매진하며 미비한

다산 생가 동쪽과 날카롭게 맞서 있는 좌청룡의 능침살

내용을 보완했다. 집 앞 북한강 변을 거닐며 유유자적하다가 헌종 2년 (1836) 2월 22일 75세로 세상을 뜨니 결혼한 지 60주년 되는 날이었다. 신풍 경지에 이르렀던 다산은 자식들한테 "벼슬길에 나서지 말 것과 지관을 불러 명당을 잡지 말고 집 뒷동산에 묘를 쓰라"고 유인했다.

그는 생전에 풍수를 멀리했다. 명당 논쟁에 국력이 소모되고 명당 차지를 위해 가산마저 탕진하는 당시 현실이 안타까워서였다.

부인 풍산 홍씨와 합장된 다산 묘는 자좌오향의 정남향으로 생가와 함께 경기도기념물 제7호로 지정됐다. 춘천 쪽에서 흘러온 북한강과 충주에서 달려온 남한강이 합수돼 만나는 천혜의 절경이다.

사학자들은 당대 문한文翰으로 문명을 날리던 다산 3형제가 옥사로 죽거나 유배로 관운이 좌절됐다는 데 안타까움을 금치 못한다. 전도가 유망했던 3형제가 한꺼번에 비운을 겪는 횡액을 당했기 때문이다.

까닭이 무엇이었을까. 풍수학계서는 생가 묘방卯方(동쪽)을 치고 들어오는 좌청룡의 능침살陵侵殺에서 그 연유를 찾고 있다. 실제 생가에 가 보면 본채 처마와 날카롭게 맞서 있는 좌측 산세를 확인할 수 있다. 풍수에서 좌청룡은 아들과 관직에 해당된다. 도도한 북한강은 활처럼 굽어진 궁현수弓弦水가 되지 못하고 직사로 빠져나가며 일직선의 수살水殺이 되고 있다. 실제로 다산 생가는 을축년(1925) 대홍수 때 모두 유실돼 다시 복원한 것이다. 과연 땅의 진실은 어디까지인가.

경기도 남양주시 생가 및 묘지와 전남 강진군 유적지에 가면 정약용의 인간적 풍모와 실학사상을 구현한 각종 문화행사와 만날 수 있다.

초목이야 봄 지나매 무성하온데
강산은 예대로 유구하구나.
생각하면 아마도 황천에서도
아스라이 고향땅 못 잊으시리

다산이 유배지로 떠나며 고향을 못 잊어 읊은 시다.

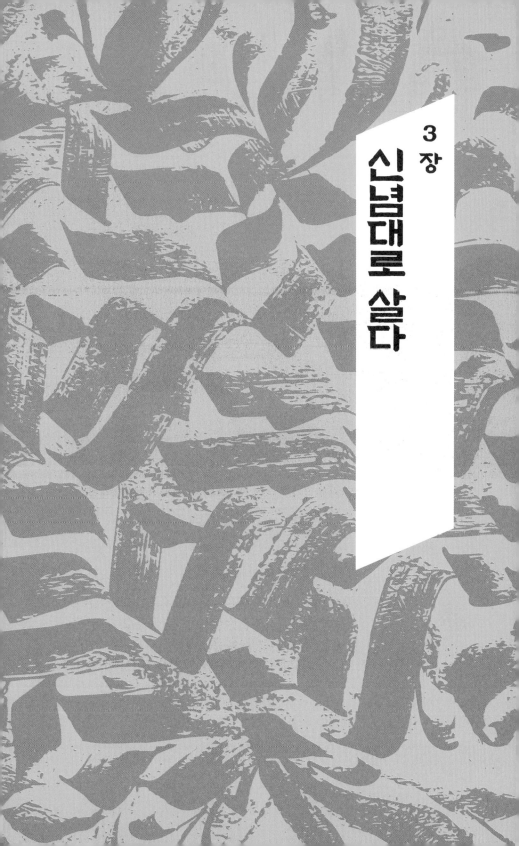

3 장
신념대로 살다

비록 조선을 창업한 신흥세력에 패해 비명에 갔지만
그의 56년 생애 순절정신은 엄동설한의 청죽절개로 살아있다.
사육신의 굽힘없는 충절, 임진왜란 당시 민병의 호국충정,
구한말 민초 의병의 항일 백병 정신들이 바로 포은의 기개다.

살아 꿈틀대는 듯한 포은 묘 뒤의 내룡
맥. 풍수 이론의 생룡맥이 이처럼 선명
하게 촬영되기는 처음이다. 일찍이 '생
거진천'이요 '사거용인'이라 일러왔다.

석양에 기운 고려 왕조를 살리고자 안간힘
한 치 앞을 내다 못 봐 선죽교에서 쓰러지니

목은牧隱 이색(1328~1396), 포은圃隱 정몽주(1337~1392), 도은陶隱 이숭인(1349~1392)을 여말 삼은이라고 한다. 아호에 숨을 은자가 들어간 당대의 대학자들이다. 혹자는 고려말 조선초麗末鮮初를 산 야은冶隱 길재(1353~1419)를 포함시켜 사은四隱이라고도 하나 드물게 쓰는 역사용어다. 이 가운데 가장 극적인 삶을 살다간 이가 포은이다.

여말선초의 동북아 국제정세는 매우 혼란스러웠다. 원元(1271~1368)은 이민족 최초로 몽골족이 중원대륙에 세운 정복왕조였으나 14세기 들어 극도로 부패하면서 망조가 들었다. 한족漢族인 주원장이 명明(1368~1644)을 건국해 대륙을 석권하자 원은 북으로 쫓겨가 변방국(북원)으로 몰락했다.

이 틈새에 낀 고려의 입장은 해가 거듭될수록 난감해졌다. 당시 31대 공민왕(1330~1374)은 원나라 왕실의 딸 노국공주를 왕비로 맞아 원의 부마(사위)국으로 전락한 지 오래였다.

조정은 둘로 갈라졌다. 원을 상국으로 지킬 것인가, 아니면 신흥대국 명을 섬겨 새로운 국제질서에 순응할 것인가. 이른바 친원파와 친명파 간의 양보 없는 대결 구도였다.

당시 친원파 거두는 무신 최영(1316~1388) 장군이었고 친명파 세력의 중심에는 문신 정몽주가 있었다. 같은 시기 함경도, 평안도 국경을 넘나들며 몽골, 여진족을 무찌르고 서남해안에서 노략질을 일삼는 왜구를 섬멸시켜 신흥세력으로 부상한 급진세력이 있었다. 그가 송헌松軒 이성계(1335~1408) 장군이다.

목은이 '동방이학理學의 시조'라 일컬은 포은은 주자학의 대가로 뛰어난 외교관이기도 했다. 고려가 원에 충성 기미를 보이자 명은 출병을 서두르며 조공 액수를 감당 못 할 정도로 늘렸다. 명에 진공사를 여럿 보냈지만 입국을 거부하거나 사신을 유배 보냈다. 포은이 죽음을 무릅쓰고 명에 가 화친을 성사한 뒤 5년간 밀린 조공 물량까지 탕감시켰다.

포은의 활약은 왜구들에게도 미쳤다. 서남해안을 수시로 침범해 생포해 간 고려 백성들이 왜국 구주지방에만 수백 명이었다. 최영과 함께 친원파였던 이인임, 지윤 등이 모의해 친명파 포은을 사신으로 천거했다. 사지에 간 포은이 오히려 이들과 담판해 교린의 길을 열고 백성들을 귀국시켰다.

포은과 명나라와의 인연은 각별했다. 공민왕 21년(1372) 사신으로 명에 다녀오던 중 서해에서 파선 당해 일행 12명이 익사했다. 포은은 13일 동안 표류하다 명나라 구조선에 구출된 뒤 명을 더욱 가깝게 했다. 이후 조정의 배명친원 세력에 맞서다가 유배를 당하기도 했다. 포은은 친명파를 이끌며 이성계와 여진족의 국경 분쟁을 해결하고 남원 운봉의 왜구 토벌전에 참전해 함께 전공을 세우기도 했다. 우왕, 창왕을 폐하고 이성계와 함께 공양왕을 옹립(1390)시켜 평생 동지가 되었다.

이렇던 두 사람의 관계가 무슨 연고로 등을 돌리게 되었을까. 고려 왕실은 점점 쇠락해 가고 이성계의 무훈과 위망威望이 욱일승천하자 민심의 향배가 점점 이성계에게로 쏠렸다. 포은은 조준, 남은, 정도전 등이 이성계를 새 임금으로 추대하려는 음모가 있음을 사전에 감지했다. 고려를 멸망시키고 새 왕조를 창업하려는 역모였다. 포은은 이 책동을 사전 분쇄키로 결심한 뒤 기회를 엿보고 있었나.

때마침 명에서 귀국하는 세사 석麻을 왕명으로 마중 나간 이성계가 황주에서 낙마, 중상을 입고 누웠다. 포은은 최영과 상의 끝에 이성계를 죽이려고 군사를 동원했다. 그러나 천명이 다하지 않았음을 어쩌겠는가. 이를 눈치챈 이성계의 다섯째 아들 이방원(1367~1422)이 황급히 달려가 그날 밤 개성으로 귀경토록 했다. 이방원은 포은을 제거키로 마음을 군혔다.

포은도 힘교했다. 병상에 이성계를 찾아가 선례를 위혐고 시망에 기운 고려 왕조를 되살리고자 안간힘을 다했다. 인간사 한 치 앞이라도 내다보며 살 수 있다면 누가 횡액을 당하겠는가. 문병 후 귀가하던 포은이 선죽교에 이르렀을 때 매복해 있던 조영규(?~1395)가 육중한 철퇴를 날렸다. 머리에 철퇴를 명중 당한 포은은 선혈이 낭자한 채 즉사했다.

이방원의 문객門客으로 신창 조趙씨 시조가 되는 조영규는 포은과 처가 쪽 인척관계였다. 포은은 고려 말 명문거족인 연안 차씨 차원부의 대고모 외손자였고, 조영규는 차견질(차원부 동생) 첩을 아내로 맞은 사이

묘역 입구의 선죽교. 포은이 격살 당한 개성 선죽교를 본뜬 것이다.

어찌 이런 명당이 택지될 수 있단 말인가.
하늘의 점지가 아니고는 감히 넘볼 수 없는 자리다.
포은의 유골은 귀향길을 멈추고 명정이 펼쳐진 그 자리에
진좌술향으로 부인 경주 이씨와 합폄돼 오늘에 이르고 있다.
이후부터 용인에는 명당을 찾아 지관들이 몰려들어
'사거용인'이라 부르게 되었다.

였다.

포은은 처음 궁궐 가까운 개성 산록에 묻혔다. 조선왕조가 개국한 뒤 개성의 지기가 쇠하여 포은도 고향인 경북 영천으로 천묘하게 되었다. 이장 행렬이 경기도 용인시 수지구 풍덕천에 이르렀을 때 갑자기 돌풍이 불어 닥쳐 명정銘旌(붉은 천에 흰 글씨로 망자의 품계, 관직, 성씨를 기록한 깃발)이 하늘로 치솟았다. 질겁한 상주와 문하생들이 명정을 쫓아 떨어지는 곳에 이르니 오늘날 포은 묘가 있는 용인시 모현면 능원리 산3번지의 문수산 안자락이었다.

더욱 놀란 건 뒤따르던 풍수시관이었나. 어씨 이런 명당이 백지될 수 있단 말인가. 하늘의 점지가 아니고는 삼히 넘볼 수 없는 자리였다. 포은 유골은 귀향길을 멈추고 명정이 펼쳐진 그 자리에 진좌술향(서북향)으로 부인 경주 이씨와 합폄돼 오늘에 이르고 있다. 이후부터 용인에는 명당을 찾아 지관들이 몰려들어 사거용인死居龍仁이라 부르게 되었다.

포은 정몽주의 비각

포은 묘는 가히 왕릉 규모다. 문인석은 물론 봉분을 에워싼 병풍석에 난산석까지 둘러쳤다. 병풍석은 벼슬에 따라 사대부 묘에도 세울 수 있으나 난간석은 왕릉에만 해당되는 묘제이다. 석재를 살펴보니 후대에 와 새로 상설한 것이다. 묘역 입구에는 송시열이 짓고 현종 때 문신 김주승이 쓴 신도비가 잘 보존돼 있다.

포은 묘역 봉분 뒤 벌초된 지점에 올라가 앞산(남주작)을 조망하면 놀라운 내룡맥을 발견할 수 있다. 마치 살아 꿈틀대는 생룡맥이 묘혈로 빠져드는 것을 실제 육안으로 확인할 수 있는 것이다. 묘역 정면이나 측면에선 전혀 관측이 안 되는 경이로운 용맥이다. 전국 각지의 수없는 답사와 간산 길에 나선 필자도 이런 용맥 사진을 카메라에 담기는 처음이다.

차령산맥이 용인시 남쪽을 가로지르고 동북쪽 광주산맥이 얼싸안아 나지막한 계곡으로 이어지는 이곳에는 도처가 명당이어서 수많은 인물을 배출해 왔다. 삼성 창업주 이병철 회장과 김대중 전 대통령 선친 묘가 용인 땅에 있음도 결코 우연이 아니다. 삼성 에버랜드, 한국 민속촌, 여러 대학들도 명당을 찾아 세워진 용인의 지력에 힘입은 바 크다.

포은은 영일 정씨 정운관의 아들이다. 어머니 이씨가 난분을 품에 안고 있다 깨뜨리는 태몽을 꿔 초명을 몽란夢蘭이라 했다. 후일 몽룡夢龍으로 개명한 뒤 성인이 되며 몽주로 고쳤다.

비록 조선을 창업한 신흥세력에 패해 비명에 갔지만 그의 56년 생애 순절정신은 엄동설한의 청죽절개로 살아있다. 사육신의 굽힘없는 충절, 임진왜란 민병의 호국충정, 구한말 민초 의병의 항일 백병白兵정신들이 바로 포은의 기개다.

묘역 입구의 홍살문

설죽 이종무 장군은 14세 때부터 아버지 이을진 장군을 따라
왜구를 무찌르기 시작한 이래 일생동안 오로지 왜구를 격퇴하는
전쟁 속에 살다갔다. 삼국시대부터 한·중 양국 해안선을 무대로
노략질을 일삼아 온 왜구들은 설죽 장군 이름만 들어도 벌벌 떨었다.
그가 지휘하는 부대임이 알려지면 도망쳤다.

외길 무관의 삶
설죽 이종무

평생 동안 왜구를 무찌른 이종무 장군 묘. 547년간 실전됐다가 향토사학자와 후손 이길현의 끈질긴 집념으로 마침내 찾아냈다.

오직 왜구를 무찌르는 일에 평생을 바쳐
대마도 정벌로 큰 공훈 나라를 평안케 해

어려서부터 한 가지 일을 유별나게 잘하는 사람이 있다. 설죽雪竹 이종무李從茂(1360~1425) 장군은 14세 때부터 아버지 이을진李乙珍 장군을 따라 왜구를 무찌르기 시작한 이래 일생동안 오로지 왜구를 격퇴하는 전쟁 속에 살다갔다. 삼국시대부터 한·중 양국 해안선을 무대로 노략질을 일삼아 온 왜구들은 설주 장군 이름만 들어도 벌벌 떨었고, 그가 지휘하는 부대임이 알려지면 도망쳤다.

왜구倭寇는 13~16세기 들어 특히 우리나라와 중국 연안에 창궐했던 일본인 해적의 총칭으로 고려 멸망의 한 요인이 되기도 했다. 일본의 내란으로 몰락한 무사와 농민들이 노예와 미곡을 약탈할 목적으로 만든 도적 집단이다. 근거지는 주로 대마도對馬島(쓰시마) 송포松浦(마쓰무라) 일기壹岐(이키)섬 등이었는데 그중에서도 식량과 물자부족이 극심했던 대마도 인들이 주동이었다.

고려 제32대 우왕 때는 재위(1374~1388) 14년 동안 378회나 침입해 국토를 황폐화시켰다.

설죽은 유년시절부터 말타기와 활쏘기는 물론 어떤 싸움에도 거침이 없어 어딜 가나 두령이었다. 22세(우왕 6년, 1381) 때는 아버지와 함께 강원도에 침입한 왜구를 격파한 공으로 정용호군精勇護軍이 되었고, 조선 태조 6년(1397)에는 서해안에 상륙한 왜구를 섬멸시켜 옹진만호甕津萬戶 자리에 올랐다.

무장으로서 설죽의 활약은 왜구 퇴치만이 아니었다. 정종 2년(1400) 조사의와 이방간이 일으킨 제2차 왕자의 난 반란군을 진압한 뒤 북방 국경수비는 물론 여러 차례의 역보 책동을 수습해냈다. 이 공으로 그는 의주병마절제사, 좌·우군총제사, 삼군도제찰사 등 군 요직을 두루 거쳤다. 태종 17년(1417)에는 정2품 좌참찬(차관급)에 이르렀다.

조선조에 들어서도 왜구의 준동은 멈출 줄을 몰랐다. 세종 1년(1419) 왜선 500여 척이 서천 비인현을 침공해 아군의 병선을 불태우고 식량을 약탈하며 닥치는 대로 아녀자들을 겁간했다. 당시 태종은 왕위는 세종에게 넘겨줬으나 병권만은 장악하고 있었다. 상왕과 금상이 국난을 앞에 두고 머리를 마주했다. 태종이 세종에게 분부했다.

"주상, 지금 적들이 발광하고 있는 비인현에서 싸울게 아니라 왜구의 소굴인 대마도가 비어 있으니 그곳을 치도록 하시오."

세종은 즉시 이종무 장군에게 전함 227척, 군량미 65일분, 군졸 1만 7,285명을 내줘 대마도를 정벌토록 명했다. 주도면밀한 작전은 대성공이었다. 대마도를 공략한 이 장군은 대·소 선박 129척과 집 1,940여 호를 태워버리고 적 114명을 참수하는 대승을 거뒀다. 21명의 왜구를

대마도의 이즈하라 항洋 이 장군의 용맹으로 도주를 굴복시켰다

왜구 무리의 수괴였던 대마도 도주 소오다사모리는
죽음 직전에서 황급히 도망쳤다. 분이 안 풀린
이종무 장군은 일본 본토까지 쫓아가 끝내 항복을
받아낸 후 개선했다. 기해동정으로 불리는 이 장군의
대마도 정벌 이후 왜구는 한동안 잠잠해졌다.

생포하고 중국인 포로 131명도 구출해냈다. 허를 찔린 비인현 왜구는 내륙군의 협공으로 순식간에 괴멸되고 말았다.

왜구 무리의 수괴였던 대마도 도주 소오다사모리宗貞盛는 죽음 직전에서 황급히 도망쳤다. 분이 안 풀린 이종무 장군은 일본 본토까지 쫓아가 끝내 항복을 받아낸 후 개선했다. 기해동정己亥東征으로 불리는 이 장군의 대마도 정벌 이후 왜구는 한동안 잠잠해졌다.

대마도는 부산에서의 거리가 49.5km인 반면 일본 본토의 후쿠오카에서는 134km나 떨어진 섬이다. 섬 면적의 90% 이상이 산악지대여서 고구마를 제외하면 먹을 것이 거의 없는 척박한 땅이다. 굶주림을 견디다 못한 왜구들이 한국과 중국 영토를 마구 유린하며 해적질을 일삼아 왔던 것이다.《국조보감》에는 대마도가 당초 경상도에 예속됐었다는 기록이 있다.

본관이 장수長水인 설죽은 장천부원군 이을진과 홍천 용씨 사이의 차남으로 전북 장수에서 태어났다. 부인 평양 조씨를 득배해 4남 1녀를 두었는데 딸은 정종의 10남 덕천군德泉君에게 출가해 왕실의 번성을 이뤘다. 전주 이씨 가운데 광평대군廣平大君(세종의 5남), 밀성군密城君(세종의 庶5남)에 이어 세 번째 명문가로 손꼽힌다.

세종 7년(1425) 설죽이 66세로 세상을 떠나자 세종은 내관을 시켜 조상하고 부의를 하사한 뒤 3일 동안 조회를 폐했다. 성격이 순박하고 진실해 거짓을 몰랐던 설죽은 한평생 왜구와의 전쟁으로 점철된 외길 무관의 생애를 살았다. 부인과 합장된 그의 묘가 세상에 드러나기까지는 후손의 집요한 노력이 응결된 기막힌 곡절이 있다.

설죽이 죽은 후 547년 동안 그의 묘는 찾을 길이 없었다. 장수 이

이종무 장군 묘 앞의 비석. 묘를 찾은 후 다시 세웠다.

씨 문중에서는 국난을 극복한 훌륭한 선조의 묘가 실전돼 애를 태웠다. 1972년 5월 후손 이길현이 문중에 전해오는 〈양후공신도襄厚公山圖〉와 《문종실록》을 근거로 향토사학자와 함께 경기도 용인시 수지구 고기동 산 79번지에 있는 이 장군 묘를 극적으로 찾아낸 것이다. 양후는 조정에서 내린 설죽의 시호다.

묘 앞 묘표에는 '장자승평입長子昇平立(큰아들 승평이 세우다)'이란 비문이 판독돼 의심할 여지가 없었다. 경기도에서는 1975년 9월 5일 경기도 기념물 제25호로 지정했다. 정좌계향(동북쪽)의 이종무 장군 묘는 찾기 힘든 오지에 있다. 필자도 고기동 이장을 지낸 이희순(74) 선생 안내로 겨우 참배할 수 있었다.

용인의 백운산(동)과 바라산(서) 정기가 남쪽 광교산을 우뚝 세운 혈처에 택지된 이 장군 묘는 세종의 어명으로 국풍이 잡았다고 전해오는 명당이다. 전순(좌청룡, 우백호 앞)에서 합류되는 물길의 법수가 어긋남이 없고 옥대玉帶(임금의 허리띠) 모양의 조산朝山(안산 뒤의 산)이 천하일품이다. 일찍이 사거용인死居龍仁이라 하여 아무 데나 묘를 써도 발복한다는 용인 땅이다. 수많은 인걸의 출생과 역사 인물의 명당 묘지가 도처에 산재함은 새삼 거론할 여지가 없다.

대한민국 해군에는 광개토대왕함, 세종대왕함, 이순신장군함 등 나라를 위해 헌신의 삶을 산 위인들의 이름을 딴 함정이 여럿 있다. 1995년 5월 18일 한국의 거제 옥포조선소에서 건조된 이종무장군함은 배수량 1,200톤으로 수중 최대속도 22km의 잠수함이다. 어뢰, 기뢰 등을 장착하고 2개월 이상 단독 작전수행이 가능하다.

조선 개국공신의 삶이 가시밭길이었지만
조영무 만은 무사했다. 의정부 영상 자리에 올라
부원군에 진봉되기까지 한 번도 태종의 내침을
당하지 않고 무탈한 생애를 누렸다.
죽어서는 태종의 묘정에 배향됐다.

태종이 국풍을 보내 명당 터를 잡은 퇴
촌 조영무의 묘. 생룡이 동쪽을 향해
비상하는 국세다.

개국공신이나 욕심부리지 않고 천수 누려
절제를 알아 무탈한 생애로 벼슬길 유지

태종 1년(1401). 그해 봄은 겨울의 끝자락이 유난히도 길어 꽃이 늦게 만개했다. 때는 바야흐로 조선 개국(1392) 전후의 질곡 같았던 혈해血海 태풍이 모두 걷히고 태평성대에 접어들 무렵이었다. 용상에 앉은 태종 이방원(1367~1422)이 모처럼 용안에 웃음을 띠며 시립한 대신들을 향해 물었다.

"양촌 대감, 지난 세월 고생 많았소이다. 태상왕(태조 이성계) 전하와 상왕(정종) 전하를 조력해 조선 개국에 참으로 큰 공을 세우셨습니다. 혹시 제수 받은 벼슬에 서운함은 없소이까?"

노老 대신 양촌 권근(1352~1409)의 온몸이 오싹해졌다. 태종의 성정을 누구보다 잘 아는지라 만일 이참에 대답을 잘못하면 모든 것을 잃게 되는 절박한 순간이었다. 양촌은 태종보다 16세 연상이었다.

"전하, 천부당만부당한 윤음이시옵니다. 신이 어찌 천의天意에 따른 분부에 이의가 있겠사옵니까. 오직 용상을 가까이 모시는 것만으로도 과분하오니 민망한 옥음을 거두시옵소서."

태종은 흐뭇했다. 이번엔 좌명 1등 공신 이숙번(1373~1440)에게 눈길을 돌렸다. 자신의 휘하에서 사병을 이끌며 온갖 원성을 감수하고 개국에 큰 공을 세운 심복 중 제일 공신이었다. 그는 태종보다 17세 연하였다.

"전하, 사람의 욕망에 끝간 데가 있겠사옵니까. 주상을 더욱 가까이 보필하며 잔존 불순세력을 색출해 박멸하겠습니다. 주상을 모시는 데야 숙번이 만한 놈이 더 있겠습니까. 통촉하소서."

태종의 용안이 일그러졌다. 임금의 시선은 이숙번을 못마땅한 표정으로 바라보는 퇴촌退村 조영무趙英茂(1338~1414)에게로 옮겨갔다. 비록 학문적 성취도는 다른 권신들보다 뒤졌지만 태종에 대한 충성심은 어떤 대신을 능가하고도 남는 우직한 무신이었다. 퇴촌은 금상보다도 30세나 연상이었다.

"조영무 대감은 다른 공신들보다 세운 공에 비해 책록이 미약한데 왜 아무 말도 없소이까. 어떤 자리를 원하고 있는지 솔직한 속내를 털어놓으시오. 과인이 그렇게 해 주겠소이다."

"전하, 신 조영무를 어찌 아시고 황공한 말씀을 내리시옵니까. 신이 비록 배움은 적사옵니다만 공수신퇴功遂身退 천지도야天地道也라 하여 '공을 세운 자는 물러가는 것이 천지 간의 도리다'는 것쯤은 알고 있습니다. 소공小功을 내세워 새 판을 짜시는 전하께 걸림돌이 안 되려고 용퇴코자 하오니 윤허하여 주소서."

당돌하긴 했으나 역시 조영무였다. 시립한 공신들이 움찔해 서로 간

사후 500여 년 뒤 세워진 퇴촌의 신도비. 평생 절제하며 욕심없이 살아 관직과 천수를 누렸다.

퇴촌이 죽자 태종은 크게 슬퍼하며 국풍을 보내
명당자리를 잡게 하고 3일 동안 소찬만 올리도록 했다.
광동이었던 원래 이 고을 지명을 퇴촌으로 부르도록 했는데
이것이 오늘날 퇴촌면의 지명 유래다.
경안천이 퇴촌면 내를 관통해 팔당호로 흘러드는 이 지역은
도시민들의 일일 휴양지로 각광받는 곳이다.

눈치를 보는 사이 퇴촌의 주청이 거침없이 이어졌다.

"전하, 예로부터 주군主君을 힘들게 하는 자는 주군을 위해 공을 세운 가까운 훈신들입니다. 그들의 공을 높이 사 크게 배려하다 보면 인재 등용의 기회와 형평성을 잃어 정작 큰 동량을 놓치게 되옵니다. 조그만 신의를 지키려다 국사를 그르칠 수 있사오니 소신부터 먼저 내쳐 조정을 새롭게 운용하소서."

태종은 부왕 태조보다도 훨씬 주도면밀하고 가혹한 임금이었다. 개국 초기 왕권 기반을 다지는 데 장애가 되는 인물이라면 높은 벼슬의 친인척 제거도 서슴지 않았다. 자신의 보위 등극에 1등 공신이었던 민무구, 민무질 등 처남 4형제와 사돈 심온(세종대왕 장인)마저 자결케 하고 이거이(영의정), 이저(매형) 부자를 유배 보내 서출庶出로 만들어 버린 냉혈 군주이기도 하다.

이후 권근은 천수를 누렸고 이숙번은 끝내 유배지에서 생을 마감했는데 조영무는 무사했다. 의정부 영상 자리에 올라 부원군에 진봉되기까지 한 번도 태종의 내침을 당하지 않고 무탈한 생애를 누렸다. 죽어서는 내종의 묘정廟廷에 배향됐다. 다른 공신들과 달리 크게 욕심 부리지 않고 절제를 알았기 때문이다.

일찍이 한양 조씨 문중 인물들은 건국 전 위화도 회군과 조선개국 과정에 공을 세운 인물들이 많다. 퇴촌은 개국 1등 공신인 조인옥 조인벽 조연 조온 등과 당내 친척이다. 처음엔 변방의 번상군番上軍이었다가 이 태조의 사병이 되어 출셋길이 열린 퇴촌은 늘 몸을 낮췄다.

개성 선죽교에서 정몽주의 철퇴 격살(공양왕 4년 1392), 제1차 왕자의 난(태조 7년 1398)때 세자 방석의 제거와 정도전 남은 심효생의 주살, 제2차

왕자의 난(정종 2년 1400) 당시 주모자 박포의 참수 등 여말선초의 운명을 가른 세 정변의 정점에 모두 조영무가 있었다.

이런 퇴촌에게 어느 날 태종이 주석을 마주해 대취한 뒤 물었다. 군신 사이였지만 둘은 자리에 앉기만 하면 두주불사였다.

"퇴촌 대감은 속도 없소이까. 자식뻘 되는 내 명을 따라 평생 동안 속절없이 살고 있으니 참으로 딱하오이다."

순간, 거나하던 퇴촌의 술기운이 확 달아났다. 이 말에 잘못 부화뇌동 했다가는 멸문지화가 불을 보듯 뻔한 일이다. 얼른 술상을 거두고 태종 앞에 부복했다.

"전하, 인자人子가 인군人君의 자리에 오르심은 천의가 아니고는 안 되는 일이옵니다. 어찌 소신을 시험하시어 내치시려 하십니까. 오직 명에 따라 진퇴가 있을 따름입니다."

이후 태종은 퇴촌을 모함하는 중신들에게 오히려 형벌을 내렸고 말

퇴촌 묘역을 오르는 계단

조영무 묘 앞의 비석과 상석

년까지 편안하게 보장했다. 미관말직의 무관에서 정1품의 영상 자리에 오르기까지 그는 수많은 내외직을 거쳤다. 육신이 노쇠해서야 겨우 낙향을 윤허 받아 경기도 광주시 퇴촌면 광동2리 산 16번지에 정착했다. 그곳에서도 태종을 그리며 안락한 말년을 유유자적하다가 77세로 세상을 떠났다.

퇴촌이 죽자 태종은 크게 슬퍼하며 국풍을 보내 명당자리를 잡게 하고 3일 동안 소찬만 올리도록 했다. 광동이었던 원래 지명을 퇴촌으로 부르도록 했는데, 이것이 오늘날 퇴촌면의 지명 유래다. 경안천이 퇴촌면 안을 관통해 팔당호로 흘러드는 이 지역은 도시민들의 일일휴양지로 각광받는 곳이다. 한북정맥을 형성하는 해협산, 앵자산, 관산 등의 완만한 내룡맥이 곳곳에 기를 분산시켜 명당 혈장이 즐비하다.

퇴촌 묘는 이곳에 유좌묘향의 정동향으로 두 부인(신천 김씨, 재령 강씨)과 함께 용사돼 있다. 묘 뒤의 경유庚酉(서에서 남으로 7.5도 기운 서향) 용맥이 마치 살아있는 생룡처럼 큰 국局을 이루며 변화무쌍하고 생기 넘친다.

이런 지세 탓에 역시적 인물들의 묘도 많다. 훈민정음 창제에 공이 많은 최항, 중종 때 좌의정 안당, 임진왜란 당시 진주사로 명에 구원병을 요청한 심우승, 인조 때 영의정 신흠 등의 묘가 인근에 있다. 현대 인물로는 초대 이승만 대통령의 정적이었던 해공 신익희 생가가 가까운 곳에 있다.

제11대 중종이 아꼈던 사림의 영수, 정암 조광조는 조온의 현손이고 일제 강점기 대한독립단장을 지낸 조맹선이 퇴촌 조영무의 후예다.

조정에서 내리는 녹봉 외에는 단 한 푼도 탐하지 않았고
기방 출입이나 신변잡기에 얼씬도 안했다.
자기 관리가 엄정해 부정부패와는 완전히 담을 쌓았고
아무리 털어도 먼지 하나 안 나오는 철저한 재상이었다.

강직한 충신
경암 허조

경기도 파주시 문산읍에 있는 허조 묘. 사당 건립 관계로 묘역 진입로가 험난하다. 경북 경산시에는 그의 덕행을 기리기 위한 금호서원이 있다.

경암의 완벽한 청백리 기질을 무서워했고
부정부패에 가차 없는 원칙으로 기강확립

흔히 한 임금의 치세와 공과를 논할 때면 명군明君(총명한 군주)에게는 충신 한 명이 열 명의 간신보다 낫고, 혼군昏君(어리석은 군주)에게는 충신 열 명이 간신 한 명만 못하다고 했다.

그러나 절대 왕권시대 임금에게 직간直諫하며 쓴소리를 한다는 건 목숨을 거는 일이기도 했다. 남의 흠결을 나무라고 윗사람에게 직언하려면 우선 자기 자신부터 하자가 없어야 하고 티끌만한 부정이라도 있어서는 불가능한 일이다. 우리 역사를 반추해 봐도 충신의 말을 귀담아들은 명군의 시대는 백성들이 태평성대를 누렸고, 간신의 세 치 혀에 농락당한 혼군의 재위 시에는 종묘사직이 위태로웠다.

조선개국 초 네 임금(태조 정종 태종 세종)을 차례로 섬기며 예조판서, 이조판서 등의 중직을 거쳐 좌의정까지 올랐던 경암敬菴 허조許稠(1369~1439)는 냉혈冷血 군주 태종(1367~1422)조차 어쩌지 못한 꼿꼿하고 강직한 충신이었다. 경암은 황희, 최윤덕, 신개, 이수, 이제(양녕대군), 이보(효령대군)와 함께 세종 묘정에 입묘入廟된 7인의 종묘배향공신 중 한 사람이다. 사학계서는 성군 세종대왕(1397~1450) 시대의 재상 중 황희나 맹사성에 비해 대중적 인지도는 낮지만 세종의 치세를 운위하며 빼놓을 수 없는 중요 인물로 손꼽고 있다.

하양河陽 허씨인 경암은 여말선초의 명문 갑족으로 누대에 걸쳐 고위관직을 지냈다는 문중에 대한 자부심이 대단했다. 아버지 허귀룡, 할아버지 허윤창도 고려 조정에서 벼슬을 했고, 증조부 허수는 고려 말 중국에서 성리학을 도입한 문성공 안향의 사위였다. 경암이 허수의 증손자였으니 안향에게는 외고손자가 되었다. 이런 문중 배경으로 경암은 조선 태조의 측근 중신이었던 권근 문하에 들어가 학문과 예학, 문물을 배웠다. 엄격한 가풍 훈도로 흐트러짐 없이 성장했고 당대 실세 스승의 학맥이어서 거침없는 출세가도를 달렸다.

《조선왕조실록》과 서거정의 《필원잡기》 등에는 허조에 관한 여러 기록들이 전한다. 그는 어릴 적부터 외워서 어깨와 등이 굽은 듯했고 식사도 겨우 허기를 면할 정도만 먹은 탓에 늘 깡마른 체구였다. 타고난 부지런한 근성으로 매일 새벽닭이 울면 일어나 의관정제한 뒤 바로 앉아 조금도 흐트러진 기색을 보이지 않았다. 그러나 경암의 눈빛은 비수보다 더 날카로웠고 조정 관료들은 송골매 눈을 닮았다 하여 수응재상瘦鷹宰相으로 불렀다. 대소신료 관원들의 복장이 조금이라도 흐트러지거나 쓸데없는 잡담을 하면 직위고하를 막론하고 사정없이 나무라며 직격탄을 날렸다. 또 경암에게는 주공周公이란 별명도 따라 다녔다. 예학에 걸출한 전문가여서 공·사석에서 담론할 때마다 주례를 내세워 좌중

허조 위패를 봉안한 경북 경산시의 금호서원

경암은 개국 초부터 고려의 불교식 제례를 일소해
유교식 제례의식을 널리 보급시켰고
전국 각지에 많은 유교 학당을 건립하여 인재를 양성했다.
세종 때 10여 년간 이조판서 직을 수행하며
천거된 인재를 철저히 검증하는 인사제도를 확립했다.

을 압도했기 때문이다.

이런 경암에게 공직 부정이나 여색 방탕은 가당치도 않은 얘기였다. 조정에서 내리는 녹봉祿俸 외에는 단 한 푼도 탐하지 않았고 기방출입이나 신변잡기에 얼씬도 안 했다. 자기 관리가 엄정해 부정부패와는 완전히 담을 쌓았고 아무리 털어도 먼지 하나 안 나오는 철저한 재상이었다. 이처럼 완벽한 청백리 기질 때문에 조정 관료들은 그를 무서워했고 부정부패 사건 때마다 가차 없는 원칙을 적용해도 모두가 승복했다. 세간에선 여색을 멀리하는 경암에게 "허 공公은 부부 간의 음양 관계도 모를 깃이다"며 놀려댔다. 그럴 때미다 "허허, 그렇다면 허눌과 허후 두 아들은 하늘에서 떨어졌단 말인가?"라며 껄껄 웃었다고 한다.

이토록 꼬장꼬장한 경암을 태종도 처음에는 싫어했다. 강직한 상소로 왕의 진노를 사 사헌부잡단雜端에서 완산판관으로 좌천시켰으나 아무런 불평 없이 임지에 가 충실히 복무했다. 황희 정승이 태종 어전에 아뢰었다.

"전하, 조정에 허소만큼 상식하고 정림한 인물이 또 있겠사옵니까? 죽음을 두려워 않고 직언하는 신하도 전하 곁에 두셔야 하옵니다. 통촉하시옵소서!"

얼마 후 태종은 허조를 다시 불러 요직에 앉혔다. 태종 18년(1418) 8월 태종이 세종에게 선위禪位(살아서 왕위를 물려줌)하면서 "주상은 들으시오. 이 사람이 바로 나의 주석지신柱石之臣(나라를 떠받치는 중추적인 신하)이니 귀히 쓰도록 하시오!"라고 당부했다.

효자였던 세종은 부왕의 지침을 잊지 않고 재위(1418~1450)하는 동안 허조를 중용하고 나라의 중대사에 늘 조언을 청했다.

허조 묘 사각 봉분 뒤의 우렁한 내룡맥

경암은 조정에서 뿐만 아니라 상국인 명나라에 대해서도 소신껏 할 말을 다 했다. 세종이 즉위하고 얼마 안 돼 명의 3대 황제(성조) 영락제(1360~1424)가 말 1만 필을 내놓으라고 하자 경암이 세종 어전에 고했다.

"전하, 1만 명의 기병을 양성할 군마를 명나라에 빼앗기고 나면 우리나라가 위험에 처하고 맙니다. 한사코 거절하시옵소서!"

명나라 첩자가 이 사실을 고해 바쳐 영락제가 알았다면 목이 열 개라도 살아남지 못할 간언이다. 세종 6년(1424) 영락제가 죽자 명나라 조정에서는 여비麗妃 한씨(인수대비의 고모)를 순장(생매장)했다. 경암은 그 참혹함을 크게 탓하며 "허수아비도 순장 당하면 후손이 끊어진다는 걸 어린애도 다 아는데 궁녀 15명과 생매장하다니 따를 수가 없다. 대국 것이라도 배울 바가 못 된다."고 강단직했다.

어느 날 용상에 앉은 세종이 만조백관이 시립한 가운데 좌의정 허조를 지목해 옥음을 내렸다.

"경은 왕도정치의 바른 길이 무엇이라고 여기는가?"

허조가 얼른 엎드려 부복했다.

"신臣 좌의정 허조, 엎드려 돈수백배 하옵고 성상께 감히 아뢰옵니다. 무릇 정치란 백성으로 하여금 그 고마움을 알게 하는 것보다 그것을 전혀 느끼지 못하게 하는 것이 위대한 정치라고 배웠사옵니다. 한 나라와 각 조직의 흥망성쇠는 올바른 인재 발탁과 적재적소의 씀에 있으니 어진 인재를 구하기 위해 끊임없이 노력해야 하옵니다. 인재를 얻으면 편안해야 하며 일을 맡겼으면 의심하지 말고 의심이 있으면 임무를 주지 말아야 합니다. 전하께서는 대신을 선택하여 육조의 장長을 삼으신 이상 책임을 지워 성취토록 하심이 마땅하며 몸소 자잘한 일에 관여하여 신하의 일까지 하시려고 해서는 아니 되시옵니다. 성상의 판단만이 옳다고 자만하실 때 나라 일은 어긋나기 시작하며, 성상께서 평소에 면학을 게을리하시면 학덕 높은 대신들을 장악할 수 없사오니 유념하시옵소서!"

조정 안에 깊은 침묵이 흘렀다.

세종은 잠시 11세 때의 옛일을 생각했다. 그해 태종은 허조에게 예문관직제학을 제수하며 세자시강원문학을 겸직토록 해 충녕대군의 스승으로 앉혔다. 당시 충녕도 허조의 성정을 잘 알고 있는지라 "이제 나는 죽었구나"라고 생각한 적이 있었다. "어릴 적 스승이었던 어깨 구부정한 저 노 정승이 임금이 된 나를 아직도 가르치고 있다"고 여기니 세종은 오히려 가슴 찡하고 고마웠다.

경암은 개국 초부터 고려의 불교식 제례를 일소해 유교식 제례의식을 널리 보급시켰다. 전국 각지에 많은 유교 학당을 건립하며 인재를 양성했다. 세종 때 10여 년간 이조판서 직을 수행하며 천거된 인재를 철저히 검증하는 인사제도를 확립했다.

경암은 당시 인사담당관이었던 이조낭관을 시켜 간택, 평론, 중의의 3단계 인사정책을 면밀히 세워 국가의 동량을 가려냈다. 간택은 후보자의 경력, 자질, 부패 혐의는 물론 가족관계까지 꼼꼼히 살펴 적격 여부를 판별하는 일이다. 평론은 이조吏曹 내부의 관원들과 함께 후보자가 그 자리에 적합한지, 더 나은 인재는 없는지를 놓고 난상토론을 전개한다. 중의는 최종적으로 이조 밖의 의견을 듣는 것이다. 고위직인 경우 적합 판정에도 불구하고 여론이 안 좋으면 임명을 철회했다. 이런 재상들이 있어 나라는 영토를 넓혀 오늘날의 국경으로 확정했고 백성은 생업에 열중하며 태평했다. 54년의 생애 중 32년을 재위하며 청사에 길이 남을 업적을 셀 수 없이 남긴 세종대왕의 지치至治시대도 이런 충신들이 있어 가능했다.

경암은 조선 초기《속육전續六典》을 편수하며 중구난방의 예악제도를 완성시켰고 정치·경제적 안정과 유교적 질서체계를 확고하게 자리매김했다. 왕실의 여러 의식과 일반의 관혼상제도 그가 정하는 대로 임금은 윤허했다.

어느 날 전국의 주州와 현縣에서 공창(관기)제도의 폐지론이 거세게 일어 조정에 문의해 왔다. 임금의 눈치를 보던 신류들 거의가 내숭을 떨며 관기官妓 혁파에 찬성했다. 음양 관계에 엄격했던 허조에게 세종이 의당 찬성할 줄 알고 물었다. 그러나 뜻밖에도 허조는 극력 반대했다. 세종은 허조의 말을 듣고 관기제도를 유지토록 했다.

"전하, 집을 떠나 지방 장관으로 오래 있으면 참지 못하는 것이 음양의 이치이옵니다. 만일 관기가 없으면 권력으로 남의 유부녀를 간통할 염려가 있으니 거두어 주소서. 남녀 간 본능을 어찌 법으로 저지하겠사옵니까?"

세종 21년(1439), 71세 되던 해 경암은 하찮은 고뿔이 도져 낫지 않자 죽음을 직감했다. 식솔들을 모아놓고 마지막 말을 남겼다.

"태평한 세상에 태어나서 태평한 세상에 죽으니 천지 간에 굽어보아도 부끄러운 것이 없다. 내 나이 70이 지났고 지위가 재상에 이르렀으며 성상의 은총을 만나 간언하면 행하시고 소청하면 들어 주셨으니 죽어도 여한이 없다."

허조의 부음을 들은 세종대왕은 백관을 거느리고 슬퍼하며 사흘간 조회를 폐했다. 문종 2년(1452) 세종 묘정에 배향되며 문경文敬이란 시호를 내렸다.

오늘을 사는 후학들에게 크나큰 교훈을 남긴 경암을 그가 묻힌 묘에서라도 만나기 위해 찾는다는 건 가슴 벅찬 일이다.

경기도 파주시 문산읍 42-1번지에 있는 경암 묘를 면발치에서 발견했을 때는 오르기가 쉬울 줄 알았다. 안타깝게도 사당 건립을 둘러싼 하양 허씨 문중과 지역 주민들 간 갈등으로 진입로가 막혀 있어 천신만고 끝에 묘역을 찾았다. 간좌(동에서 북으로 45도)곤향(서에서 남으로 45도)의 서남향으로 내·외청룡과 내·외백호가 겹겹이 호위하고 있는 안락한 유택幽宅이다. 특히 봉분 앞의 여기餘氣가 봉요蜂腰(벌 허리)처럼 좁혀졌다가 넓게 퍼져 후손들이 크게 발복할 대길지다. 묘역을 내려오며 "만일 주민들이 경암의 업적과 국가에 대한 충성심을 제대로 알고 있다면 사당 건립을 반대할까" 하는 생각이 스쳤다.

경북 경산시 하양읍 부호리에는 숙종 10년(1684) 지방 유림들이 경암 허조의 학문과 덕행을 기리기 위해 건립한 금호서원이 있다. 그 뒤 이전과 훼철을 거듭하다가 1923년 현 위치에 복원됐다.

한화은 친명파 정치인이지 대명 외교통의
최고 인물로 우뚝 섰다. 일찍이 태종은 '누구도 함부로
못할 사람'이라 했고 세종도 '임금이 벌을 내리지
못할 사람이다'고 일렀다. 조선 조정에서도
그의 벼슬은 날로 높아만 갔다.

양절공 한확 묘. 세조와 사돈으로 인
수대비의 친정아버지다. 국내 10대 명
당 중 하나로 원래 세조가 잡은 왕릉 터
다. 묘 앞 삼태봉은 삼정승을 낳는다는
풍수 물형이다.

조선과 명나라에서 높은 관직 동시 누려
양국 사이 쟁점 현안을 무리 없이 중재해내

때로는 국가 운명이 역량 있는 한 사람에 의해 좌우될 때도 있다. 간이재簡易齋 한확韓確(1403~1456)이 조선 초기 문신文臣으로 활약하던 시기가 그러했다. 한확은 조선과 명明의 두 나라에서 높은 벼슬을 동시에 역임하며 양국 간 쟁점 현안이 발생할 때마다 무리 없이 중재해낸 친명파 외교통이었다.

그는 미래를 내다보는 정치 감각도 뛰어났다. 조선 국초 격변기의 다섯 임금(태종 세종 문종 단종 세조)을 차례로 섬기면서도 일신상의 위해 없이 건재했다. 새 임금이 등극할 때마다 고관 요직을 두루 거치며 문중(청주 한씨) 번영과 창달에 크게 이바지했다. 그러나 한확의 입신출세 배경에는 뼈아픈 가족사를 동반하고 있다.

우리 역사에 치욕적인 공녀貢女제도가 처음 등장한 것은 고려 후기 원元나라 때다. 제24대 원종(재위 1259~1274)은 무신들에게 탈취 당한 왕권을 회복하기 위해 강화도에서 개경으로 출륙 환도를 단행했는데 그 과정에서 고려 조정은 원의 힘을 빌렸다. 고려는 그 대가로 원의 부마(사위)국이 되어야 했고 공녀를 비롯하여 그들이 요구하는 온갖 공물을 바쳐야 했다. 강제로 원에 끌려간 공녀들 대부분은 노예로 팔려 다니거나 원군元軍의 성노리개로 전락해 비참한 일생을 마쳐야 했다. 이 야만적인 공녀제도는 중원 대륙의 국체가 원에서 명으로 바뀐 조선조에 들어서도 지속돼 딸을 가진 사대부 집안까지 벌벌 떨게 했다. 공녀제도의 횡포는 여아를 출산하자마자 정혼하는 등 당시 조혼 풍습에도 큰 영향을 끼쳤다.

조선 태종 17년(1417) 한확은 명 태종(영락제, 재위 1403~1424)의 공녀로 뽑혀 중국에 끌려가는 누나 한씨의 진헌부사進獻副使(호송관)가 되어 동행했다. 그의 나이 14세였다. 한씨의 뛰어난 미모에 반한 영락제는 즉시 후궁에 앉혔고 얼마 후에는 여비麗妃로 책봉하면서 한확에게는 광록시소경光祿寺小卿(조선의 부원군에 해당)이란 벼슬을 제수했다.

이듬해 8월 조선에서는 태종이 세종에게 선위禪位하는 커다란 정치적 변동이 있었다. 조선 조정에서는 한확을 승습사承襲使로 명나라에 보내 세종의 새 임금 등극을 알리도록 했다. 세종 1년(1419) 영락제는 자신의 처남이자 광록시소경인 한확을 명나라 책봉사로 다시 조선에 보내 세종의 등극을 공인했다.

어느새 한확은 친명파 정치인으로 지평을 넓혀 갔고 대명 외교통의 최고 인물로 우뚝 섰다. 일찍이 태종은 '누구도 함부로 못할 사람'이라 했고 세종도 '임금이 벌을 내리지 못할 사람이다'고 일렀다. 조선 조정에서도 그의 벼슬은 날로 높아만 갔다. 세종 17년(1435) 중추원부사를

세조가 묵었던 수종사 경내의 은행나무

명 황실에 변고가 있을 때마다 조선 조정은
요동쳐야 했다. 그 시기마다 유능한 대명 외교통이 있어야
조선의 국정 수행은 원활할 수 있었다.
한확은 그 역할을 차질 없이 해냈고
그의 외교적 수완은 놀라웠다.

거쳐 한성부사, 병조판서, 의금부제조, 이조판서, 평안도관찰사 등을 역임했다.

한확은 왕족들과의 겹치는 혼사를 통해 끈끈한 혈연관계를 맺었다. 세종대왕은 한확의 딸을 열 번째 왕자 계양군의 아내로 맞이했고, 한확의 3남 한치례에게는 둘째 딸 정의공주를 하가시켜 겹사돈이 되었다. 야심찼던 수양대군(후일 세조)이 일취월장으로 승승장구하는 한확의 높은 관직과 명나라 외교통의 폭넓은 인맥 관계를 간과할 리 없었다. 수양이 한확의 막내딸을 장남 도원군(의경세자. 나중에 덕종으로 추존)의 아내로 들이니 이가 곧 9대 임금 성종의 어머니가 되는 인수대비 청주 한씨다.

이즈음 명에서 비보가 날아들었다. 세종 6년(1424) 몽골 원정에 나섰던 영락제가 현지에서 급사한 것이다. 명나라에는 당시까지만 해도 후궁과 궁녀들을 죽은 황제와 함께 생매장하는 순장殉葬제도가 유지되고 있었다. 명 황실은 생목숨을 끊는 야만적 행위에 원성이 자자해지자 동족인 한족漢族은 빼고 이민족 출신 공녀들만을 순장시켰다. 여비 한씨도 이 덫을 피할 길이 없어 궁녀 30어 명과 희생당하고 말았다.《세종실록》6년 조條에는 차마 눈 뜨고 볼 수 없었던 그날의 참상이 적나라한 기록으로 전해지고 있다. 명에 함께 따라갔던 한씨의 유모 김흑이 귀국해 세종 어전에 고해 사관이 받아 적은 내용이다.

"죽는 날 환관宦官들이 궁인들을 모아 뜰에서 기름진 음식을 먹이고 모두 마루에 끌어 올리니 곡성이 전각을 진동시켰다. 마루 위에 작은 평상을 놓아 그 위에 서게 하고 올가미를 목에 씌운 후 평상을 떼어내니 버둥거리다가 죽었다. 한씨가 죽으면서 김흑에게 '낭아! 나는 간다. 낭아! 나는 간다'고 하였는데 말을 채 마치기도 전에 환관이 평상을 빼내

므로 잠시 후 숨을 거두었다."

'낭아'는 평소 한씨가 유모를 이름 대신 부르는 별칭이었다. 세종도
한확도 시립한 조정 대신들도 함께 울면서 고하는 유모의 증언을 들었
다. 이 소식은 삽시간에 조선 팔도로 퍼져 백성 모두가 치를 떨었지만
약소국 조선이 대국 명나라를 어쩌지 못했다. 오히려 명 황실에 변고가
있을 때마다 조선 조정은 요동쳐야 했고 그 시기마다 유능한 대명對明
외교통이 있어야 조선의 국정 수행은 원활할 수 있었다. 그 역할을 한확
이 자질 없이 해냈고 그의 외교적 수완은 놀라웠다. 세종, 문종, 단종의
등극 직후에도 명에 사은사使 가 명 황제의 신왕 즉위 승인을 받아왔다.
그때마다 그의 관직은 높아져 좌찬성, 우의정으로 승진을 거듭했다. 명
이나 조선에서 한확의 권력과 명성은 확고부동했다.

세종 8년(1426) 명 황실에 또 큰 변고가 생겼다. 영락제 아들 홍희제
가 등극 1년 만에 죽고(1425) 홍희제 아들 선덕제(선종, 재위 1426~1435)가
새 황제위에 오른 것이다. 명 황실의 조선 공녀에 대한 집착은 끈질겼
다. 당시 조선에서 끌려가 명 조정에 있던 조선 출신 환관이 선덕제에게
아뢰었다.

"폐하, 광록소시경 한확의 남은 여동생이 절세미인이라 하옵니다."

선덕제는 즉시 명을 내려 공녀로 데려오게 했다. 한확은 다시 진헌
부사가 되어 명 황제의 후궁이 되러 떠나는 여동생을 호송해 명나라를
다녀왔다. 주변에서는 '두 누이를 팔아 출세해 잘 사는 놈'이라고 비아
냥거렸지만 한확은 모든 걸 감수했다.

선덕제 후궁으로 뽑혔다는 기별을 접한 한확의 막내 여동생 한계란
韓桂蘭은 크게 상심한 나머지 몸져 누웠다. 오라버니가 속히 쾌차하라고

수종사에서 바라 본 양평 두물머리(양수리)의 절경

약을 지어주니 한씨가 먹지 않고 따지면서 대들었다.

"벌써 누이 하나를 팔아 부귀가 이미 극진한데 더 많은 영화를 누려 무엇에 쓰려고요?"

한씨가 떠나던 날 저자 거리에선 또 생매장 당하러 떠난다 하여 '생송장生送葬'이라고 부르면서 가족들과 함께 슬피 울었다. 한씨는 명 황제 선덕제의 후궁 공신태비가 되었다.

이즈음 조선 왕실에서도 역사의 물꼬를 돌려놓는 경천동지의 변고가 발생했다. 제5대 문종의 뒤를 이어 12세의 어린나이로 등극한 단종을 숙부 수양대군이 무력으로 정변을 일으켜 왕위를 찬탈한 것이다. 한명회, 권남, 홍윤성, 양정 등이 모의해 계유년(1453)에 일으킨 이 정변의 성공으로 수양대군은 7대 임금 세조가 되었다.

정국 흐름의 대세를 꿰뚫었던 한확이 이에 가담했음은 물론이다. 그

공으로 한확은 우의정, 정난공신 1등, 서성부원군에 봉해졌다가 얼마 후 좌의정으로 승진했다. 세조의 급선무는 명 황제로부터 자신이 조선의 임금으로 정당성을 승인받는 것이었다.

세조는 공물을 가득 실은 수레와 함께 사은사 겸 주청사로 한확을 임명해 명나라에 파견했다. 사적으로 세조와 한확은 친사돈이었고 명 황제와도 먼 사돈관계였다.

명의 선덕제도 세조가 어린 조카를 강제로 내쫓고 왕위를 빼앗은 걸 익히 알고 있었다. 할아버지(영락제)가 조카(건문제)의 황제 자리를 탈취한 뒤 아까운 충신들을 무자비하게 도륙한 전철이 조선에서도 벌어진 것이었다. 그러나 선덕제에게 한확은 처남이었고 명 황실에서 벼슬하는 광록시소경이기도 했다. 한확은 "세조가 왕위를 찬탈한 게 아니고 단종이 양위해 합법적으로 등극했다"고 간곡히 아뢰었다. 선덕제는 세조가 조선 임금임을 윤허했다.

한확은 이 기쁜 소식을 세조에게 전하고자 서둘러 귀국 길에 올랐다. 그러나 천지신명은 한 사람에게 모든 걸 내주지 않았다. 귀국하는 사신사 일행이 사하포에 다다랐을 무렵 한확은 갑작스런 신열과 토사곽란으로 손도 제대로 써보지 못한 채 즉사했다. 객사客死였다. 급보를 접한 세조는 한동안 몸을 가누지 못했다고 한다.

단종 복위를 꿈꾸고 있던 뜻있는 신료들은 물론 시정市井에서조차 한확의 죽음을 함부로 논하거나 내심을 제대로 말하지 못했다. 한확의 9촌 조카로 정난공신 1등 겸 동부승지인 한명회(1415~1487)가 세조 곁을 지키고 있었기 때문이다.

조정에서는 최고의 예장 의례를 갖춰 경기도 남양주시 조안면 능내리 산 69-5번지에 한확을 안장했다. 정남향에 가까운 임좌(북에서 서로 15도 기움)병향(남에서 동으로 15도 기움)의 양지바른 언덕으로 조선 10대 명당에 꼽히는 좋은 자리다. 묘 앞 신도비(경기도 유형문화재 제127호)는 외손자인 성종이 즉위하며 세웠다. 장명등과 함께 그 규모가 장대해 왕릉에 버금간다 하여 묘 안쪽 마을을 '능안마을' '능내리'로 부르게 되었다. 모란꽃이 피기 직전의 모란반개형 명당으로 좌청룡·우백호가 겹겹인 데다 남쪽 안산의 입조마入朝馬(벼슬한 선비가 조정으로 들어가는 형국) 물형이 압권이다. 팔당대교를 지나 다산 정약용 생가와 실학박물관에 가기 전 위쪽 국도변에 있다.

세조는 재위(1455~1468)하는 동안 고질 피부병으로 극심한 고통을 겪었다. 어느 해 여름 오대산 상원사 문수보살 공덕으로 피부병을 고친 뒤 서울로 오며 양평 두물머리(양수리)에서 하룻밤을 묵게 되었다. 깊은 밤 해맑은 종소리가 들려 알아보게 하니 운길산 중턱 수종사水鐘寺 석굴에서 물 떨어지는 소리였다. 세조는 은행나무를 기념식수하고 한확의 명복도 함께 발원토록 했다. 수종사에서 바라보는 누붕머리 물안개가 경기 10경 중 하나이다.

세월이 흐르면서 왕실의 변고도 잦아졌다. 세조의 장남인 의경세자가 일찍 죽고 차남 해양대군이 왕위(예종)에 올랐으나 14개월 만에 승하했다. 절망했던 인수대비에게는 절호의 기회였다. 왕실 내의 복잡다단한 정치구도 속에 의경세자의 차남 자을산군이 등극하니 곧 9대 성종이다. 성종은 한확을 양절공襄節公의 시호를 내려 세조 묘정에 배향공신으로 입묘入廟시켰다.

남효온은 아버지를 일찍 여의었으나 부덕 높은
어머니 슬하에서 엄격한 교육을 받으며 성장했다.
유년시절 추강에게 단종의 죽음은 충격이었고
용상에 앉아있는 세조와 그 추존세력들은 증오의 대상이었다.
식자우환으로 아는 것이 곧 근심이 되었다.

생육신의 절의
추강 남효온

생육신 남효온 묘. 사후 495년 뒤 고양시에서 김포 의령 남씨 문중 묘역으로 이장됐다.

조정의 요주의 인물로 지목되어 온갖 박해 벼슬아치 조롱하며 술과 시로 울분 달래니

계유정난(1453)을 일으켜 숙부 수양대군(1417~1468, 세조)이 어린 조카 단종(1441~1457)의 왕위를 찬탈하자 백성들은 크게 탄식하며 천지신명을 원망했다. 저자에서는 "인륜을 저버린 정난 폭도 정권을 전복시킬 이인은 없는가"라며 정외의 심판을 간절히 기대했다.

하늘도 무심치 않았음인지 세조 2년(1456) 마침내 6명의 충신이 분연히 일어섰다. 성삼문 박팽년 이개 하위지 유성원 유응부. 비록 이들이 거사한 단종 복위 운동은 동지 김질의 고변으로 탄로나 무산됐지만 청사靑史는 이들의 충절을 높이 기리며 사육신으로 현창하고 있다.

사육신이 온몸을 산화해 불의에 맞섰다면, 정통성 없는 부도덕한 정권에 일생을 항거하며 그들과 타협 않고 살다간 절의의 충신들도 있다. 남효온(1454~1492) 이맹전(1392~1480) 김시습(1435~1493) 성담수(?~1456) 원호(생존년 미상) 조려(1420~1489). 세상은 이들을 생육신生六臣

으로 부른다. 사학자들은 생육신 중에서도 추강秋江 남효온南孝溫의 일생에 주목한다. 사육신이 세조 시해를 도모하던 해 그의 나이 세 살이었기 때문이다.

절대왕권의 봉건군주 사회에서는 조상의 덕으로 벼슬자리에 오르는 음보蔭補라는 제도가 있었다. 아버지나 할아버지는 물론 윗대 선조가 높은 관직을 역임했으면 후손들이 과거시험을 통하지 않고 특채되는 등용 관례였다. 추강은 음보 특혜를 통해 누구보다도 출세할 수 있는 훌륭한 가문(의령 남씨)에서 태어났다.

조선 개국 1등 공신으로 형제가 나란히 태조 묘정에 배향된 남재(영의정·5대조)·남은(우상절도사·5대 종조) 이후 증조부 남간(직제학)→조부 남준(사헌부 감찰) 대를 거치면서 개국 초 명문가로 우뚝 섰다. 추강은 아버지를 일찍 여의었으나 부덕 높은 어머니 슬하에서 엄격한 교육을 받으며 성장했다. 유년시절 추강에게 단종의 죽음은 충격이었고 용상에 앉아있는 세조와 그 추존세력들은 증오의 대상이었다.

식자우환識字憂患으로 이는 것이 곧 근심이 되었다. 명석했던 그가 정의의 잣대를 세상만사에 들이대며 숱한 의문을 품게 되었다. 임금이 무엇이기에 무지한 백성의 생사입판권을 쥐고 있는가, 천도天道를 거슬린 권력이 망하지 않고 유지됨은 춘추대의가 사라진 것 아닌가, 곡학아세로 축재하며 권력과 부를 세습하는 자들이 천수를 누림은 정의의 실종이 아닌가. 출세를 포기한 추강은 망태기 하나 걸머지고 팔도 유랑 길에 나섰다.

김종직(1431~1492)의 문하로 시문에 달통했던 추강은 김굉필 정여창 등 당대 사림의 거두들과 함께 수학했다. 세상 사물에 얽매이지 않고 영욕을 초탈한 성품으로 스승인 김종직조차 이름을 부르지 않고 '우리 추강'이라 높여서 경대했다. 성종 9년(1478) 가뭄과 홍수의 우토雨土 재앙으로 민심이 흉흉해지자 성종은 군신 간의 직언을 구했다. 추강은 당시 25세 나이로 훗날 필화로 이어지는 추상같은 상소문을 올렸다.

① 지방 수령방백의 신중한 선택 ② 산림의 유일遺逸(숨은 선비)도 과감히 등용할 것 ③ 궁중의 모리謀利 기관인 내수사 혁파 단행 ④ 임금이 몸소 효제에 돈독히고 절검혜 풍속을 비로 잡을 것 ⑤ 문종 왕비 현덕왕후(단종 생모) 능인 소릉昭陵의 조속한 복위 등.

계유정난으로 권력을 거머쥔 당대 실세늘에겐 도저히 용납될 수 없는 도발이었다. 특히 소릉 복위문제는 세조 즉위 자체와 그로 인해 배출된 공신들의 명분을 부정하는 중대사로 영의정 정창손(김질 장인)과 도승지 임사홍의 분노를 크게 샀다. 이때 소릉은 세조에 의해 파헤쳐져 냇가에 가매장된 상태였다. 이로 인해 추강은 조정의 요주의 인물로 지목됐고 온갖 박해가 뒤따르기 시작했다.

27세 되던 해인 성종 11년(1480) 홀어머니 간청에 못 이겨 생원시에 합겨했으나 출사하지 않고 그 후로 다시는 과장에 나가지 않았다. 이후 추강은 질곡 같은 여생 12년을 더 살다 39세로 이승을 떠날 때까지 세상을 흘겨보며 바른말을 서슴지 않았다. 때로는 무악에 올라 대성통곡하기도 하고 강호에서 낚시질하며 술과 시로 울분을 달랬다. 산수를 좋아해 국내 명승지 중 그의 발길이 닿지 않은 곳이 없다.

그는 계룡산 정상에 올라 '해와 달은 머리 위에 환하게 비치고 귀신은 내 옆에서 지켜본다'는 경심재명敬心齋銘을 스스로 지어 도통경지에 이르렀다. △부자라고 기름진 음식으로 매일 잘 먹으면 중병에 걸린다

행주산성 한강 변에 있는 추강 시비. 초막을 짓고 은거하며 술과 낚시로 세상과 등졌다.

27세 되던 해 홀어머니 간청에 못 이겨 생원시에
합격했으나 출사하지 않고 그 후 다시는 과장에
나가지 않았다. 당시 기피하는 이름으로 지목돼
부르기조차 꺼렸던 단종 사절 충신 6명의 행적을
《육신전》으로 펴내 사육신 이름을 최초로 공식화했다.

추강 묘는 법도에 맞게 작국되었으나 설기를 막는 안산과 조산이 너무 멀다.

△역사 앞에 죄지은 자는 후세의 심판대에 올라 망가진다 △백성을 괴롭힌 자 반드시 후손에게 화가 미친다 △인간에겐 죽음이란 의례가 있어 모두에게 공평하다.

추강은 당시 기휘忌諱(기피하는 이름)로 지목돼 부르기조차 꺼렸던 단종 사설 충신 6명의 행적을《육신전六臣傳》으로 펴내 사육신 이름을 최초로 공식화했다. 이밖에도《추강집》《추강냉화》《사우명행록》《귀신론》 등을 저술해 당대 권세가를 능가하는 명성을 날렸다.

그러나 추강은 죽어서도 수난이 이어졌다. 무오사화(연산군 4년·1498) 때는 외아들 남충세가 국문을 받아 사망했고, 갑자사화(연산군 10년·1504)에는 소릉 복위를 상소한 것이 난신적자로 치죄돼 부관참시 당했다.

중종 8년(1513) 비로소 소릉이 복위되자 신원되면서 좌승지에 추증됐고 정조 6년(1782) 다시 증직으로 이조판서 직에 올라 한을 풀었다. 추강은 평생 전국을 떠돌면서도 그가 나고 자란 경기도 고양을 못 잊어 했다. 행주산성 한강 변에 초막을 짓고 은거하며 술과 낚시와 시 짓기로 세상과 등졌다. 지금 그곳에는 2007년 11월 11일 고양시 유지들이 건립한 행적·시비가 서 있다. 〈강나루 주막에 묵으며〉란 시 한 수가 그의 초연했던 삶을 대변해 주고 있다.

비단 옷 두르고 고기반찬에 배부른 자/ 수양산 고사리 맛 그 어찌 알겠는가/ 날짐승 들짐승이 보금자리 달리하듯/ 나만은 벼슬 탐하는 것 부끄럽게 여기노라/ 시골에 묻혀 밭고랑을 일구며/ 뱃전의 낚시질로 세월을 보낸다네/ 한 세상 사는 삶이 뜻 대로면 그만이지/ 어찌하여 한평생을 아등바등 지낼건가.

추강은 죽어 고양시 대장동에 495년간 묻혔다가 1987년 이곳이 신도시로 개발되면서 경기도 김포시 하성면 후평리 산4번지 의령 남씨 문중 묘역으로 이장됐다. 증조부 남간 묘(유좌묘향·정동향) 너머의 별도 용맥에 임좌병향(동으로 15도 기운 남향)으로 용사돼 있다. 좌·우 환포는 법도에 맞게 작국되었으나 설기를 막는 안산案山과 조산朝山이 너무 멀다.

일찍이 고양 팔현八賢으로 선정돼 후학들의 숭봉을 받으며 고양 문봉서원, 장흥 예양서원, 함안 서산서원, 영월 창절사, 의령 향사 등에서 제향을 지내고 있다. 2008년에는 경기북부 4월의 문화인물로 선정되기도 했다.

우암은 살아생전 고매한 학문 성취와 함께 문명을 날렸다.
공자, 맹자처럼 '자子' 자를 넣어 '송자宋子'라고 불리는 조선 중기의
최대 정객이다. 정암 조광조의 지치주의, 율곡 이이의 변통론,
사계 김장생의 예학이 우암에게 와 결실을 맺으며
후기 조선사회의 강력한 지배이념으로 자리 잡게 된다.

예송논쟁의 거두
우암 송시열

충북 괴산의 우암 송시열 묘. 멀리 조산의 구필입조봉이 동쪽 대궐을 향해 달리는 형국이다.

예송 논쟁의 중심에 서서 엄청난 국력소모
사생결단으로 결국 사약 받아 객지서 절명

우암尤庵 송시열宋時烈(1607~1689)은 한평생 자기주장을 굽히지 않고 살다 끝내는 임금이 내린 사약을 받고 세상을 떠난 역사적 인물이다. 그는 서인(노론)의 영수로 제14대 선조~광해군~인조~효종~현종~숙종의 6대 왕조를 거치면서 당대 이념 논쟁의 중심에 서 있었던 거유巨儒다. 우암이 사생결단한 투쟁의 핵심은 사람이 죽은 뒤 상복을 얼마동안 입어야 하느냐는 예송禮訟논쟁이었다.

우암은 사옹원 봉사였던 송갑조(은진 송씨)와 선산 곽씨를 부모로 충북 옥천군 구룡촌 외가에서 태어나 26세까지 그곳에서 살았다. 12세 때 아버지로부터《격몽요결》과《기묘록己卯錄》등을 배우면서 중국의 주자와 율곡 이이, 정암 조광조를 흠모하도록 가르침을 받았다.《기묘록》은 중종 14년(1519) 조광조 등 신진사림이 훈구파에게 입은 사화를 기록한 책이다. 그의 학문 세계는 19세 때 한산 이씨와 혼인한 후 사계 김장생 문하에 들어가 성리학과 예학을 섭렵하며 일대 전환기를 맞게 된다. 27세에 생원시로 장원 등과해 뒷날 효종으로 등극하는 봉림대군의 사부로 임명되면서 왕실과 유대를 갖는다. 그는 인조의 차남 봉림대군을 끔찍이 아끼며 지성으로 왕도교육을 시켰다.

인조 14년(1636) 조정의 외교정책 실패로 병자호란에서 패한 국왕이 남한산성에서 항복하고 치욕적인 군신관계를 맺었다. 소현세자와 봉림대군이 볼모로 청나라에 잡혀가자 우암은 벼슬을 내던지고 10년간 학문 연구에만 몰두했다.

세월이 흘러 인조가 승하하고 효종(재위 1649~1659)이 즉위하자 금상은 우암을 중용했다. 이로부터 엄청난 국력소모로 이어지는 3차에 걸친 예송 싸움이 비롯된다.

제17대 효종이 승하하자 서인측 송시열, 송준길은 효종이 임금이긴 하나 인조의 차남이므로 자의대비(1624~1688·인조 계비)가 1년간의 기년상朞年喪을 치러야 한다고 주장했다. 반면 남인측 윤휴, 윤선도는 차남이긴 하나 군왕이었으므로 사가와 달리 3년간 상복을 입어야 한다며 대치했다. 효종의 장남으로 왕위에 오른 현종은 서인편의 손을 들어줘 남인이 몰락했다.

이번에는 효종 왕비 인선왕후 장씨(1618~1674)가 승하했다. 서인은 장씨가 둘째 며느리이므로 대공설(9개월)을, 1차 논쟁에서 패한 남인은 둘째 며느리이긴 하나 중전이었으니 기년설(1년)이 타당하다고 맞섰다. 왕심王心이 남인에게 쏠리며 서인이 퇴출됐다.

자의대비가 오래 살아 손자인 제18대 현종(1659~1674)이 훙서하자 3차 논쟁이 붙었다. 명분은 1, 2차와 다를 바 없었다. 제19대 새 임

묘역 입구의 신도비각. 정조대왕의 어필이 전해져 온다.

우암이 활동했던 시기 조선의 국제 정세는 외침이 없어
평온했던 때다. 사학계서는 국가적으로 맞이한 내치 발전의
호기를 당대 지식인들 간 소모적 논쟁으로 허비했다며
안타까워하고 있다. 한 시대의 지배이념이 후대에 와
무력화되듯이 망자를 위한 상복 입는 기간이 9개월이든,
1년이든 식자들끼리 목숨 걸고 싸울 명분이었는가.

금 숙종은 우암의 논리가 곧 자신을 부정하는 것임을 알아채고 남인측 주장을 수용해 제주로 유배 보냈다. 우암이 친국을 받으러 상경하게 되자 그의 막강한 정치적 영향력과 사림의 중망을 두려워한 남인들이 긴장했다. 끝내 남인의 책동으로 올라오는 도중 정읍에서 사사되고 말았다. 그의 나이 83세였다.

우암이 죽자 전국 유림들이 들끓었다. 가족과 제자들은 주검을 거둬 수원 무봉산에 매장했다. 6년 뒤인 숙종 20년 갑술환국 때 서인이 다시 집권하며 신원되고 관작이 회복됐다.

묘터가 흉지라고 판단한 후손들은 숙종 23년(1697) 현재의 충북 괴산군 청천면 청천리 7-1번지 임좌병향(동쪽으로 15도 기운 남향)으로 이장했다. 그 후 문정文正이란 시호가 내려지고 영조 20년(1744)에는 공자 사당인 문묘에 배향됐다.

우암은 살아생전 고매한 학문성취와 함께 문명을 날려 공자, 맹자처럼 '자子' 자를 넣어 '송자宋子'라고 불리는 조선 중기의 최대 정객이다. 정암 조광조의 지치주의, 율곡 이이의 변통론, 사계 김장생의 예학이 우암에게 와 결실을 맺으며 후기 조선사회의 강력한 지배이념으로 자리 잡게 된다. 그는 풍수에도 정통해 송강 정철과 중봉 조헌의 묘터를 잡아 주기도 했으나 자신의 신후지지는 택지 안 했다.

독선적이고 강직한 성품 때문에 늘 주변인물과 불화했고 만년에는 죽마고우, 동지, 사돈마저 등을 돌리게 됐다. 제자 윤증과는 묘문墓文 관계로 노론과 소론 분당의 단초가 되었고, 효종과 독대하며 강력히 추진했던 북벌론도 실현 불가능한 이념적 원론으로 끝나 버렸다.

제각 뒤 은행나무. 정기가 뭉친 혈처여서 무성하게 잘 자란다.

　우암이 활동했던 시기 조선의 국제 정세는 외침이 없어 평온했던 때
다. 사학계서는 국가적으로 맞이한 내치 발전의 호기를 당대 지식인들
간 소모적 논쟁으로 허비했다며 안타까워하고 있다. 신명 바쳐 몰두했
던 이념이나 개인적 소신도 세월과 함께 진전되거나 바뀌는 법이다. 한
시대의 지배이념이 후대에 와 무력화되듯이 망자를 위한 상복 입는 기
간이 9개월이든, 1년이든 식자들끼리 목숨 걸고 싸울 명분이었는가.

충북 기념물 제10호로 지정된 그의 묘는 장군대좌형將軍對坐形으로 기복이 활발한 묘 뒤의 입수내룡맥이 뛰어나다. 묘 입구의 신도비각 안에는 정조 3년(1779) 정조가 어필을 내려 세운 신도비가 있는데 국난이 있을 때마다 땀을 흘린다 하여 화제가 되고 있다. 묘 건너 조산朝山은 9마리 말이 동궐東闕을 향해 달려가는 구필입조봉九匹入朝峰 물형으로 장관을 이룬다.

그러나 장법에서는 오차 없는 광중의 재혈裁穴을 으뜸으로 여긴다. 장군대좌형에서 필수 물형인 병졸을 의식해 조산에 치중하다 보니 계좌정향(서쪽으로 15도 기운 남향)의 안산을 놓쳤다고 풍수학인들은 아쉬워한다. 이같은 풍수적 판단은 이곳 청천장이 개설된 유래와도 일치한다. 수원에서 괴산으로 이장한 우암 후손들은 주민들과 상의 끝에 막대한 거금을 내놓고 장이 서도록 해 장꾼들을 병사로 대신했다. 인신을 동원한 비보풍수다.

우암 묘 뒤 30m 지점에는 멀리 문필봉에서 행룡하다가 우뚝 멈춰선 결혈처가 있다. 이곳에선 좌향도 자연스럽게 잡히며 당판 앞의 여기餘氣도 풍만해져 좌청룡·우백호가 다정히 환포한다. 이 기운이 우암 묘를 지나 신도비각과 제각 사이의 산 아래 뭉쳐져 있는데 바로 이곳에 수령 400년 된 보호수(괴산 제55호) 은행나무가 있다. 높이 16m, 둘레 3.5m로 정기가 뭉친 곳에선 어떤 나무도 잘 자란다.

땅은 거짓도 없고 용서도 없다.

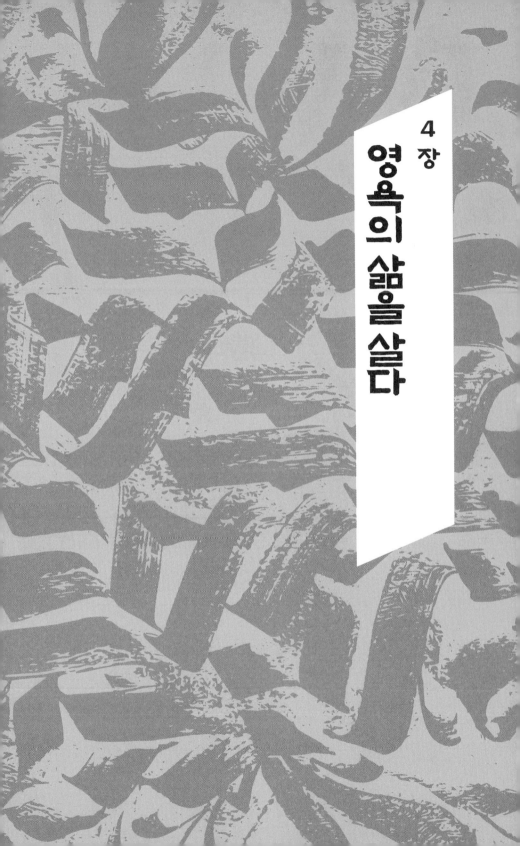

4 장

영욕의 삶을 살다

선비가 한 시대를 올곧게 살다 가려면 때도 잘 만나야 한다.
도의와 상식이 말살된 폭정 치하를 살며 학문의 정도를
지켜낸다는 게 말 그대로 쉬운 일은 아니기 때문이다.
동시대를 비껴 산 후세인의 입장에서 볼 때
이규보는 참으로 엄혹한 난세를 살았다.

고려의 대문장가
백운거사 이규보

고려 무신정권의 엄혹한 시대를 살았던
대문장가 이규보. 멀리 마니산이 보이
는 강화도의 명당 자리에 부인과 영면
해 있다.

떠도는 흰 구름과 더불어 살겠다 했지만
목구멍이 포도청이라 백수 신세 어이할꼬

백운거사白雲居士 이규보李奎報(1168~1241)는 12세기 후반과 13세기 초 고려 중기를 살다간 당대의 대문장가다. 그는 고려 제18대 의종 22년(1168) 경기도 여주에서 이윤수(호부시랑, 여주 이씨)의 아들로 태어났다. 이후 명종 신종 희종 강종을 거쳐 제23대 고종 28년(1241)까지 6대왕 재위기간 숭 74년을 재세하며 좌절과 아세阿世로 굴절된 생애를 살았나.

선비가 한 시대를 올곧게 살다 가려면 때도 잘 만나야 한다. 도의와 상식이 말살된 폭정 치하를 살며 학문의 정도를 지켜낸다는 게 말 그대로 쉬운 일은 아니기 때문이다. 동시대를 비껴 산 후세인의 입장에서 볼 때 이규보는 참으로 엄혹한 난세를 살았다.

백운이 세 살 되던 해인 의종 24년(1170) 무장 정중부(1106~1179)가 반란을 일으켜 이른바 무신정권을 수립했다. 임금과 문신文臣들의 무신武臣차별에서 비롯된 무신의 난은 권신 반열에 올랐던 당대 지식인들을 거의 몰살시켰다. 막장에 다다른 인간 차별이 골수에 맺혔던 무인들은 문신을 닥치는 대로 잡아다 참혹하게 죽이는 자를 골라 높은 벼슬을 내렸다.

중세 고려를 암흑기로 몰아넣은 가공할 무신정권은 제24대 원종 11년(1270)까지 만 100년 동안 지속됐다. 정중부에 이어 이의민(?~1196) 최충헌(1149~1219)의 아들까지 세 성씨가 번갈아 집권하며 왕권을 능멸하고 민생을 파탄냈다. 이들은 자신의 뜻에 반하는 임금을 시해한 뒤 꼭두각시 왕을 앉히고 왕권을 대행했다. 권좌에 앉은 아버지를 죽이고 아들이 그 자리를 대신 차지해 남의 재산을 무차별 약탈했다.

고려 백성들은 하늘을 원망했다. 그러나 어느 누구도 항거하거나 감히 어쩌지 못했다. 이규보는 이 시기에 초년시절을 보냈다. 9세 때부터 중국 고전을 통섭해 시대상에 밝았던 그는 당대 정치권력이 대의에 어긋나고 크게 잘못됐음을 익히 알았다. 14세 때는 성명재 하과夏科(여름철에 절을 빌려 과거시험을 준비하는 학습장)에 가 짧은 시간 내 시를 지어 기재奇才라 칭송받으며 문명을 날렸다.

성장하면서 백운은 세상의 지식인들을 얕보며 조롱했다. 과거시험은 지엽적 형식주의에 빠진 소인배들 문장쯤으로 낙인찍어 하찮게 여기고 멸시했다. 그러나 백운도 돈을 벌어 가족을 부양해야 하는 생활인이었다. 국가 권력이 마땅찮고 사회구조가 안타까워도 먹고는 살아야 했다. 식자가 택할 길은 과장科場에 나가는 것 뿐이었다. 내키지 않는 자존심을 누르고 사마시司馬試(생원과와 진사과)에 응시했으나 세 번 모두 낙방했다. 크게 실망한 이규보는 20세가 될 때까지 무위도식하며 '나라가 인재

이규보 영정을 봉안한 묘 앞의 사당. 여주 이씨 문중에서 관리하고 있다

세월이 갈수록 백운에게는 호구지책이 절실했다.
무신정권 아래 과거 학풍을 비판하고
권력자가 원하는 해답을 일부러 안 쓴 자신을 후회했다.
나 혼자 지조 내세워 독야청청하다 굶어 죽은들
누가 알아줄 것인가.

를 몰라본다'고 세상을 원망했다. 이때 '떠도는 흰 구름과 더불어 살겠다' 는 뜻을 담아 백운거사라는 자호自號를 지었다. 세간에서는 시·거문고·술을 지독히도 좋아한다 하여 삼혹호三酷好 선생이라고도 불렸다.

세월이 갈수록 백운에게는 호구지책이 절실했다. 무신정권 아래 과거 학풍을 비판하고 권력자가 원하는 해답을 일부러 안 쓴 자신을 후회했다. 식자층 다수가 불의와 타협해 처자식을 봉양하는데 나 혼자 지조를 내세워 독야청청하다 굶어 죽은들 누가 알아줄 것인가.

21세인 명종 19년(1189) 유공권이 좌수座首가 돼 실시한 사마시에 응시하여 수석 합격했다. 이듬해는 임유와 이지명이 공동 감독하는 예부시禮部試를 치러 급제했다. 세 사람 모두와 잘 아는 사이였다.

그러나 과거라는 요식행위로는 출세가 안 되던 때였다. 수년을 대기해도 발령이 나지 않아 빈궁에 쪼들리게 되자 백운은 개경 천마산에 들어가 백수 신세를 한탄했다.

이 시기 이규보는 고구려 건국 영웅 동명왕 일대기를 그린 대서사시 〈동명왕편〉을 완성했다 이 밖에도 《동국이상국집》, 《백운소설》 등 방대한 작품들을 이 당시 주로 집필했다.

기다림에 지친 백운이 구관求官을 갈망하는 탄원서를 무신정권 요직자들에게 띄웠다. 다른 문사들은 많이 등용됐으나 정작 어릴

험상궂은 묘 앞의 석상

적부터 문장에 뛰어난 자신은 30이 넘도록 불우한 처지에 있다면서 일개 지방 말직이라도 취관시켜 달라는 간청이었다.

마침내 때가 왔다. '인간백정'으로 불리며 백성의 원성이 자자한 집권자 최충헌 시회詩會에 이규보가 초청된 것이다. 그는 이 자리에서 최충헌을 국가적 대공로자로 떠받들며 당대의 영웅이란 칭송시를 읊었다. 얼마 후 백운은 전주목牧의 사록겸장서기司錄兼章書記란 미관말직으로 발령이 났다. 그러나 조직생활에 적응해야 하는 공직 업무는 자유분방한 백운에게는 고통이었다. 번거로운 행정 업무와 낮은 녹봉에 불만을 토로하며 근무 태만하던 이규보는 16개월 만에 면직당했다.

뒤늦은 방황이 또 시작됐다. 이번에는 청도 운문산 일대 농민폭동진압군 수제원修製員으로 자원 종군했다. 굶주린 농민군을 핍박하는 각종 격문과 제문 등 어용문을 수시로 썼다. 이같은 공로로 무신정권의 중용을 은근히 기대했으나 허사였다.

고려 대문장가 백운거사 친필

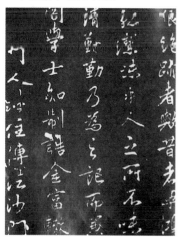

수많은 우여곡절 끝에 이규보한테 또 기회가 왔다. 최충헌이 죽고 대를 이어 집권한 아들 최이(?~1249)(후에 최우로 개명)가 백운거사를 부른 것이다. 이후 그는 일체의 주견 없이 최이와 절대적 공순恭順 관계를 유지하며 그가 요구하는 문장에 평생의 문필 기예를 다 바쳤다. 이같은 처신으로 승승장구한 백운거사의 벼슬은 집현전 대학사와 문하시랑평장사(종2품)까지 올랐다.

말년에 이규보는 마니산 참성단이 내다보이는 강화 땅에 정착한 뒤 유유자적한 여생을 보냈다. 최이는 몸져누운 백운거사를 각별히 보살폈고 그의 문집까지 발간해 주었다. 74세로 세상을 떠나자 조정에서는 자좌오향(정남향)의 양지바른 곳(인천광역시 강화군 길상면 길직리 산 115번지)에 후히 장사지냈다. 부인 진양 진씨와 합장된 그의 묘는 1972년 5월 4일 문화재로 지정됐다가 1995년 3월 1일 해제된 후 현재는 인천시기념물 제15호다.

민족의 영산 마니산 정기가 골고루 뻗은 강화도는 곳곳이 명당 발복지다. 몽골군 침입이나 내란으로 종사가 위태로울 때는 당대 임금들이 이곳으로 몽진해 수도로 삼았다. 팔만대장경을 판각했던 선원사도 강화에 있다. 대장경을 통한 부처님의 법력으로 국난을 극복하고자 했던 대장경각판 군신기고문君臣祈告文도 백운거사가 강화에서 지었다.

강화에는 단군왕검이 국가안위를 기원하며 천제를 지낸 참성단과 조선 제25대 철종이 성장한 집터 등 명당 혈지가 많다. 이규보 묘는 서쪽(오른쪽)의 우백호가 길게 뻗어 안산(남주작)을 감싸 안은 백호 작국作局이다. 백운거사 묘 뒤의 입수入首 용맥에 올라보면 누구나 명당 혈지임을 직감하게 된다. 묘 아래에는 최근 문인들이 세운 백운문학비가 있다.

일부 사학자들은 이규보가 본질상 입신출세 지향자였으며 철저한 보신주의자였다고 혹평하기도 한다. 그러나 무신정권은 그가 세상을 떠난 뒤에도 30년이나 더 지속됐다. 묘역을 내려오며 먼 산에 뜬 저 구름에게 물었다.

"이 시대 지식인 중 백운거사에게 돌 던질 자 과연 누구인가."

한명회는 과거를 통한 관운에는 뒤졌으나
천하대세는 한눈으로 짚었다. 평소 자신이 거느리던
무사 홍달손 등 30여 명을 수양에게 천거해
막강한 사조직을 키워 나갔다. 그들이 마침내
정변을 일으켰다. 바로 단종 1년의 계유정난이다.

세조의 장자방
압구정 **한명회**

상·하 연봉의 한명회(아래)와 부인 묘. 거대한 화강암이 묘역을 둘러쳤으며 봉분 앞에는 무인석이 세워져 있다.

자고로 영웅은 태어나는 것이 아니라 신출 묘책으로 만들어진다고 했던가

때로는 역사를 정의하는 선과 악의 한계가 모호할 때도 있다. 압구정狎鷗亭 한명회韓明澮(1415~1487). 그가 세상을 떠난 지 530여 년이 넘었건만 아직까지도 그의 행적을 평가하면서는 격론이 벌어진다. 조선왕조 500년 역사를 통틀어 가장 걸출한 사나이인가, 아니면 피도 눈물도 없는 냉혹한 승부사인가

한명회는 출생부터가 극적이다. 어머니 여주 이씨가 수태 7개월 만에 조산했는데 몸 전체가 온전치 못하고 병약해 양육을 포기했다. 집안의 여종 하나가 울며불며 "내가 키우겠다"고 나서 미음을 짜 먹이며 지성으로 보살폈다. 넉 달이 지나서야 겨우 배냇웃음을 지으며 안아 볼 수 있는 아이로 자라 사람 모습을 갖추게 되었다.

성장기의 안 좋은 추억은 어른이 되어서도 골수에 남는 법이다. 약골로 태어난 한명회는 어릴 적부터 동네 아이들의 놀림감이었다. '칠삭

둥이'라고 추근대며 까닭 없이 집적거리고 왕따시켰다. 어머니를 일찍 여의고 사헌부 감찰을 지내던 아버지(한기)마저 세상을 떠나자 더욱 불우한 처지가 되고 말았다.

성장해서는 관운마저 박복했다. 일찍이 글을 읽어 성취한 바는 있었으나 과거와는 인연이 없어 응시하는 대로 낙방했다. 집현전 교리로 있는 절친한 죽마고우 권람(1416~1465)에게 공밥·공술 신세를 지며 세상 돌아가는 판세를 예의 주시했다. 38세 되던 해(문종 2년 · 1452) 비로소 음보蔭補(조상의 벼슬 덕에 특채되는 관직)로 경덕궁 궁직宮直으로 나가게 되었다.

때는 바야흐로 난세였다. 성군 세종대왕의 뒤를 이어 왕위에 오른 문종이 2년 만에 승하하고 12세의 어린 단종이 등극했다. 조정 권력은 황보인, 김종서 등 노老대신 세력에게 넘어갔다. 억장이 무너진 건 용상을 넘보던 37세의 숙부(세조) 수양대군(1417~1468)이었다. 수양과 한명회의 숙명적인 만남은 이때 권람(후일 영의정)의 주선으로 이뤄졌다.

자고로 영웅은 태어나는 것이 아니라 신출한 묘책으로 만들어진다 했다. 한명회는 과거를 통한 관운에는 뒤졌으나 천하대세는 한눈으로 짚었다. 평소 자신이 거느리던 무사 홍달손 등 30여 명을 수양에게 천거해 막강한 사조직을 키워 나갔다. 그들이 마침내 정변을 일으켰다. 바로 단종 1년(1453)의 계유정난이다. 거사 전날 한명회가 수양에게 아뢰었다.

"대군마마, 권력에는 내세가 없고 신천지에는 새 질서가 따르는 법이옵니다. 사소한 온정에는 역습이 뒤따르고 후환의 근원은 잔뿌리마저 박멸해야 합니다. 사나이 한평생 두려울 게 무엇이며 못 이룰 것 또한 어디 있겠습니까. 때를 놓치면 아니 되십니다."

수양은 그대로 따랐다. 이때 한명회는 살생부를 미리 작성해 새 정권 출범에 반대하거나 장애되는 인물은 모조리 주살한 뒤 자파 세력으로 새 판을 짰다. 민심을 얻지 못한 정통성 없는 권력은 언제나 저항과 맞서야 한다.

2년 뒤 세조의 새 왕권을 무너뜨리려는 사육신 세력이 봉기한 것이다. 그러나 이때도 하늘은 세조 편이었다. 한명회가 이들을 잡아 가두고 참혹한 고문을 가해 분쇄시켰다. 계유정난과 사육신 변고로 목숨을 잃은 대소신료만도 수백 명에 이르며 가족은 멸문지화로 이어졌다. 세조는 이런 그를 '나의 장자방'이라며 죽을 때까지 변심 않고 보살폈다. 이후 그가 누린 호사와 영광은 3대 왕(세조 예종 성종)에 걸쳐 네 번의 영의정 직 제수로 대변된다. 한때(세조 12년 · 1466) 이시애가 함경도에서 반란을 일으키자 신숙주와 함께 반역을 꾀했다는 혐의로 체포됐으나 세조가 곧 석방시켰다.

한명회, 그는 인과로 얽히는 인심의 향배에도 달통했던 주도면밀한 책사였다. 후사는 못 이었지만 셋째 딸을 예종 비(상순왕후)로, 넷째 딸은 성종 비(공혜왕후)로 출가시켰다. 권람·신숙주와도 사돈이 되어 당대 어느 권력가도 넘보지 못할 인맥 기반을 공고히 다졌다. 그의 가계와 친인척 간 연결 고리는 놀랍다. 조부(한상질)가 명나라에 입조해 '조선'의 국명을 윤허 받아온 개국 1등 공신이다. 세조와 사돈 간으로 예종과 성종의 장인이 된다. 종조부(한상경 · 한상덕 · 한상환)와 친족(한확 · 인수대비) 또한 조선 초기를 풍미한 청주 한씨 문중의 주요 인물들이다. 한명회는 세조 7년 (1461) 진봉된 상당上黨 부원군 봉작으로 오늘날 청주 한씨 문중에서도

역사적 명암이 교차하는 한명회 사당 입구의 상당문

한명회, 그는 인과로 얽히는 인심의 향배에도 달통했던
주도면밀한 책사였다. 후사는 못 이었지만
셋째 딸을 예종 비로, 넷째 딸은 성종 비로 출가시켰다.
권람·신숙주와도 사돈이 되어 당대 어느 권력가도
넘보지 못할 인맥 기반을 공고히 다졌다.

손꼽히는 상당규파의 파시조가 된다.

그는 나이 들어 벼슬을 내놓고 한강 건너 경관 좋은 곳에 정자를 지은 뒤 '압구정'이라 명명하고 말년을 누렸다. 현재의 강남구 압구정동 유래가 여기서 비롯된다. 그래도 조정 권력의 향배는 여전히 그의 손 안에 있었다. 백성들은 권불십년權不十年에 화무십일홍花無十日紅이 무색하다며 뜻 모를 웃음을 지었다.

천하의 권력이나 재력도 세월 앞에 장사 있을손가. 그에게도 죽음이 임박해지자 온갖 회한이 겹쳐 왔다. '결국에는 죽고 마는 것이 인간인데 왜 그리도 많은 생목숨을 끊었던가.' '숙임을 낭한 후손들의 절전지한은 어찌 풀 것이며 과연 그들이 죽을 짓을 했던 것인가.' 한명회는 당대 신풍을 은밀히 불러 묘 자리를 미리 잡게 한 뒤 73세로 세상을 떠났다.

서울에서 태어난 한명회의 묘(충남 문화재자료 제332호)는 부인 여흥 민씨와 함께 천안시 수신면 속창리 산11-1번지의 경부고속도로 변에 있다. '천하의 책사策士' 한명회의 묘에 가서는 두 번 놀란다. 자좌오향의 정남향에 산(부인)차 연봉이 봉분을 거대한 화강암이 지사가현으로 에

정면에서 본 한명회 묘

묘비의 머리 부분

위싸고 있는 것이다. 왕릉에서도 볼 수 없는 묘제이다. 묘 앞에 문인석은 생략되고 무인석만 2장씩 있다. 무인석은 왕릉에만 세울 수 있으며 일반 묘 앞에 세우면 역모로 간주됐다.

다른 하나는 먼 주산이 직룡直龍으로 입수入首하는 신룡辛龍(서에서 북으로 15도 기움) 신辛 입수 손巽(동남향)파수破水의 도시속발지복혈逃尸速發之福穴인 것이다. 풍수비기 장규론葬揆論에 전해오는 이 혈처는 매장 후 반드시 한번은 이장하거나 파묘 당하는 무서운 혈로 대신 후손들의 영세발복을 보장받는다.

사후 18년이 지난 연산군 10년(1504), 갑자사화 때 한명회는 연산군의 생모 윤씨의 폐비사건과 관련됐다 하여 부관참시剖棺斬屍의 참화를 당했다가 훗날 신원되었다. 그러나 한명회가 누구인가. 그는 자신의 공·과를 미리 예견해 사후를 대비했다. 무연고 묘지 유골을 광중위에 묻게 하여 정작 자신은 끔찍한 부관참시를 면하게 했다는 풍수학계의 정설이다.

'하늘 아래 가장 편안'한 천안天安에 묻힌 그의 속발지복혈速發之福穴 덕분에 후손들의 영화는 끊임없이 이어지고 있다.

최충의 12대 손인 강호산인 최만리는 부정과 타협 않는
청렴한 공직자로 청백리에 녹선된 인물이기도 하다.
강원도 관찰사로 나가 있던 그를 내직으로 불러들일 만큼
세종의 신임이 두터웠던 그가 한글 창제와 반포를 극력 반대해
'역사의 죄인'으로 남은 곡절은 무엇일까.

뿌리깊은 사대주의자
강호산인 최만리

서부역 쪽에서 바라본 만리동 고개. 만리동과 공덕동을 잇는 2km의 고갯길로 최만리가 나고 자란 곳이다.

모화사상에 경도돼 훈민정음 창제 반대
언문으로 비하하며 사대부들 사용 안 해

말과 글은 다르다.

조선왕조 개국 초까지만 해도 우리 민족에게 말은 있으되 글자가 없었다. 신라시대 설총(생몰년 미상)이 집대성한 이두吏讀라는 문자가 있었으나 중국 한자의 음과 뜻을 조합해낸 불완전한 글자꼴이었다. 성군 세종(재위 1418~1450)대왕은 한韓민족에게 문자가 없다는 것이 늘 가슴 아팠다.

무지한 백성들이 조정에 억울함을 호소하고자 해도 한자와 이두를 몰라 지배층으로부터 당하기만 했다. 세종은 과거시험을 통해 선발된 명석한 학자들을 국가 연구기관인 집현전에 집중 배치하고 자신을 도와 음운音韻 연구에만 전념하도록 특별 배려했다. 그리고는 새로운 문자 창제를 강력한 국책사업으로 전개했다. 문자의 독립 없이는 중국의 종속과 간섭에서 영원히 벗어날 수 없다는 일구월심에서였다.

세종 25년(1443) 마침내 28자의 우리 글자가 만들어졌다. 세종은 '백성을 가르치는 바른 소리'라 하여 훈민정음訓民正音(국보 제70호)으로 이름 짓고 공식 반포는 미룬 채 우선 백성들이 널리 써보도록 권장했다. 새로 탄생한 우리글의 자생력과 존속 여부를 판가름 짓는 일종의 유예 기간이었다.

백성들은 자신의 생각과 말이 글자로 남아진다는 것이 신기했고, 멀리 있는 친지들한테도 서찰을 통해 뜻이 전달됨에 환호했다.

세종은 새 문자의 보급에 혼신의 힘을 다했다. 호사다마라 했던가. 이듬해(1444) 최만리崔萬理(?~1445)를 필두로 신석조, 김문, 정창손, 하위지, 조근, 송처검 등 여러 학자가 연명한 합소合疏가 올라왔다. 한결같이 훈민정음 창제의 불필요성과 무용론을 주장하는 내용이었다.

세종은 합소 서명자 다수가 자신과 함께 집현전에서 새 문자 창제에 심혈을 쏟은 학자들임에 큰 충격을 받았다. 세종은 집현전 부제학 최만리를 불러 상소 연유를 물었다. 세종은 최만리가 불교배척, 첨사원(세자에게 섭정시키는 기구) 설치 반대 등 이미 14 차례나 상소를 올린 사실을 알고 있었다.

"그대들이 음音을 써 글자를 합하는 것이 모두 옛것에 어긋난다고 했는데 설총의 이두 역시 음을 달리한 것 아니냐. 이 모두가 백성을 편안케 함이거늘 설총이 한 일은 옳다 하고 그대들의 임금이 한 일은 옳지 않다고 하는 것은 무슨 까닭이더냐."

당시 조정과 학계를 망라해도 세종을 능가하는 언어·음운학자는 없었다. 그래도 최만리는 6개 조목을 들어 훈민정음을 새로 만듦이 부당하다고 맞섰다.

①대대로 중국 문물을 본받고 섬기며 사는 처지에 한자와 이질적인 소리 글자를 만듦은 중국에 대해 부끄러운 일이다. ②한자와 다른 글자를 가진 몽골, 서하, 여진, 티베트 등은 하나같이 오랑캐들 뿐이니 새 글자를 만듦은 스스로 오랑캐가 되는 것이다. ③새 글자는 이두보다 더 비속하고 그저 쉽기만 해 중국의 높은 학문과 멀어지게 돼 우리 문화 수준을 떨어뜨린다. ④송사에서 억울함이 생김은 한자나 이두가 어려워서 아니라 관리의 자질 여부에 따른 것이니 새 글자를 만들 이유가 못 된다. ⑤문자 창제는 풍속을 크게 바꿈이니 백성과 중국에 묻고 훗날 고침이 없어야 하는데 적은 수의 무리로 졸속 추진한다. ⑥학문 수도에 정진해야 할 세자와 왕자들이 인격도야와 무관한 새 글자 만들기에 매진한다.

세종은 진노했다. 당장 최만리를 불러다 친히 국문한 다음 옥에 가두었다. 최만리가 항명하며 사직을 청한 뒤 향리로 내려가 분을 삭였다. 인재를 극진히 아꼈던 세종도 주저 없이 수리하고 새 문자 보급이란 역사적 국책사업을 미동 없이 추진했다.

강호산인江湖散人 최만리는 이듬해인 세종 27년(1445) 세상을 떠나 경기도 안성시 원곡면 지문리 산3번지 해주 최씨 문중 묘역(향토유석 제32호)에 묻혔다. 그 후로도 세종은 중국의 극력 반대와 위협에도 굴하지 않고 훈민정음 보급에 차질 없도록 대신들을 독려하며 시행착오를 수정하고 미비점을 보완했다. 세종 28년(1446) 음력 9월 상한 마침내 훈민정음이 우리 한민족의 고유 글자임을 만천하에 반포했다. 바로 한글이다.

모화慕華 사대주의로 젖어있던 당시 사대부 지식층은 새 글자를

최만리의 생가로 추정되는 손기정 체육공원. 히틀러가 마라톤 우승 기념으로 준 묘목
이 크게 자랐다.

사대주의로 젖어있던 당시 사대부 지식층은
새 글자를 언문이라 비하하며 일부러 사용하지 않았다.
오히려 최만리가 태어난 숭례문 밖 고개를 만리현
또는 만리재라 고쳐 부르며 그를 추모했다.

언문諺文(상말 글)이라 비하하며 일부러 사용하지 않았다. 오히려 최만리가 태어난 숭례문 밖 고개를 만리현萬里峴 또는 만리재라 고쳐 부르며 그를 추모했다. 그의 생가는 오늘날 손기정 체육공원(서울시 중구 만리동 2가 6번지 1호)이 들어선 옛 양정고등학교 자리 부근으로 추정되고 있다.

강원도 관찰사(세종 26년)로 나가 있던 그를 내직으로 불러들일 만큼 세종의 신임이 두터웠던 그가 한글 창제와 반포를 극력 반대해 '역사의 죄인'으로 남은 곡절은 무엇일까. 일부 사학계에서는 중국 사대사상에 일방적으로 경도된 당시의 문화사조에서 연유를 찾기도 한다.

최만리가 나고 자란 만리동은 수도 서울의 안산(남산)을 우백호로 환포하며 풍수적으로 중요한 의미를 갖는다. 조선 개국 초 무학국사와 정도전은 왕실 정궁인 경복궁의 위치 선정을 놓고 의견을 달리했다. 무학은 우람한 북현무와 좌청룡·우백호가 균형 있게 호종하는 현 사직단 좌측에 앉히려 했고, 정도전은 현재 경복궁 터를 고수했다. 막내 방석을

월계수(대왕참나무) 내력을 새겨 놓은 표서

세자로 책봉한 태조 이성계, 왕위에 욕망을 불태우던 5남 이방원도 차자次子가 운기를 받는 정도전의 택지에 낙점했다. 이후 서울의 물형 풍수 해석은 크게 달라지고 말았다.

무악재의 지맥으로 아현동을 기복하며 만리동 고개→효창공원을 지나 마포 한강 변(마포 전철역 뒤)에 벼랑으로 멈춰서는 이 용맥은 서울의 서부 대간大幹을 타고 흐른다. 삼남에서 올라온 사람들이 남대문으로 들어가기 전 이곳에 머물러 물산이 번성했음은 우백호가 여자와 재물을 상징함과 무관치 않다. 마포동 끝 지점의 우백호가 남산을 등 돌려 반골 기질 인물들이 득세하는 물형이다. 한강의 궁현수弓弦水가 역세로 휘어졌기 때문이다.

조선시대는 중구 만리동과 마포구 공덕동을 잇는 만리동 고개를 사이에 두고 양편 주민들이 격렬한 투석 편싸움을 벌여 다수의 사람들이 다치거나 죽기까지 했다. 일제 강점기는 현 마포아파트 자리에 형무소가 있어 독립운동가를 면회 가는 어머니나 아낙들에겐 만 리보다 더 멀었던 고개이기도 했다.

최만리 생가로 추정되는 손기정 체육공원 안에는 손기정 선수의 족적이 곳곳에 뚜렷하다. 1931년 제11회 베를린 올림픽 마라톤에서 우승한 손 선수가 히틀러로부터 부상으로 받은 '월계수'(서울시기념물 제5호)를 모교에 심었는데 크게 자랐다. 그러나 안타깝게도 이 나무는 한국 식물학자들에 의해 월계수가 아닌 대왕참나무인 것으로 밝혀졌다. 대왕참나무는 북미 원산으로 '오크'로도 불린다. 희대의 전쟁광狂 히틀러는 부상으로 주는 나무조차 속였다.

조선 초기 유학자로 언어학자인 동시에 정치가였던 정창손.
종묘배향 공신으로 제9대 성종 묘정에
배향된 시호는 충정이다. 그는 86년을 살며 일인지하
만인지상이라는 영의정만 세 번 역임했다.

승자 편에 선 유학자
효증 정창손

경기도 양평의 '9정승 골'에 있는 정창
손 묘. 사위 김질과 함께 사육신 거사
를 고변해 역사의 물꼬를 돌려 놓았다.

역사의 격변기마다 승자 편에 섰으나
파란만장한 일생은 영욕이 교차하니

군왕이 통치하던 봉건 군주사회에서 벼슬길에 나선다는 건 목숨을 담보하는 일이기도 했다. 한순간의 판단 잘못으로 자신과 더불어 집안까지 몰락하는가 하면, 선택의 기로에서 승자 편에 가담해 당대 부귀영화는 물론 자손까지 번창하는 인물도 있다. 그러나 이들에 대한 후일의 역사적 평가는 의외로 가혹하다. 때로는 수백 년 전 조상의 행실이 연좌로 이어져 후손들이 그 멍에를 뒤집어쓰기도 한다. 더욱이 기록으로 남아지는 역사 앞에서는 어느 누구도 어쩌지 못한다.

조선 초기 유학자로 언어학자인 동시에 정치가였던 정창손鄭昌孫(1402~1487)이 종묘배향 공신으로 제9대 성종 묘정에 배향된 시호는 충정忠貞이다. 효중孝仲을 자字(본명 대신 부르던 이름)로 썼던 그는 86년을 살며 일인지하一人之下 만인지상萬人之上이라는 영의정만 세 번 역임했다. 역사의 격변기마다 효중은 언제나 승자 편에 서는 선택의 성공을 통해 당대의 중심인물로 우뚝 섰다.

파란만장했던 효중의 일생은 죽어서까지 편치 못해 영욕이 교차했다. 세종 5년 사마시를 거쳐 집현전 읍교가 된 그는 세종 26년(1444) 훈민정음 제정을 극구 반대하며 그 부당성을 임금에게 아뢰었다. 할아버지 정부(한성부윤), 아버지 정흠지(중추원사)가 높은 관직을 지낸 동래 정씨의 뿌리 깊은 유학자 가문이었다.

"전하, 지금껏 백성들이 문자를 모르고 교육을 받지 못해 비루한 짓거리를 해온 것이 아닙니다. 자고로 성인군자는 타고나는 것인지라 무지렁이 백성들에게《삼강행실도》를 번역해 주면서 교육해봤자 아무 소용이 없습니다. 사람의 천품은 교육으로 고쳐질 수 있는 것이 아니니 훈민정음 창제를 거두어 주소서."

시립한 대신들의 복심은 각기 달랐다. 꾸준히 학문을 연마하고 열심히 수양하면 누구라도 군자가 될 수 있다는 게 유학의 가르침인데 효중의 논리대로라면 군자의 종자가 따로 있다는 것 아닌가. 유학의 최고 성인으로 일컫는 공자가《논어》에서 유교무류有教無類(가르치는데 특정 부류란 없다)를 설하며 건달 출신의 자로와 빈민 태생이던 안회를 제자로 삼은 뜻은 무엇인가. 유학자로 벼슬하고 일생을 살면서 저런 말을 해도 되는가. 평소 인자한 성품으로 화를 잘 안 내는 세종이 격노했다.

"네 이놈! 감히 어디서 과인의 백성을 능멸하느냐? 백성의 천품이 가르침으로 교화될 수 없다면 네 놈이 정치는 왜 해. 단지 백성 위에 군림하면서 권세를 누리기 위함인가! 아무짝에도 쓸모가 없는 용속庸俗(사람됨이 못되고 속된 것)한 선비로다."

세종은 훈민정음 창제를 함께 반대하던 최만리 신석조는 의금부에

정창손 묘역 아래에 있는 동래 정씨 사당과 재실

사육신을 비롯한 수많은 신료들이 거열형으로 죽고
유배 길을 떠났다. 같은 날 정창손은 좌익공신 3등에서
2등으로 승품되고 보국숭록대부가 더해졌다.
부원군으로 진봉된 후 나중에 대제학 겸 우의정에 올랐다.
사육신을 고변한 인물로 역사적 평가에서 자유롭지 못한
효중 정창손의 심사는 어떠할까 싶다.

투옥하고 정창손은 파직시켰다.

　그래도 세종대왕은 이들을 풀어주고 복직시켜 다시 벼슬을 내렸다. 정창손은 기회 있을 때마다 왕실의 불교 숭상을 반대하는 상소를 끈질기게 올렸다. 집현전 집의 시절에는 임금이 불경을 간행하려 하자 강력히 반발하고 나섰다가 다시 좌천되었다. 그러나 세종은 정창손의 강직함과 학문을 아껴 그의 말을 듣지 않으면서도 요직에 배치해《고려사》《세종실록》《치평요람》등을 편찬케 했다.

　문종이 즉위(1451)하면서는 우부승지를 거쳐 대제학, 병조판서를 지냈는데 조정 관원들로부터 "남달리 깨끗하며 절조를 잘 지키고 자신의 산업産業을 일삼지 않는다"는 찬사를 받았다. 제6대 난종이 즉위(1453)하면서는 이조판서 직에 올랐다.

　이처럼 세 왕조에 걸쳐 요직을 이어오던 정창손이 역사적 평가의 분수계分水界에 서는 건 제7대 세조가 등극하면서 부터다. 계유정난을 일으켜 어린 조카 단종을 죽이고 왕위를 찬탈(1455)한 세조는 말없이 협조하는 정창손을 우찬성 겸 좌익공신 3등과 봉원군에 봉했다.

　세조 2년 성삼문 박팽년 이개 하위지 유성원 유응부(이상 사육신) 김질과 단종의 외삼촌이었던 권자신 등은 세조를 시해하고 단종을 복위키로 결의했다. 한명회(세조 묘정 배향공신)의 지략으로 거사가 연기되자 김질金礩(1422~1478)은 덜컥 겁이 났다.

　김질은 정창손의 사위로 성균관 정4품 관직인 사예司藝 벼슬을 하고 있었다. 수년 전 계유정난(1453)의 참상을 잘 알고 있는 김질은 동지들을 배신하고 이 사실을 정창손에게 일러 바쳤다. 계유정난은 수양대군 한명회 권람 홍달손 등이 황보인 김종서 등 수십 명의 대신들을 무참히 살해하고 왕권을 강탈한 왕실 전복사건이다. 급보를 접한 정창손은 한명회와 논의한 뒤 곧바로 세조에게 고변했다. 이리하여 조선 초기 역사의 축軸은 급변하고 말았다.

관련자들을 추포追捕한 이튿날의 국문장에는 세조가 직접 나서 고문했다. 김질과의 대질 심문에서 성삼문은 "김질이 고변한 것은 모두 사실이오. 상왕께서 춘추가 한창 젊으신데 물러나셨소이다. 왕위를 다시 복위하려 함은 신하로서 마땅한 도리인데 더 이상 무엇을 물으시오?"

격분한 세조는 긴 쇠꼬챙이를 벌겋게 달궈 성삼문의 허벅지를 뚫어버렸고 그의 어깨는 쇠로 지져 뜯어냈다. 김질→정창손의 단종 복위 고변으로 세조는 반정 세력을 완전 소탕한 뒤 무자비한 무단 공포 정치로 왕권을 유지했다.

사육신을 비롯한 수많은 신료들은 거열형車裂刑으로 죽어가고 유배길을 떠났다. 같은 날 정창손은 좌익공신 3등에서 2등으로 승품되고 보국숭록대부가 더해졌다. 부원군으로 진봉된 후 나중에 대제학 겸 우의정에 올랐다. 사위 김질도 좌익공신 3등에 추봉되고 공조, 형조판서, 우참찬을 거쳐 우의정, 좌의정까지 올랐다.

성종 때 김질은 한명회, 신숙주(성종 묘정 배향공신) 등과 원상院相(어린 왕을 보살피는 원로 재상) 세력을 형성했다. 어느 날 생육신 김시습이 길을 가다 정창손을 만났다. 일부러 똥구덩이에 들어가 그를 향해 외쳤다. "무엇이 옳은가?" 그는 아무 대꾸 없이 지나쳤다.

정창손은 예종 1년(1469) 남이와 강순의 옥사를 잘 다스려 익대공신 3등이 보태졌다. 미래를 예단하는 혜안도 뛰어나 세조의 죽은 맏아들 의경세자(인수대비 남편)를 덕종德宗으로 추존하는 데 적극 앞장서 인수

묘역 아래 비각 안에 있는 정창손 신도비

대비(성종의 생모)의 마음을 사로잡았다. 또 다른 생육신 남효온이 세조에 의해 폐위된 현덕왕후 권씨(단종의 생모)의 복위를 주청하자 정창손은 단호히 반대했다. 그는 현덕왕후 폐출에 앞장서 참여한 바 있고 세조의 후손이 왕위를 잇고 있는 조정에 크나큰 불충으로 여겼기 때문이다. 중종 8년(1513) 현덕왕후가 문종과 동원이강릉(묘역은 같으나 서로 다른 용맥에 쓴 능)으로 복위되면서 정창손은 여론의 호된 질타를 받았다.

성종 6년(1475) 영의정에 재임된 후 여러 번 치사致仕(나이가 많아 벼슬을 사양하고 물러나는 것)를 주청했으나 반려되고 10년 뒤인 성종 16년 세 번째 영의정에 제수됐다. 그의 나이 84세였다. 결국 1년 만에 사직하고 2년 후 86세로 세상을 떠났다.

성종의 뒤를 이어 혼군昏君 연산군이 왕위에 오르며 정창손의 명예와 문중은 치명상을 입는다. 연산군 10년(1504) 갑자사화를 일으킨 연산군은 자신의 생모 윤씨를 폐비시키는데 참여한 12명의 대신들을 '12간신'으로 몰아 모조리 부관참시했다. 정창손 윤필상 한명회 한치형 어세겸 심회 이파 김승경 이세좌 권주 이극균 성준이다. 부관참시剖棺斬屍는 죽은 죄인의 묘를 파내 관을 쪼개고 목을 다시 베는 극형이다.

연산군의 이복동생 중종이 등극(1506)하며 죄가 풀리고 청백리에 녹선되었으나 경기도 광주군 방제동에 있던 그의 묘는 폐허가 되고 묘비와 신도비도 파손된 뒤였다.

조정과 문중에서는 최고의 예를 갖춰 묘를 복원했지만 466년이 지난 1970년 또 한 번의 시련을 겪게 된다. 도시계획으로 인해 현재의 경기도 양평군 부용리 산37-1번지로 이장하면서 따로 있던 부인 묘와 합장하게 되었지만 원형이 많이 훼손됐다. 효중의 평생 업적을 기록한 신도비는 그의 제자 서거정이 글을 지어 성종 19년(1489) 세운 것이나 부관참시 당시 파손됐다. 한준겸이 다시 써 인조 원년(1623)에 세운 것을 옮겨 온 것이다, 경기도 문화제지료 제85호로 지정돼 있다.

갑좌(동에서 북으로 15도) 경향(서에서 남으로 15도)의 효중 묘는 크고 작은 벼슬을 한 후손들과 함께 용사돼 있으며 맨 위쪽의 꿈틀대는 용맥을 타고 있다. 본디 갑좌 명당은 몸(봉분)이 낮고 좌청룡, 우백호가 높은 곳이 본혈本穴인데 행룡에 점혈하다 보니 당판이 높아졌다. 남주작 겸 안산이 다소 멀긴 하나 수형체水形體로 완만히 흐른다.

가까이선 산 꿩이 움츠리고 쪽빛 하늘에 기러기가 날으니 입동 지난 산천이 적요寂寥롭기만 하다. 사육신을 고변한 인물로 역사적 평가에서 자유롭지 못한 효중 정창손의 심사는 어떠할까 싶다.

  이곳 양평군 부용리와 목왕리 일대는 여러 명의 정승 유택이 자리하고 있어 '9정승 골'로 불린다. 조선 개국공신 김사형(김질의 증조부)을 비롯해 이준경(선조 묘정 배향공신) 이덕형과 구한 말까지의 고관대작 묘가 다수 있다.

  주민들은 "아홉 명의 정승이라기보다는 정승이 묻힐 명당이 더 남아있다"는 뜻으로 받아들이고 있다.

임사홍의 관운은 타인을 시기하면서부터 어긋났다.
성종 8년 간신 유자광과 공모해 서원군의 사위 현석규를
탄핵한 것이 모함으로 들통나 둘 다 유배되면서
권력에서 소외되고 말았다. 이들은 자신보다 더 나은 인재가 있으면
반드시 모함했고 분란을 일으켜 국정을 어지럽혔다.

연산군의 난신 적자
이의 임사홍

숲속의 얕은 둔덕에 자리한 간신 임사
홍 묘. 잡목을 헤치고 찍은 현장이다.
묘역 왼쪽 용맥에는 아버지 임원준의
묘가 자리하고 있다.

모함과 분란으로 국정을 어지럽힌 간신 모리배의 말로는 비참했으니

역사적 인물에 대한 평가는 기록으로 전하는 당사자의 행적을 근거로 할 수 밖에 없다. 현존하는 어느 누구도 당대의 그 인물과 동시대를 산 사람은 없기 때문이다.

고대 삼국은 《삼국사기》가 있으며 고려, 조선에는 《왕조실록》이 존재하고 이를 바탕으로 현재에는 인물사전이 편찬돼 있다. 사학자들에 의해 쓰여진 역대 인물사는 오늘을 사는 우리에게 커다란 경책과 울림이 되기도 한다.

이의而毅 임사홍任士洪(1445~1506)은 조선 제10대 임금 연산군(1476~1506) 때의 난신 적자다. 사우당四友堂 임원준(1423~1500)은 그의 아버지고, 풍원위尉(임금의 사위) 임숭재(?~1505)는 그의 넷째 아들이다. 이들 조손祖孫 3대에 관한 사서의 기록은 충격적이다.

• 풍수와 의복醫卜에 통달했던 사우당은 종1품 좌찬성(현 부총리급)을 지낸 세조·성종 때 권신이었는데 성품이 교활하고 간사한 데다 모함을 잘해 국사를 그르쳤다.

• 이의는 사화를 일으켜 무고한 선비를 죽이고 연산군의 악행과 패륜적 만행을 부추긴 간신이다.

• 풍원위는 성질이 음흉하고 간사하기가 아비보다 더 했으며 충신을 추방하고 남의 첩을 빼앗아 연산군에게 바친 조선 중기의 간신이다.

사학계서는 당대 권력을 장악했던 이의 3대가 사심 없이 국가에 충성을 다했으면 조선 초기의 사회 발전이 큰 진전을 이뤘을 것이라며 아쉬워하고 있다.

본관이 풍천豊川인 임사홍은 효령대군(태종의 둘째 아들)의 셋째 아들 보성군 사위로 일찌감치 왕실의 척신이 됐다. 이의는 4남 2녀를 두었는데 첫째 아들 광재는 현숙공주(제8대 예종의 딸)의 남편으로 풍천위가 되었고 넷째 아들 숭재도 휘숙옹주(제9대 성종의 서녀)한테 장가를 가 풍원위가 되는 경사가 겹쳤다. 중종 때 영의정으로 사화를 일으켜 후일 관작을 삭탈당한 남곤(1471~1527)도 임사홍의 외사촌 동생이다.

임사홍의 관운은 타인을 시기하면서부터 어긋났다. 성종 8년(1477) 간신 유자광(?~1512)과 공모해 서원군(효령대군 둘째 아들) 사위 현석규를 탄핵한 것이 모함으로 들통나 둘 다 유배되면서 권력에서 소외되고 말았다. 이들은 자신보다 더 나은 인재가 있으면 반드시 모함했고 분란을 일으켜 국정을 어지럽혔다.

성종 재위기간(1469~1494) 내내 절치부심하던 이들 모리배들에게

임사홍의 아버지 임원준 묘. 사신사를 고루 갖춘 명당으로 명성왕후 생가 근처에 있다.

못된 짓은 자주 할수록 심도가 깊어지는 법이다.
극에 달한 주색잡기에도 연산군은 곧 싫증을 냈다.
임사홍이 마침내 연산군의 뇌관을 터뜨렸다.
생모 폐비 윤씨가 사사 당한 내막을 신수근과 짜고
밀고해 갑자사화를 일으켰다.

도 때가 왔다. 희대의 폭군 연산군이 19세로 등극하던 해 임사홍은 50세였다. 연산군은 학문적 성취를 이룬 사림파들을 기피했다. 어린 임금의 이런 자질을 충동질해 유자광이 일으킨 것이 연산군 4년(1498)의 무오사화다. 눈엣가시 같던 김종직 김일손 등 사림파가 제거되자 연산군은 안하무인이 됐다.

임사홍과 임숭재 부자도 기고만장했다. 각각 채홍사와 채홍준사가되어 전국 부녀자와 준마를 빼앗아 임금께 진상하며 온갖 아첨을 다했다. 못된 짓은 자주 할수록 심도가 깊어지는 법이다. 극에 달한 주색잡기에도 연산군은 곧 싫증을 냈다. 임사홍이 마침내 연산군의 뇌관을 터뜨렸다. 생모 폐비 윤씨가 사사 당한 내막을 신수근(연산군 처남)과 짜고밀고해 갑자사화(연산군 10년 1504)를 일으켰다.

성종이 승하하며 앞으로 100년 동안 거론치 말라고 신신당부한 유명遺命을 어긴 것이다. 또다시 수많은 사림파와 당시 연루자들이 아까운목숨을 잃었다. 심지어 이미 죽은 김종직 한명회 한치인 등 권신들의 시신까지 들어내 부관참시했고 임사홍의 셋째 아들 임희재(1472~1504)도 김종직 문하생이란 이유로 참형 당했다.

아들 희재가 죽임을 당하던 날 임사홍은 평일과 다름없이 그의 집에서 연회를 베풀고 술과 고기를 먹으며 풍악을 울렸다. 연산군이 내시를 시켜 이 광경을 엿보고는 임사홍에 대한 신임과 은총을 더했다. 이후 "임사홍의 비위에 거슬리면 살아남을 자가 없어 대신들은 승냥이나 이리보다 더 무서워했다"고 사서는 기록하고 있다.

역사에 영원한 비밀이란 있을 수 없으며 변하지 않는 것 또한 없다고 어진 이들은 일러 왔다. 성난 민심은 망종들의 그릇된 통치를 좌시하

묘역 뒤의 바위 용골맥에 구멍이 나 있다.

지 않았다.

연산군 12년(1506) 9월 2일 밤 중종반정으로 혼군昏君 왕정은 몰락하고 새 임금이 용상에 올랐다. 악에 받친 반정군은 맨 먼저 도망치는 임사홍과 아우 임사영을 붙잡아 몽둥이로 격살하고 시신을 훼손했다. 반정군은 또 이미 죽은 임원준의 시신을 꺼내 추살하고 시호를 비롯한 모든 관직을 추삭追削했다. 승자의 기록으로 남아지는 게 역사지만 사우당은 아들 이의를 잘못 둬 역사의 죄인이 되고 말았다.

임사홍 조손 3대의 무덤(향토유적 제13호)은 경기도 여주군 여주읍 능현리 산 25-5번지에 있다. 명성황후 민씨(고종 왕비) 생가의 좌청룡에 해당하는 황학산의 내룡맥이다.

묘 자리의 명당 여부 판정을 위해서는 매장된 인물의 역사를 아는 것도 중요 관건이다. 자좌오향(정남향)의 임원준 묘터는 임사홍 권력이 하늘을 찌를 때 당시 신풍을 동원해 점지한 명당이다. 풍수 전문용어이긴 하나 해룡(서북향)으로 굴절 기복한 계축룡(동북향)이 좌선회하면서 우수좌도右水左倒한 당판에 병오(남향)득수, 을진(동남향)파수라면 누구나 수긍하는 명당 혈처다. 묘 뒤의 용맥에는 바위로 내려온 용골맥이 우렁차며 내·외청룡과 내·외백호가 첩첩이다.

사우당 묘 내백호 끝자락에 자좌오향(정남향)으로 용사된 임사홍 묘는 눈여겨보지 않으면 찾지 못할 정도로 잡초가 우거진 숲속의 얕은 둔덕에 있다. 1997년 15대 후손이 세운 묘비도 잡목을 헤쳐야 겨우 비문을 판독할 수 있다. 이 자리선 명당을 운위함이 부질없다. 임숭재 묘도 여주읍 능현리에 있다.

제15호 태풍 '볼라벤'이 할퀴고 간 조손 3대의 무덤가엔 무성한 잡초가 키를 넘겨 세월의 장탄식만 무섭게 내뱉고 있다. 임원준→임사홍→임숭재의 3대 권신이 역사 앞에 드리우는 교훈은 무엇인가.

임꺽정은 단시일 내 군소 산적 무리를 소탕해 자신의 휘하로
천하통일 시킨 뒤 고석정 건너편에 석성을 쌓고 두령 자리에
올랐다. 이들은 황해도 구월산까지 진출해 세력을 키운 뒤
평안·함경·경기·강원 5도를 넘나들며 관가를 유린했다.
조정에선 이들을 잡기 위해 혈안이 되었으나
워낙 날쌔고 용맹스러워 속수무책이었다.

관가를 습격한 3대 도적
백정 임꺽정

임꺽정의 활동 무대였던 철원 고석정. 관군이 들이닥치면 꺽지로 둔갑해 임꺽정이 탈출한 곳이다. 화강 암반의 이 일대는 기가 센 산악풍수의 대표적 물형이다.

신출귀몰한 둔갑술로 인근 도적떼를 평정
의적으로 불리며 두령 자리 올라 관가 습격

조선 중기 제13대 명종 임금 재위(1545~1567) 시는 국가 권력의 횡포와 관리들 간 부정부패가 극에 달했던 때다. 희대의 악후惡后 문정왕후(1501~1565)가 아들(명종) 대신 왕권을 휘두르며 전횡을 일삼았다. 조정은 대윤파(윤임)와 소윤파(윤원형)로 갈려 어진 선비를 모함해 함부로 처형하거나 삭탈관직하는 게 일상사였다. 윤임과 윤원형은 명종의 외척으로 문정왕후와는 혈육지간이었다.

지배 권력층이 이 지경인데 백성들과 직접 면대하는 하부 관리들은 어떠했겠는가. 그들은 권력 실세들과 연줄이 닿는 상전들만 믿고 온갖 토색질과 가렴주구로 불쌍한 양민들을 초근목피 연명조차 어렵게 했다. 팔도의 민초들은 차라리 무슨 변고라도 생겨 세상이 뒤집어지길 고대했다. 어차피 이래 죽으나 저래 죽으나 죽기는 마찬가지였기 때문이다.

임꺽정(?~1562)은 이 시기에 경기도 양주 고을의 백정 아들로 태어났다. 백정白丁은 소, 돼지, 개 등을 잡는 도축인으로 당시 양반, 상놈의 숨 막히는 신분 사회에서 사람 취급조차 않던 천민 중 천민 계급이었다. 마을 사람들은 6척 장신의 육중한 기골에 거침없는 담력을 타고난 그를 임거정林巨正, 또는 임거질정林巨叱正이라 불렀다. 싸움판에서 부아가 나면 웬만한 황소 한 마리는 너끈히 들쳐 메고 내동댕이쳤다.

철이 나면서 임꺽정은 깊은 의구심에 빠졌다.

'왜 하필 백정의 아들로 태어나 출세는커녕 기 한번 못 펴보고 살아야 하는가.' '개·돼지를 날 새워 잡으나 고기 한 점 못 먹고 끼니조차 간데 없으니 이 무슨 팔자인가.'

어느덧 장정이 된 그의 소원은 고깃국에 쌀밥 한 번 실컷 먹어보는 것이었다. 혈기왕성한 임꺽정에게 멸시천대보다 참기 힘든 건 배고픔이었다. 굶주림을 견디지 못한 임꺽정은 동네 부랑배들과 휩쓸려 좀 도둑질을 서슴지 않았다. 남의 집 논밭에 가 몰래 볏단을 훑고 채소를 훔쳐다 어머니를 연명시켰다. 세 살 버릇 여든 가고 좀도둑이 소도둑 된다 했다. 그는 점점 대담해졌다. 동네 악동들과 짜고 고관대작의 부잣집만 골라 털기 시작했다.

성과는 예상 밖이었다. 권세가들의 집엔 없는 게 없었다. 곳간에는 쌀과 고기로 넘쳐났고 장롱 속에는 생전 보지도 듣지도 못한 진귀한 보석들로 가득했다. 이들은 힘 안 들이고도 잘 살 수 있는 길을 찾았다고 낄낄대며 웃었다. 그러나 꼬리가 길면 잡히고 밤말은 쥐가 듣고 낮말은 새가 듣는 법. 마침내 "백정 놈의 자식이 도적질을 일삼는다"고 관가에까지 탄로 났다. 백정 하나 죽이는 건 사형私刑으로도 묵인되던 때다. 잡

북한이 놓다만 다리를 수복 후 완공한 승일교. 철원은 군사요충지로 자주 찾는 안보 유적지다.

임꺽정은 뇌물의 생리와 위력을 누구보다도 잘 알았다.
완력으로 뺏은 진상품과 보석, 식량을 지방 아전들에게
듬뿍 안겼다. 뇌물에 취한 이들이 체포 정보를 미리 넘겨
도적 떼가 도망치도록 도왔다. 어느덧 임꺽정은
도적이 아닌 의적으로 불리게 되었다.

히는 날엔 오직 죽음뿐이었다.

악동 무리는 아예 집을 뛰쳐 나왔다. 도적이 은신하는 데야 험준한 산악이 최적지였다. 그들은 양주에서 멀지 않은 강원도 철원지역 고석정孤石亭(철원군 동송읍 장홍리)으로 숨어들었다. 신분 차별에 절망하고 기아와 노역에 시달리던 천민들이 사방에서 몰려들었다. 일찍부터 이곳은 함경도에서 조공품을 싣고 조정으로 가는 길목으로 산적 떼가 들끓는 곳이었다.

임꺽정은 단시일 내 군소 산적 무리를 소탕해 자신의 휘하로 천하통일 시킨 뒤 고석정 건너편에 석성을 쌓고 두령頭領 자리에 올랐다. 이들은 황해도 구월산까지 진출해 세력을 키운 뒤 평안·함경·경기·강원 5도를 넘나들며 관가를 유린했다. 조정에선 이들을 잡기 위해 혈안이 되었으나 워낙 날쌔고 용맹스러워 속수무책이었다.

임꺽정은 신출귀몰했다. 고석정에 은신한 그를 생포하려고 관졸들이 포위하면 갑자기 꺽지로 둔갑해 한탄강 깊은 물속으로 숨었다가 탈출했다. 꺽지는 쏘가리와 비슷한 회색빛 민물고기로 그가 변신할 때마다 사람들은 '꺽정이'라 불렀다. 임꺽정은 뇌물의 생리와 위력을 누구보다도 잘 알았다. 완력으로 뺏은 진상품과 보석, 식량을 지방 아전들에게 듬뿍 안겼다. 뇌물에 취한 이들이 체포 정보를 미리 넘겨 도적 떼가 도망치도록 도왔다. 어느덧 임꺽정은 도적이 아닌 의적義賊으로 불리게 되었다.

의적이 된 그는 토벌하러 나온 관군을 닥치는 대로 죽였다. 관가 털이가 여의치 않을 때는 마을을 습격해 양반들을 해치고 노략질도 서슴지 않았다. 벼슬아치를 사칭하고 현감 친척을 가장해 관아를 출입하며

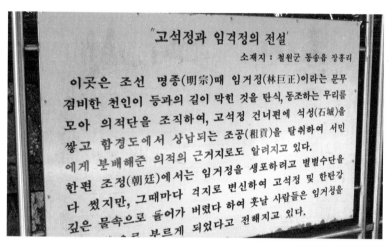

"고석정과 임거정의 전설"

소재지 : 철원군 동송읍 장흥리

이곳은 조선 명종(明宗)때 임거정(林巨正)이라는 문무 겸비한 천인이 등과의 길이 막힌 것을 탄식, 동조하는 무리를 모아 의적단을 조직하여, 고석정 건너편에 석성(石城)을 쌓고 함경도에서 상납되는 조공(租貢)을 탈취하여 서민에게 분배해준 의적의 근거지로도 알려지고 있다. 한편 조정(朝廷)에서는 임거정을 생포하려고 별별수단을 다 썼지만, 그때마다 겨지로 변신하여 고석정 및 한탄강 깊은 물속으로 둘어가 버렸다 하여 훗날 사람들은 임거정을 □□ 부르게 되었다고 전해지고 있다.

임꺽정이 활동 무대로 삼은 철원의 고석정 안내판

정보를 빼냈다.

과욕은 언제나 화를 부르기 마련이다. 기고만장한 임꺽정이 서울까지 진출해 관군과 접전을 벌였다. 이때 그의 마누라와 1급 참모 서림이 생포되면서 작전계획과 기밀이 누설되고 말았다. 명종 17년(1562) 1월 서림의 밀고로 생포되었다. 모진 고문 끝에 목 베어 효수되니 가출해 도적질하며 의석 행세한 지 3년 만이었다. 조정에서는 임꺽정의 친가·처가는 붇본 따르던 무리들까지 멸족시켰다.

홍길동, 장길산과 더불어 조선의 3대 도적으로 지칭되는 임꺽정의 죽음이 던진 사회적 파장은 컸다. 실록에 조차 "재상이 멋대로 욕심을 채우고 수령이 백성의 고혈을 짜내니 잠시라도 목숨을 잇고자 도둑이 되었다. 이 모두가 조정의 잘못이지 그들의 죄가 아니다"고 기록했다. 일개 난적의 준동으로 공권력이 마비된 권력의 무능을 지켜보며 동시대를 산 주리철학의 선구자 회암 이언적(1491~1553)과 성리학의 거두

퇴계 이황(1501~1570)은 크게 낙심했다.

임꺽정은 고향 양주를 두고 왜 철원 고석정(강원도기념물 제8호)을 활동 무대로 삼았을까. 철원은 예로부터 후고구려(태봉) 왕 궁예가 도읍지로 정했던 천혜의 전략 거점지다. 산악지대로 이뤄진 강원도에서는 드물게 비옥한 철원평야가 군량미를 공급하고 도처에 우뚝 솟은 화강암 바위에는 정기가 넘쳐난다. 이런 산세에서는 무장들이 왕성한 운기를 받는다. 풍수에서 화강암석은 지기地氣가 뭉친 응결석으로 묘 뒤의 입수入首 지점이나 묘 앞 순전脣前에 위치하면 커다란 길격으로 해석한다. 이런 연유로 옛 선승이나 도인들은 기가 센 암반 위에 앉아 오도삼매경에 들기도 했다.

철원이 군사 요충지이긴 예나 지금이나 마찬가지다. 6·25 한국전쟁 당시 노동당사로 썼던 건물이 철원읍 사요리에 현재까지 전한다. 김일성은 휴전으로 철원 곡창지대를 빼앗기자 크게 상심했다고 한다. 갈말읍 내대리와 동송읍 장흥리를 잇는 승일교(등록문화재 제26호)는 우리 민족사의 비극을 안고 있는 다리다. 북한 정권이 1948년 공사를 시작했다가 6·25로 중단된 뒤 수복 후 우리 정부가 완공(1958)하며 승일교로 명명한 것이다. 일설에는 이승만 대통령의 승承자와 김일성의 일日자를 땄다고도 전해진다. 1999년 11월 8일 바로 옆에 한탄대교가 준공되어 현재는 차량통행이 금지됐다.

한탄漢灘강의 절경을 찾은 옛 시인 묵객들은 석양 노을에 반짝이는 강 물결이 너무 아름답고 눈물겨워 한탄恨歎강으로도 불렀다고 한다. 삼부연 폭포의 낙차 소리와 함께 대표적 안보유적지로 각광받고 있음은 철원의 옛 역사를 감안할 때 결코 우연만은 아니다.

허균은 자신의 이상을 현실 속에 실현시키고자 했다.
지방으로 부임할 때 서울 기생을 데리고 가 살림을 차리는가 하면
절에 가 참선하고 불공도 드렸다. 신분적 한계로 불우한 삶을 살던
서자들과도 교류했다. 지나친 것은 차라리 부족함만 못해
당시 사회로선 경악할 만한 이단 행보였다.

1968년 이장된 양천 허씨 묘역. 왼쪽부터 허성 허봉 허균의 3형제로 모두 대문장가였다. 허난설헌의 시비도 인근에 있다.

천재성을 타고난 당대의 반골 재사로
이상 못 펼치고 대역죄인 돼 생을 마감

자고로 '소도 언덕이 있어야 비벼낼 수 있다'고 했다. 세상을 살아가며 기댈 곳이나 믿는 구석이 있어야 능히 처신할 수 있다는 자조 섞인 은 유다. 또 무불통지無不通知로 아는 게 너무 많아 만사에 능통할 것 같은 사람도 실제 일을 맡겨봐야 안다. 실망이 큰 경우를 일러 '열 가지 재주 가진 사람 끼니가 간 곳 없다'고 경책해 왔다.

조선 중기 《홍길동전》의 저자 교산蛟山 허균許筠(1569~1618)만큼 좋은 가문에서 태어나 마음껏 공부하고 출셋길에 나선 인물도 드물다. 교산의 아버지 초당 허엽(1517~1580)은 서경덕의 문인門人으로 뛰어 난 학자이자 문장가였다. 허엽은 부제학 동지중추부사 등 고위관직에 30여 년간 몸담으며 동·서 붕당 대립 시 김효원과 함께 동인 측 영수를 지낸 당대 신진 사림의 거물이었다. 오늘날 강릉 '초당두부' 상호는 허 엽의 아호에서 비롯된 것이다.

본관이 양천陽川으로 강릉 태생인 초당 문중은 조선 초·중기 정승 판서를 두드러지게 배출한 명문가로 선조《수정실록》에 '허씨가 당파의 가문 중 가장 치성하다'고 기록됐을 정도다.

초당은 악록 허성(1548~1612)을 낳은 첫 부인 청주 한씨와 사별한 뒤 예조판서 김광철의 딸 강릉 김씨를 재취로 맞아 하곡 허봉(1551~1588), 난설헌 허초희(1563~1589), 교산 허균을 낳았다. 역사 속에 남긴 업적을 논할 때 이들 이복 4남매는 우열을 가리기 힘들다.

천재성을 타고난 4남매 중에서도 허균은 특히 뛰어났다. 아호 교산은 그가 태어난 강릉 고향 앞 야트막한 야산에서 따온 것이다. 산의 형상이 꾸불꾸불해서 붙여진 이름으로 용으로 승천 못한 이무기를 뜻한다. 학문은 서애 류성룡에게 배우고 시는 삼당三唐 시인 이달에게 사사받았다. 12세 때 부친을 여읜 뒤 오직 문장 공부에만 몰두해 자신만의 경지를 터득했다. 당대 주류 이념인 유학은 물론 신선 도교와 불교 사상을 통달하고 서학(천주교)까지도 깊이 천착했다. 교산은 밤을 지새우며 수 없는 생각을 하게 되었다.

왜 인간사회에 신분 계급이 있어 서자로 태어나면 벼슬도 못하고 평생 종놈 신세로 살아야 하는가. 권력과 재물이 무엇이기에 가진 자만 대물림하고 못난 자도 출세시키는가. 사람끼리 자의적으로 정해 놓은 도덕률에 얽매어 인간이 구속당해야 하는가. 임금과 백성이 차별 없는 평등사회를 이룰 순 없는가. 선악을 가리는 하늘이 있다면 왜 세상을 어지럽히는 악한 무리들을 척결 못할까.

허균은 마침내 이러한 자신의 이상을 현실 속에 실현시켜 보기로 결심했다. 26세 때인 선조 27년(1594) 과거급제 후 황해도도사 수안군수 삼척부사 공주목사 등에 기용됐으나 모두 1년을 넘기지 못하고 파직당했다. 지방으로 부임할 때 서울 기생을 데리고 가 살림을 차리는가 하면 절에 가 참선하고 불공도 드렸다. 신분적 한계로 불우한 삶을 살던 서자들과도 교류했다. 지나친 것은 차라리 부족함만 못해 당시 사회로선 경악할 만한 이단 행보였다.

그때마다 조정의 탄핵이 빗발쳤고 파직과 복직이 반복됐다. 교산은 자신의 진정성을 몰라주는 세상을 원망하며 독백했다.

'남녀 간의 정욕은 하늘이 준 것이며 남녀유별 윤리는 성인의 가르침이다. 성인은 하늘보다 한 등급 아래인데 성인을 따르느라 하늘 뜻을 어길 수는 없지 않은가.'

그러나 교산의 어떤 생각으로도 현실 사회는 개혁되지 않았고 초조감과 함께 불만만 쌓여갔다.

이즈음 허균은 자신의 꿈과 사상을 응축한 《홍길동전》을 저술해 민중 속을 파고들었다. 우리 국문학 사상 매우 중요한 위상을 차지하는 최초의 한글 소설이다. 언문이라 천대 딩하던 한글로 쓴 의도 자체가 기존 권력질서에 대한 저항이었고 핍박받는 비주류 계층을 거냥한 신동적 내용이었다.

권력이나 재물을 욕심껏 소유한 기득권자들은 긴장했다. 틈만 나면 교산을 제거해 매장시키려는 음모가 꿈틀댔고, 드디어 권신들의 덫에 걸려들고 말았다. 7명의 서자가 주도한 칠서지옥七庶之獄 국가변란 사건에 교산의 제자 심우영이 연루돼 옴짝달싹 못하게 된 것이다. 교산은 당대 최고 권력가로 글방 동문인 간신 이이첨(1560~1623)을 찾아 변신한

조선왕실의 별궁 창덕궁. 《홍길동전》의 저자 허균이 글방 동기 이이첨에게 국문 받은 현장이다.

허균은 자신의 꿈과 사상을 응축한《홍길동전》을 저술해
민중 속을 파고 들었다. 우리 국문학 사상 매우 중요한 위상을
차지하는 최초의 한글 소설이다. 언문이라 천대당하던
한글로 쓴 의도 자체가 기존 권력 질서에 대한 저항이었고
핍박받는 비주류 계층을 겨냥한 선동적 내용이었다.

허균의 누나 허난설헌 시비

끝에 그의 심복이 된 후 형조판서 자리에 올랐다.

　아첨은 날이 갈수록 강도가 강해져야 유지되는 법이다. 교산은 이이
첨과 함께 인목대비(선조 계비) 폐비는 물론 대비 소생 영창대군을 증살
蒸殺시키는데 앞장서 인간이기를 포기했다. 교산은 "영창대군은 선조의
아들이 아니고 민가 사람의 아이를 데려다 키운 것"이라고 거짓 주장까
지 꾸며댔다. 백성들은 '하늘도 무심치 않을 것이다'며 천인공노할 지식
인의 배신에 치를 떨었다. 그러나 교산의 벼슬은 광해군 9년(1617) 좌
참찬에까지 올랐다.

　이듬해(1618) 8월 24일 창덕궁 앞에서 이이첨이 허균을 국문하는
살벌한 국청이 차려졌다. 그해 봄 허균이 임금을 시해하고 왕위를 찬탈

하려 한다는 격문이 숭례문에 나붙었는데 허균이 외가 쪽 서자 현응민과 꾸민 소행이라는 것이다. 허균과 대역을 꾀한 무리들의 살점이 뜯겨 나가고 뼈가 으스러졌다. 부안 기생 이매창과 놀아나고 광해군 2년(1610) 전시殿試 사관으로 있으면서 조카와 사위를 부정합격 시킨 죄상도 추가됐다.

반대파에 의해서도 인정받던 당대 최고의 지식인 교산은 결국 역적을 모의한 무리들과 함께 민중이 지켜보는 저잣거리에서 능지처참으로 생을 마감했다. 50세였다.

양천 허씨 문중에서는 1968년 8월 흩어져 있던 4부자 묘를 경기도 용인시 처인구 원삼면 맹4리(맹골마을)로 이장했다. 건지산 좌청룡 끝의 자좌오향(허엽 · 정남향 · 차남 도움으로 차녀 발복) 인좌신향(허성 · 남으로 30도 기운 서향 · 막내아들이 어머니한테 효도) 갑좌경향(허봉 · 남으로 15도 기운 서향 · 삼남이 삼녀를 도움) 묘좌유향(허균 · 정서향 · 장남이 막내 여동생을 보살핌)으로 동일한 산록에 있으면서도 각기 좌향은 다르다.

이들 묘역에는 당초 용사됐던 묘터에서 상석 문인석 촛대석 등을 원형대로 옮겨와 장관을 이룬다. 초당 신도비 옆엔 1969년 6월 1일 국어국문학회가 건립한 조선 중기의 최고 여류 시인 허난설헌의 시비가 외롭게 서 있다.

홍봉한은 정적 간 실상이 난무하는 조선 후기 치열한
당쟁시대를 절묘한 처신으로 천수를 누린 최고의 지략가다.
그는 뒤주 속에서 굶어 죽은 사도세자의 장인으로
제21대 영조와 사돈 간이었고《한중록》을 남겨 유명한
혜경궁 홍씨의 친정아버지다.

경기도 고양시에 있는 홍봉한의 묘. 허한 곳을 보충하는 비보풍수의 대표적 물형이다. 딸 혜경궁 홍씨와 같이 사위 사도세자의 죽음을 방조했다.

혈육지정인 사도세자를 버리고
절묘한 처신으로 천수를 누렸건만

익익재翼翼齋 홍봉한洪鳳漢(1713~1778)은 정적 간 살상이 난무하는 조선후기 치열한 당쟁시대를 절묘한 처신으로 천수를 누린 최고의 지략가다. 그는 뒤주 속에서 굶어 죽은 사도세자(1735~1762 · 추존 장조의황제)의 장인으로 제21대 영조(재위 1724~1776)와 사돈 간이었고《한중록》을 남겨 유명한 혜경궁 홍씨(1735~1815)의 친정아버지다. 그는 나가 권력의 최고위 관직에 있으면서 자신의 당파 이익과 혈육지정이 충돌할 때 가차 없이 혈육의 정을 버렸다.

그는 출셋길을 보장받고 태어난 풍산豊山 홍씨 가문의 행운아였다. 증조부 홍만용(우참찬), 조부 홍중기(지제고), 아버지 홍현보(예조판서) 3대가 조정 요직을 지내 자식들은 과거시험을 거치지 않고서도 음보蔭補(출세한 조상 덕으로 벼슬을 얻는 것)제도로 특채될 수 있는 특권층이었다. 어머니는 공조판서 임방 딸에다 부인(한산 이씨)마저 황해도 관찰사 이집의 딸이었다. 익익재는 과거에 응시했지만 변변치 못한 재능으로 여러 번 낙방했다. 결국 23세 되던 영조 11년(1735) 음보 덕으로 생원이 되고 연이어 참봉(각 능이나 군기시 등 여러 관아에 속했던 종9품 말단 벼슬)에 등용됐다. 충직함을 높이 산 영조가 세자익위사세마世子翊衛司洗馬 직으로 전보시켜 사도세자를 측근에서 보필토록 했다.

각박한 인생길이지만 누구에게나 역전의 기회는 찾아오는 법이다. 31세 되던 해(영조 19년 · 1743) 홍봉한의 딸이 세자빈으로 간택되며 나라님과 사돈이 된 것이다. 이듬해 정시庭試 문과에 응시해 을과로 급제했다. 속이 훤히 들여다보이는 국가고시였다. 이후 익익재는 예조참판, 평안도 관찰사, 좌참찬으로 초고속 승진하고 세손(후일 정조)의 스승 직에 오르며 승승장구했다. 어느덧 그는 당대 집권 세력인 노론 측 중심인물이 되어 버렸다.

후궁(최 무수리) 손으로 용상에 올라 대신들로부터 능멸당한 영조는 적손 왕자로 대통을 잇는 게 소원이었다. 원비 정성왕후 달성 서씨(1692~1757)가 후사 없이 승하하자 어린 계비를 맞이했다. 67세의 영조가 52세나 어린 15세의 경주 김씨(1745~1805)를 내명부 최고 어른으로 앉히니 바로 정순왕후다.

정순왕후는 11세 연상의 사도세자(영빈 이씨 출생) 부부를 죽도록 미워했다. 노론 세력을 배경으로 등극한 영조였지만 김씨의 농간으로 양분되는 노론 측 분당을 지켜볼 수밖에 없었다. 정순왕후는 친정 오빠 김구주(1740~1786 · 남당)를 내세워 홍봉한(북당)과 목숨 걸고 싸우도록 했다. 왕실 외척과 왕비 친정세력 간 정면 대결로 집권당이 두 패로 갈려 원수지간이 된 것이다. 익익재는 이 난국에서도 영조의 두터운 신임을 얻어 좌의정을 거쳐 영의정에 올랐다.

이 살얼음판 정국에 기름을 부은 것이 사도세자의 정치적 행보다. 어릴 적부터 정신적 과민 증세를 보였던 그는 부왕과 장인을 떠받치고 있는 노론과 등을 돌리고 소론과 손을 잡았다. 이때 조정은 풍산 홍씨가 장악하고 있어 홍인한(1722~1776·홍봉한 동생)이 좌의정이었고 홍낙인(홍봉한 아들)은 이조참판이었다.

마침내 김구주 일당이 모함해 사도세자의 비행과 괴벽은 영조에게 보고됐고 냉혈 군주 영조는 아들에게 자결을 명했다. 이때 어린 세손(정조)이 외조부와 외종조부를 찾아가 아버지를 구해줄 것을 울면서 간청했다. 그러나 홍봉한은 싸늘히 외면했고 홍인한은 세손까지 처단할 것을 주청했다. 사도세자는 8일 만에 뒤주 속에서 굶어 죽었다. 당시 신료들 모두 간담이 무너졌는데 홍봉한이 금상께 아뢰기를 "신은 오로지 성궁聖躬(임금의 옥체)만 알 뿐입니다"고 아뢰었다고 《정조실록》은 전한다.

얼마 후 그는 다시 정승이 되어 거리낌 없이 방자한 짓을 마구 저질렀다. 홍봉한·인한 형제의 이런 행각은 후일 정조가 등극하면서 멸문지화로 이어졌다. 외조부는 차마 치죄 못하고 홍인한은 고금도에 유리 안치 시킨 뒤 곧바로 사사시켜 버렸다. 이후 정조는 외척 등용을 엄금했고 명문 갑족으로 우뚝 섰던 풍산 홍씨 문중은 쇠락의 길로 접어들었다.

사위의 죽음을 방조한 홍봉한의 행실을 놓고 나라는 또 두 동강 났다. 당리당략을 위해서는 불가피한 선택이었다고 두둔하는 측은 벽파僻派였고, 사위를 죽게 한 건 금수만도 못한 만행이라며 골육지정을 들고 나선 것이 시파時派다.

얼마 후 영조가 세자 죽인 것을 크게 뉘우치고 '사도思悼'라는 시호

사도세자 융릉의 원찰 수원 용주사. 사도세자가 뒤주 속에서 굶어 죽은 뒤 신주를 봉안했던 곳이다.

김구주 일당이 모함해 사도세자의 비행과 괴벽은
영조에게 보고됐고 냉혈 군주 영조는 아들에게 자결을 명했다.
이때 어린 세손이 외조부와 외종조부를 찾아가 아버지를
구해줄 것을 울면서 간청했다. 그러나 홍봉한은 싸늘히
외면했고 홍인한은 세손까지 처단할 것을 주청했다.
사도세자는 8일 만에 뒤주 속에서 굶어 죽었다.

를 내리자 홍봉한은 재빨리 변신, 그 사건을 초래케 한 김구주 일파를 탄핵해 다시 정권을 재창출하는 기민함을 보였다.

익익재도 자신에 대한 시정의 불신과 냉소를 알고 있었다. 그럴수록 그는 영조의 통치철학에 순응해 당쟁 폐해를 시정하고 시무 6조를 건의해 시행토록 하는 등 조선 후기 문예 부흥에 많은 업적을 남겼다. 아울러 공정인사 발탁, 백골징포·환곡작폐 엄금, 은닉재산 조사로 백성 부담 경감, 울릉도 사적조사를 통한 영토의식 고취 등의 공로까지 사도세자 죽음과 연루돼 평가절하되고 있다. 그 역시 반대세력의 중상모략으로 수차례 유배를 다녀왔고 삭탈과 복직을 거듭하며 풍운아 일생을 살았다. 사후 조정에서 내린 시호는 익정翼靖이며 저서로는《정사휘감》《익익재만록》등을 남겼다.

홍봉한은 죽어 경기도 고양시 일산동구 문봉동 49번지 상촌마을에 간좌곤향(서남향)으로 묻혔다. 지금은 배나무 농장 안 끝부분에 위치하며

홍봉한 묘 앞의 쓸쓸한 석물

관직을 새긴 묘비

한 시대를 호령했던 영의정 묘 치고는 격세지감을 느끼게 한다. 부인 한산 이씨와 합장으로 묘역이 남의 땅으로 둘러싸여 있다. 횡룡으로 입수하는 낙산落山 용맥이며 묘 뒤의 중첩된 종산宗山이 생기를 밀어주고 겹겹의 내·외 청룡과 백호가 혈장을 휘감은 국세다.

그러나 좌에서 우로 기운 지세에 좌향과 가까운 정미향丁未向이 꺼져 있으니 황천살에 해당한다. 방풍림으로 황천살만 비보해 준다면 백호 작국의 금대 안산에 목형(삼각형)의 조산까지 빼어나 훌륭한 관료가 연이어 배출될 명당이다.

이처럼 경기도 중앙부에서 서북쪽으로 치우쳐 위치한 고양 지역에는 비보裨補형 풍수 명당이 도처에 즐비하다. 이곳 문봉마을에 고양 8현(민순 남효온 김정국 기준 정지운 홍이상 이신의 이유겸)을 모시는 문봉서원이 있었으나 퇴락된 후 아직 복원이 안 됐다.

고양시는 1983년 지정된 북한산 국립공원을 껴안으며 시 남서쪽을 한강이 띠 두르고 있어 재물 복이 있는 물형이다. 일산의 고봉산과 능곡의 덕양산에서 '고' 자과 '양' 자를 따 고양이란 지명이 유래됐고 그중 덕양산이 바로 행주산성이다. 행주산성 꼭대기에는 권율 장군의 전승유적지가 있다.

5
장

여인아 시대를 살아내다

사임당은 서울에서 생활하는 아버지와 16년간이나
떨어져 살았고 가끔 강릉에 들를 때만 먼 발치에서 보았다.
외가에서 외조부와 어머니한테 학문과 여범을 익혀
교양을 갖춘 현부로 성장했다. 출가 후엔 남편과 시댁의 동의를
얻어 친정 오죽헌에 살며 이따금 찾아오는 남편을 맞았다.

외손 발복지로 유명한 강릉 오죽헌. 우
백호가 왕성해 딸이 잘되고 외손자가
출세하는 명당이다. 집 뒤에 검은 대나
무가 무성해 오죽헌이라 했다.

현명하고 어진 어미로 성인 율곡 낳아
독수공방 외로움을 예술혼으로 불태우니

꽃잎은 하염없이 바람에 지고/ 만날 날은 아득타 기약이 없네/

무어라 맘과 맘은 맺지 못하고/ 한갓되이 풀잎만 맺으려는고/

한갓되이 풀잎만 맺으려는고.

어릴 적부터 들어온 노래가 어른이 되어서도 널리 애창되고 있는 유
명한 우리 가곡 〈동심초〉. 누가 지었기에 어찌 이리도 노랫말이 고울 수
있을까. 이토록 아름다운 시를 사임당 신인선(1504~1551)이 개사改詞했
다는 걸 아는 사람은 몇이나 될까. 이런 심성의 여인이었기에 율곡 이이
(1536~1584)같은 대성인을 낳을 수 있었다고 후일의 사가들은 입을 모
은다.

사람이 유년기를 지나 사유思惟를 시작하면서 역사를 알게 되면 존
경하며 닮고 싶은 이상형의 인물을 찾게 된다. 신인선은 어린 소녀 시절

부터 고대 중국 주나라 문왕의 어머니였던 태임太任을 사모하였다. 태임은 남편을 섬기는 지고지순至高至純의 어진 부덕과 현철한 감화로 아들 문왕을 훈육시켜 백성이 어버이처럼 존경하고 따르는 성군으로 이끌었다.

평산 신申씨 신명화와 어머니 용인 이씨 사이에서 무남독녀로 태어난 신인선은 태임을 스승으로 모시고 본받는다는 뜻으로 사임당師任堂이란 당호를 썼다. 그녀는 조선 중기의 암울한 시기를 살았다. 폐주 연산군이 폭정을 저지르고 희대의 악후惡后 문정왕후(1501~1565)가 아들 명종(제13대·재위 1545~1567)을 허수아비 임금으로 만든 때였다. 벼슬한다고 나서 줄을 잘못 섰다간 살아남지 못하는 난국이었다.

예나 지금이나 부모는 팔자다. 훌륭한 부모를 만나야 고생을 덜하고 이 풍진 세상을 잘 살아갈 수 있음은 만고불변의 이치다. 그러나 어느 누구도 원하는 부모를 선택해 태어날 수는 없다. 사임당은 부모를 잘 만났다. 남성 우월적인 유교사상이 사회 전반의 덕목이어서 여자 지위가 보잘 것 없던 때 천복을 타고난 것이다.

사임당의 가계는 아들이 귀했다. 외할아버지(이사온)는 아들이 없자 딸 인선을 출가시킨 후에도 아들 잡이로 여겨 강릉 북평촌의 친정에 살도록 했다. 사임당은 이곳에서 태어나 자랐다. 강원도 강릉시 죽헌동 201번지에 있는 오늘날의 오죽헌(보물 제165호)이다. 아버지(신명화)는 19세 딸 사임당을 이원수(덕수 이씨)에게 시집보내며 아들 잡이로 또 오죽헌에 살도록 했다.

사임당은 서울에서 생활하는 아버지와 16년간이나 떨어져 살았고 가끔 강릉에 들를 때만 먼 발치에서 보았다. 외가에서 외조부와 어머니

율곡 이이가 태어난 오죽헌 내의 몽룡실. 땅의 운기가 이곳에 뭉쳐있다.

사임당의 예술 감각과 감수성은 천부적으로 타고났다.
7세 때 안견의 그림을 스스로 익혀 주위를 놀라게 했는가 하면
거문고 소리에 감흥을 못 이겨 남몰래 눈물짓기도 했다.
〈초충도〉를 그려 볕에 말리려고 내놓자
닭이 산 벌레인줄 알고 쪼아 종이가 뚫어지기도 했다.

한테 학문과 여범女範을 익혀 교양을 갖춘 현부로 성장했다. 출가 후엔 남편과 시댁의 동의를 얻어 친정 오죽헌에 살며 이따금 찾아오는 남편을 맞았다. 보고 싶은 아버지, 그리운 남편과의 생이별이었다.

사람이 불우한 처지를 원망하거나 탄식하면 더욱 비참해지고 만다. 사임당은 참으로 영민한 여자였다. 추야장 긴긴밤의 독수공방 고독과, 꽃피는 춘삼월의 불꽃 같은 정염을 예술로 승화시킨 것이다. 그녀는 결코 누구를 원망하거나 세상을 탓하지 않았다. 자신에게 닥친 현실을 숙명으로 삭이며 기어이 극복하려 했다. 〈산수도〉〈초충도〉〈노안도〉〈초서병풍〉 등 오늘날 우리가 우러르는 그녀의 예술혼은 이런 인고의 세월이 응어리진 절도節度의 결정체다.

사임당의 예술 감각과 감수성은 천부적으로 타고났다. 7세 때 안견의 그림을 스스로 익혀 주위를 놀라게 했는가 하면 거문고 소리에 감흥을 못 이겨 남몰래 눈물짓기도 했다. 섬세하고 아름다운 필치로 풀벌레, 포도, 화초, 난초 등을 즐겨 그렸다. 〈초충도〉를 그려 볕에 말리려고 내놓자 닭이 산 벌레인줄 알고 쪼아 종이가 뚫어지기도 했다.

그런가 하면 사임당은 선견지명으로 남편을 위기에서 구해내기도 했다. 시당숙 이기가 우의정으로 있을 때 남편이 그 문하 식객 노릇을 하며 출입이 잦았다. 이기는 인종 1년(1545) 윤원형과 모의, 을사사화를 일으켜 무고한 선비들을 죽게 한 난신 적자다. 사임당은 권세만을 탐하는 시당숙의 영광이 오래갈 수 없음을 알고 남편에게 관계 청산을 요구, 훗날 참화를 면하게 했다.

이원수는 높은 벼슬엔 오르지 못했으나 정결한 선비였다. 아내를 만나러 강릉에 가던 중 날이 저물어 주막집에서 유숙할 때 일이다. 늦은 밤 젊은 주막집 아낙이 곱게 단장하고 주안상을 차려와 품속에 들려했다. 이원수는 울며 소맷자락을 부여잡는 여인을 완곡히 뿌리치고 밤길을 재촉해 오죽헌으로 갔다. 이날 이후 사임당에게 태기가 있어 오죽헌 몽룡실夢龍室에서 태어난 이가 율곡이다.

한동안 강릉에서 머문 이원수가 서울로 귀경하며 그 주막집을 다시 찾았다. 일말의 미련 때문이었다. 그런데 아낙은 얼음장처럼 차갑게 변해 있었다. 기가 막힌 이원수가 연유나 알자고 했다.

"지난번 오셨을 때 님을 원한 건 욕정이 아니었습니다. 정수리에 서린 밝은 정기를 탐냈던 것이지요. 지금은 흩어져 탁기만 넘칠 뿐이니 인걸의 수태는 바랄 수가 없습니다."

이미 성인 출생의 정기는 사임당에게로 옮겨갔던 것이다. 율곡의 탄생은 이렇게 예고되었다. 사임당은 셋째 아들 율곡을 극진히 아끼며 양육했다. 훗날 율곡이 어머니 행장기를 쓰며 48세로 갑자기 세상을 떠난 애달픔에 눈물지었다. 어릴 적 손을 잡고 대관령을 넘을 때 어머니가 읊

신사임당의 〈초충도〉. 아름다운 필치로 풀벌레, 포도, 화초, 난초 등을 즐겨 그렸다.

조리던 절절한 시를 율곡은 평생 못 잊으라 했다.

늙으신 어머님을 고향에 두고/ 외로이 서울 길로 가는 이 마음/
돌아보니 북촌은 아득도 한데/ 흰 구름만 저문 산을 달아 내리네.

신사임당은 친정 오죽헌에 살며 아들로 대를 잇지 못하는 외갓집을 늘 가슴 아파했다. 어느 해 가을, 남루한 행색의 탁발승이 대문 앞을 지나치며 "외손 발복지로서야 손색 없으련만 정작 내 代는 누가 이을까"라고 탄식했다. 사임당이 듣고 깜짝 놀랐으나 누구에게도 발설하지 않았다.

외손 발복지는 아들보다 딸의 자손이 번성하는 집터나 묘터를 이르는데 오죽헌은 대표적인 외손 발복 양택지로 유명하다. 간좌곤향(서남향)의 서사택에 대문이 서남향이지만 엇비껴 있어 설기泄氣되지 않는다. 집 뒤의 입수용맥이 기복과 결인을 거듭하며 율곡이 태어난 몽룡실에 생기가 우뚝 멈춰 섰다.

몽룡실 뒤의 오죽烏竹(까마귀처럼 검은 대나무) 밭에 올라 우백호를 살펴보면 왜 이곳이 외손 발복지임을 금세 알 수 있다. 좌청룡은 넓고 평퍼짐하게 지리멸렬해 있는데 우백호는 우렁차게 가상家相(가옥 전체)을 환포하고 있다. 좌청룡은 아들과 관직을, 우백호는 딸과 재물을 관장한다. 사임당과 율곡 모자의 생애와 절묘하게 일치하는 풍수 법도다.

사임당의 묘는 경기도기념물 제45호로 지정된 자운서원(경기도 파주시 법원읍 동문리 산 5-1) 안의 덕수 이씨 묘역에 남편, 아들과 함께 있다.

기생과 관리와의 사랑에는 늘 한계가 있었다.
임기가 끝나면 필연적으로 이별이 뒤따랐기 때문이다.
이듬해 봄 6개월의 임기가 끝나고 고죽이 경성을 떠나던 날
홍랑은 함관령까지 배웅했다. 정든 사람과의 이별 앞에
눈물 없는 장사와 여인이 어디 있겠는가.

우백호가 설기를 막아주는 최경창 부부
묘. 남자들이 발복하는 명당이다. 좌측
아래에 후손들이 묻어준 기생 홍랑의
묘가 있다.

정든 님과의 이별이 서러워서 몸부림친
최고의 절창 연시로 문학사에 길이 남아

선조 6년(1573) 가을. 고죽孤竹 최경창崔慶昌(1539~1583)이 북도평사北
道評事(병마절도사 보좌관) 발령을 받아 함경북도 경성으로 부임하는 도중 함
경남도 홍원의 객관에서 하룻밤을 묵게 됐다. 홍원 현감은 서울에서 온
고죽을 극진히 접대했다. 타관 객창을 흩뿌리는 가을비가 시름에 겨워
객수客愁로 돌아눕는 그의 침소에 현감이 보낸 관기가 주안상을 차려
들어왔다. 절세미인이었다.

몇 순배의 술잔이 오가고 음률이 교차하던 중 뜻밖에도 관기가 고죽
의 당시唐詩를 읊조렸다. 그때 고죽은 율곡 박순 등과 함께 8문장가로
문명을 날리며 3당 시인(최경창 백광훈 이달) 반열에 올라 전국 유생들의 부
러움을 샀다. 특히 팔도 기생들이 고죽의 시를 즐겨 암송했고 그와 대작
對酌하며 시 한 수 겨뤄 보는 것을 당대 소원으로 열망했다. 고죽이 관기
에게 이름이 무어냐고 물었다.

"어릴 적 이름은 예절禮節이옵고 기명은 홍랑洪娘이라 하옵니다."

"둘 다 아주 예쁘구나. 시 읊는 풍류가 예사롭지 않은데 그대는 누구 시를 마음에 담아두고 있는가."

"고죽 최경창 대감의 당시 이옵니다. 살아생전 한 번만이라도 뵙고 술 한 잔 올려 봤으면 원이 없겠사옵니다."

고죽과 홍랑(생몰년 미상)의 첫 만남은 이토록 간절했다. 그날 밤 두 정인의 운우지정은 천지를 분간 못할 만큼 열정적이고 뜨거웠다. 고죽은 이틀을 더 유숙한 뒤 홍원 현감의 양해를 얻어내 홍랑을 남장시킨 후 함께 경성의 막중幕中으로 부임했다. 서울에서 천 리 길이 넘는 경성은 군사적으로 중요한 변방 요충지여서 처자식을 동행할 수 없었다.

당시 지방 관청에 소속된 관기들은 집 떠난 변방 관리나 군사들에게 편의를 제공하고 고달픔을 달래주는 것이 임무였다. 이들은 방직기房直妓로도 불리며 관리가 새로 부임할 때마다 소집 점고點考를 받고 빨래, 바느질은 물론 수청까지 들면서 천민 일생을 살아갔다. 관기들은 관물 또는 공물로 취급돼 거주 이전의 자유가 주어지지 않았다.

이래서 기생과 관리와의 사랑에는 늘 한계가 있었다. 임기가 끝나면 필연적으로 이별이 뒤따랐기 때문이다. 이듬해 봄 6개월의 임기가 끝나고 고죽이 경성을 떠나던 날 홍랑은 함관령(450m · 함경남도 덕산면과 홍원군 운학면 경계에 있는 고개)까지 배웅했다. 정든 사람과의 이별 앞에 눈물 없는 장사와 여인이 어디 있겠는가.

홍랑은 갑자기 현기증이 일며 눈앞이 캄캄해졌다. 가슴이 터져 이대로 죽을 것만 같았다. 멀어져 가는 님을 차마 볼 수 없어 얼른 산山 버드나무 한 가지를 골라 꺾어들고 즉흥시를 적은 뒤 사람을 시켜 고죽에게 보냈다.

> 묏버들 가려 꺾어 보내노라 님의 손에/
> 주무시는 창 가에 심어 두고 보시다가/
> 밤비에 새 잎 곧 나거든 날인가도 여기소서.

홍랑의 이 애절한 절구가 훗날 우리 문학사에 길이 남는 최고의 절창 연시가 될 줄 누가 알았겠는가. 35세의 고죽도 서럽긴 마찬가지였다. 애지중지하던 난 한 분을 건네주며 답시를 적어 돌려보냈다.

> 말없이 마주보며 유란幽蘭을 주노라/
> 오늘 하늘 끝으로 떠나고 나면 언제 돌아오랴/
> 함관령의 옛 노래를 부르지 마라/
> 지금까지도 비구름에 청산이 어둡나니.

고죽은 경성 임지에서 관기와의 동거사실이 탄로나 곧바로 파직당한 뒤 중병에 들고 말았다. 홍원에서 소식을 전해들은 홍랑은 다시 남장으로 7주야를 걸어 서울의 고죽 집으로 찾아왔다. 정실부인 선산 임씨와의 극진한 간병으로 얼마 안 가 쾌유됐다. 고죽의 첩실이 된 홍랑은 아들 흡을 낳았다.

그러나 당시 조선사회는 두 사람의 사랑을 용서치 않았다. 홍랑은 함경도·평안도 주민의 도성 출입을 제한하는 양계지금兩界之禁법을 어겼고, 고죽은 국모 인순왕후(제13대 명종 왕비) 청송 심씨(1532~1575)가

홍랑 묘와 묘비. 죽어서나마 님의 곁에 영원히 있어 외롭지 않다.

홍랑은 고죽의 무덤 앞에 손수 초막을 짓고 3년간
두문불출하며 시묘살이를 했다. 젊고 아름다운 여인이
심산유곡에서 혼자 시묘를 한다는 건 여간 어려운 일이
아니다. 홍랑은 천하일색의 얼굴을 심하게 훼손시켜
뭇 남자들의 접근을 막았고 커다란 숯덩이를 삼켜
불구가 되고 말았다.

홍서한 국상 중에 첩을 들인 죄였다. 이 사건은 조선 중기사회를 뒤흔든 최고의 러브스캔들로 장안의 입방아에 오랫동안 오르내렸다.

둘은 다시 헤어졌다. 선조의 특명으로 겨우 복직된 고죽은 종성부사로 부임했다가 그곳에서 객사했다. 45세였다. 전남 영암 태생으로 해동공자로 일컫는 최충(984~1068)의 18대손인 고죽은 경기도 파주시 교하면 다율리 해주 최씨 선산에 자좌오향(정남향)으로 묻혔다.

뒤늦게 안 홍랑은 고죽의 무덤 앞에 손수 초막을 짓고 3년간 두문불출하며 시묘살이를 했다. 젊고 아름다운 여인이 심산유곡에서 혼자 시묘를 한다는 건 여간 어려운 일이 아니다. 홍랑은 천하일색의 얼굴을 심하게 훼손시켜 뭇 남자들의 접근을 막았고 커다란 숯덩이를 삼켜 불구가 되고 말았다.

임진왜란(1592)이 일어나자 홍랑은 모든 살림을 다 버린 채 고죽의 문집만 챙겨 해주 최씨 문중에 전한 뒤 자취를 감췄다. 수년 후 홍랑은 고죽의 묘 앞에서 싸늘한 주검으로 발견됐다. 이런 경위로 우리 고전문

홍랑 시비. 잃은 고죽의 시비다.

학사에 찬연히 빛나는《고죽유고》가 전해지는 것이다.

후손들은 고죽의 무덤(부인 선산 임씨와 합장) 앞에 자좌오향(정남향)으로 홍랑을 묻었다. 우백호가 좌청룡의 설기泄氣를 막아 파수구를 관쇄關鎖한 고죽의 혈처다. 외척이나 여자의 슬기로 남자들이 출세하는 산형이다. 당쟁의 난국을 올곧은 소신으로 헤쳐낸 영조 때 영의정 최규서(1650~1735)가 고죽의 현손玄孫이다.

묘 앞에는 1969년 최태호(15대손)가 세운 두 사람의 시비가 풀섶을 지키고 있다. 당대 대문장가와 기생 간의 동거기간이 비록 6개월 남짓이었지만 그 사랑은 영원히 이어져 후손들에게 전해지고 있다.

17세였던 명종 1년(1555) 을묘왜란 당시 왜구들에게 포위되자 향수에 젖게 하는 구슬픈 통소를 고죽이 불어 물리쳤다는 일화가 유명하다. 시·서·화에 뛰어났던 선비였으나 관운은 박복했다. 정치와 문학의 동행은 끝내 비극을 자초하고 말았으나 숙종 때 청백리로 녹선되고 강진 서봉서원에 봉향됐다.

제주항 가까운 저잣거리에서 주막을 겸한 객줏집을 운영해 엄청난 거부가 된 54세의 사업가였다. 당시 그녀는 육지와 섬을 오가는 상인들을 상대로 숙박·요식업은 물론 물건을 보관해 주는 창고업도 겸했다. 돈을 빌려주고 높은 이자를 받는 금융업에 이르기까지 육지와 제주도 간 유통 상권을 완전히 장악한 거상이었다.

이장할 때 옮겨온 '만덕 할머니' 묘비.
객줏집으로 번 큰돈을 빈민구휼에 쾌척
했다.

졸부인 줄만 알았더니 통큰 기부 경종 울려
어명으로 대궐 입성 벼슬 받고 금강산 유람

정조 16년(1792) 제주도에는 혹독한 기근과 큰물이 들었다. 석 달 넘는 가뭄으로 비 한 방울 안 내리더니 느닷없이 폭풍우가 몰아쳐 산사태가 나고 들녘은 물에 잠겼다. 인간의 힘으로는 도저히 어쩔 도리가 없는 자연 재앙은 4년 동안이나 지속됐다. 설상가상으로 돌림병까지 나돌아 제주 전역에는 차마 눈뜨고 바라볼 수 없는 목불인견의 참상이 도처에서 벌어졌다.

제주목사는 벌써 몇 달째 조정으로 장계를 올렸지만 묵묵부답이었다. 다시 애끓는 읍소로 도민을 살려야 한다고 간청했다. 마침내 조정이 움직여 긴급 구휼미를 제주도로 내려보냈다. 그러나 하늘도 무심했다. 곡식을 싣고 제주로 가던 운반선이 거센 태풍을 만나 중도에서 침몰하고 만 것이다.

이때 제주에 김만덕金萬德(1739~1812)이란 여인이 있었다. 제주항 가까운 저잣거리(현 동문시장 근처)에서 주막을 겸한 객줏집을 운영해 엄청난 거부가 된 54세의 사업가였다. 당시 그녀는 육지와 섬을 오가는 상인들을 상대로 숙박·요식업은 물론 물건을 보관해 주는 창고업도 겸했다. 돈을 빌려주고 높은 이자를 받는 금융업에 이르기까지 육지와 제주도 간 유통 상권을 완전히 장악한 거상이었다.

그녀의 상술은 놀라웠다. 미역 말총 양태(갓의 재료) 등 제주 특산물을 독점 매입해 육지 상인에게 넘기고 육지에서 들어온 옷감 장신구 화장품들은 모조리 사들여 제주 도민에게 팔았다. 어느덧 김만덕의 객주客主집을 거치지 않고서는 상행위가 성립되지 않았고 소상인들을 수탈하는 매점매석으로 원성 또한 만만치 않았다.

이렇듯 졸부인 줄만 알았던 그녀가 하루아침에 변했다. 먹지도, 입지도, 쓰지도 않고 번 돈을 기꺼이 풀어 육지 상인들로부터 백미 500석을 매입했다. 이 중 450석을 아무 조건 없이 제주 관청에 기부해 굶어죽는 난민들을 구제토록 했고 나머지 50석은 자신의 친인척들에게 골고루 나눠줘 목숨을 부지시켰다. 이후로도 김만덕은 제주 물산을 육지 쌀과 우선 물물교환해 도내 각 관아에 수시로 기증했다.

4년의 엄혹했던 세월이 지나 제주에도 평온이 찾아왔다. 제주목사는 그녀의 착한 행실을 조정에 보고했다. 정조 임금이 크게 감동하여 "김만덕을 불러 그 소원을 물어보고 특별히 시행하라"는 교지를 내렸다. 그녀는 "서울에 가 임금님이 계시는 궁궐을 보고 금강산을 구경할 수 있다면 여한이 없겠습니다"라고 주저 없이 답했다.

그러나 김만덕이 서울로 가는 데는 사회적·신분적 제약이 가로막고 있었다. 조선조 제3대 태종(재위 1400~1418) 당시 내려진 출륙出陸 금지령으로 도서 출신 여자가 내륙으로 나가는 것은 물론 육지 남자들과 결혼하는 것조차 금지돼 있었다. 제주목사로서는 또 난감한 게 사농공상의 엄격한 신분사회에서 벼슬도 없는 그녀가 기생 출신인 데다 장사를 하는 여자였기 때문이다.

아버지 김응열(김해 김씨)과 어머니 고씨 사이의 2남 1녀 중 막내이자 외동딸로 태어난 만덕은 12살 때 전염병으로 부모를 한꺼번에 여의고 외삼촌한테 맡겨졌다. 가난을 못 이긴 외가에서 퇴기의 수양딸로 보내 제주 관아의 관기로 입적하게 되었다. 이때 익힌 음율과 가무로 23세까지 제주도에서 가장 유명한 기생으로 뭇 남성의 마음을 사로잡았다. 김씨 집안에서는 문중 망신을 시킨다며 그녀가 양인良人 출신임을 내세워 기적妓籍에서 빼내 신분을 회복시켰다.

자초지종을 알게 된 정조는 김만덕에게 의녀반수醫女班首라는 벼슬을 내렸다. 비록 명예직이지만 여성이 오를 수 있는 고위직으로 변방부에서 중심부 지위로 우뚝 서게 된 것이다. 만덕은 58세의 나이가 되어 꿈에 그리던 대궐에 가 임금님을 알현하고 금강산을 구경하게 되었다. 상경한 그녀를 몇 번에 걸쳐 만났던 좌의정 번암 채제공(1720~1799)은 입궐부터 유람까지 일거수일투족을 주상에게 아뢰고 김만덕을 예찬하는 유명한 전기문《만덕전》을 집필했다. 정조대왕도 특별히 규장각 관리들에게 어명을 내려 '김만덕 전기'를 남기도록 분부했다.

육지에서의 모든 일정을 마치고 제주도로 귀환하던 날 채제공이 배웅을 나왔다. 순간 만덕의 눈에서는 소낙비 같은 눈물이 쏟아지며 자신도 모를 설움이 북받쳐 올랐다.

"이승에서는 다시 상공相公의 존안을 우러를 수가 없겠습니다."

만덕은 74세 되던 해 세상을 떠났다. 죽기 직전
양아들에게 살아갈 만큼 재물을 물려주고 나머지 재산은
가난한 이들에게 모두 분배한 뒤 홀가분히 떠났다.

사후 165년 만인 1976년 제주시 사라봉에 '의녀반수 김만덕 의인 묘탑'이 조성되었다.

"이제 작별을 고함에 있어 어린 여아처럼 지척거림은 무슨 연고인고. 그대의 덕행은 내생에 가서도 나를 깨우칠 것이로다."

이때 번암은 78세로 김만덕 보다 20년이나 연상이었다. 그녀가 세상에 태어나 처음 느껴보는 진솔한 연정이었다. 만덕은 제주에 돌아와서도 번암을 사모하다가 74세 되던 해 세상을 떠났다. 죽기 직전 양아들에게 살아갈 만큼 재물을 물려주고 나머지 재산은 가난한 이들에게 모두 분배한 뒤 홀가분히 떠났다.

생전의 유언에 따라 그녀는 제주성 안이 한눈에 조감되는 '가으니마루' 길가에 묻혔다. 사후 165년 만인 1976년 제주시 사라봉(제주특별자치도 제주시 건입동 397-4번지)에 모충사가 건립되고 '의녀반수 김만덕 의인 묘탑'이 조성되며 현 위치로 이장됐다. 제주 내외도민 17만여 명의 성금으로 조성된 20m 높이의 삼각형 구조 묘탑이 참배객들을 압도한다. 왼쪽에는 일제 강점기 독립운동을 하다 순국한 조봉호 애국지사의 기념비가 있다.

만덕관 관계자에 따르면 이장을 위해 파묘했을 당시 관의 길이가 6자(약 1m 80㎝)에 가까웠다고 한다. 훤칠한 장신에 기골이 장대했던 여인으로 추정된다는 증언이다. 현재 묘탑에는 화장한 유골이 봉인돼 있다. 정남향(자좌오향)의 묘탑 아래에는 파묘할 때 옮겨온 묘비(제주도 기념물 제64호)가 정북향(오좌자향)으로 마주하고 있다. 풍수에서 화장은 높은 고열로 인한 DNA 소멸로 후손과의 동기감응이 단절되는 것으로 간주해 명당 여부 자체를 운위하지 않는다.

제주 풍수학계서는 한라산 생기가 뭉친 명당 중 사라봉을 으뜸으로 손꼽는다. 인걸의 탄생이나 유적지가 많지 않은 이곳에서 '만덕 할머니'

넋이 깃든 모충사는 제주를 빛낼 새 인물의 출현을 고대하는 염원의 현장이기도 하다.

당시 형조판서였던 이가환(1742~1801 천주교인 이승훈 외삼촌)은 다음과 같은 헌정시를 지어 김만덕에게 전했다.

돌아오니 찬양하는 소리가/ 따옥새 떠나갈 듯하고/
높은 기풍은 오래 머물러/ 세상을 밝게 하겠지

천신만고 끝에 모은 거금을 세상 위해 기꺼이 환원시킨 당대의 여걸이다. 제주에서 김만덕은 고려 때 스님 혜일, 어승마 노정과 더불어 '삼라 삼기'로 회자되고 있다. 어느덧 세월과 함께 그녀는 제주를 대표하는 '만덕 할머니'로 칭송받게 되었다.

신재효는 해박한 지식으로 판소리 12마당을 6마당으로 선별하고
대문체와 어구를 실감나게 고쳐 사설문학을 완성했다.
오늘날 판소리 명창들이 부르는 전통 대본 대부분은 그 당시
동리가 쓴 것이다. 실로 우리 가사문학사에 태산보다 높은 위업으로
국악계선 그를 '한국의 셰익스피어'라 부른다.

전북 고창의 신재효 고택. 최초의 여류 명창 진채선을 배출시킨 전통 판소리의 산실이다. 사적 제145호로 지정된 고 창읍성 아래 있다.

제자와 이룰 수 없는 사랑의 아픔 안고
사설 문학사에 길이 남을 명작 남기니

1964년 12월 24일 국가지정 중요무형문화재 제5호로 지정된 우리의 판소리가 2003년 11월 7일 유네스코 인류구전 및 세계무형유산걸작으로 지정되자 한국 국악계는 크게 감격했다. 마침내 세계가 한국의 소리를 인류가 함께 듣고 즐겨야 할 공통 문화예술로 공인한 것이다.

국악 관계자들은 맨 먼저 전북 고창군 고창읍 읍내리 241-1번지에 있는 동리桐里 신재효申在孝(1812~1884) 고택(중요민속자료 제39호)을 찾아가 회한의 축배를 들었다. 동리의 인생역정을 되새기며 새로운 한류韓流의 세계 진출을 낙관했다.

동리는 우리 전통음악 판소리의 중흥조다. 그가 살던 조선 말기(순조 헌종 철종 고종 재위)는 왕권이 땅에 추락한 데다 부패 권력의 횡포가 극에 달해 민생이 위태로울 때다. 뜻 있는 식자들은 풍자 섞인 한시로 염량세태를 비꼬았고 분노한 백성은 민란을 일으켜 저항했다. 직성이 안 풀린 민초들은 그들만의 놀이나 소리를 통해 욕구불만을 표출시켰다. 입에 담지 못할 상스러운 욕지거리와 여과되지 않은 음담패설로 양반과 부자를 능멸하고 조롱했다.

사설(이야기)에 몸짓을 섞어가며 광대가 부르는 평민 판소리는 숙종(재위 1674~1720) 무렵부터 성행하기 시작했다. 중부 이남의 호남지역 무인巫人들이 주로 불렀는데 무당의 12굿처럼 12마당(춘향가 심청가 홍부가 수궁가 적벽가 장끼타령 변강쇠타령 무숙이타령 배비장타령 강릉매화타령 숙영낭자전 옹고집타령)으로 구성됐다.

한성부 직장直長이던 동리의 아버지 신광흡(평산 신씨)은 경기도 고양 출신인데 선대 인연으로 고창에 가 한약방을 차려 큰 재산을 모았다. 동리 신재효는 그곳에서 어머니 경주 김씨와의 사이에 외아들로 태어났다. 부친이 죽자 재산은 동리에게 물려졌고 그 재력을 바탕으로 35세 이후 호장戶長이 되었다. 고종 13년(1876) 삼남을 휩쓴 가뭄에 이재민을 구제한 공으로 동리는 통정대부(정3품)를 거쳐 가선대부(종2품·현 정부기관 차관보)까지 올랐다.

어려서부터 한학을 익혀《사서오경》에 능통하고 박학다식했던 동리는 이재理材에도 뛰어나 더욱 많은 재산을 불려 부와 명예를 동시에 거머쥐었다.

어느 날 고창 해변을 홀로 걷다 어부들의 한탄 섞인 신세타령을 듣던 동리가 흠칫 놀랐다. '저렇게 훌륭한 성음 가락을 차마 듣기 민망하고 천박한 사설로 불러야만 하는가.'

순간, 동리의 뇌리에 섬광 같은 생각이 스쳤다. 반드시 영의정이나 육조판서로 출사하는 것만이 출셋길이 아니란 생각이 굳혀졌다. 철종

생가 사랑방의 판소리 전수 모형물. 동리는 제지와 이룰 수 없는 사랑의 아픔 대신 사설 명작을 남겼다.

신재효의 문하생 중 진채선이란 고혹적인 소녀가 있었다.
고창군 심원면 월산리 검당포에 사는 당골 딸로 어릴 적부터
어머니 무가를 어깨너머로 익힌 타고난 소리꾼이었다.
판소리 이론에만 몰두하던 동리도 채선의 소리에 빠져
동료 문하생들의 시샘을 무릅쓰고 그녀를 편애하며
집중적으로 가르쳤다.

1년(1850) 현 고택 자리에 새로 집을 짓고 판소리 가사를 수집하며 중구난방이던 곡조 체계를 바로 세우기 시작했다. 수년 후에는 소질 있는 문하생을 모아 침식을 제공하며 판소리를 가르쳤다. 당시는 한글을 언문이라 하시하고 광대나 무당을 인간 이하로 멸시 천대하던 때다.

동리는 그의 해박한 지식으로 판소리 12마당을 6마당(춘향가 심청가 흥부가 수궁가 적벽가 변강쇠타령)으로 선별하고 대문체對文體와 어구를 실감나게 고쳐 사설문학을 완성했다. 고사성어와 민초애환을 적절히 배합해 유식한 양반마저 당황케 하고 좌중을 요절복통케 개작했다. 오늘날 판소리 명창들이 부르는 전통 대본 대부분은 그 당시 동리가 쓴 것이다. 실로 우리 가사문학사에 태산보다 높은 위업으로 국악계선 그를 '한국의 셰익스피어'라 부른다.

동리 문하생 중 진채선陳彩仙(1847~?)이란 고혹적인 소녀가 있었다. 고창군 심원면 월산리 검당포에 사는 당골(무당) 딸로 어릴 적부터 어머니 무가巫歌를 어깨너머로 익힌 타고난 소리꾼이었다. 판소리 이론에만 몰두하던 동리도 채선의 소리에 빠져 동료 문하생들의 시샘을 무릅쓰고 그녀를 편애하며 집중적으로 가르쳤다.

고종 4년(1867) 흥선대원군이 경회루 중건 낙성연에 전국 명창들을 모은다는 전갈이 왔다. 동리는 며칠의 고심 끝에 서울의 큰물에 가 내공을 겨뤄보라고 스무 살의 채선을 상경시켰다. 천민신분 여자는 궁궐 출입이 불가할 당시였다. 남장을 하고 최고 권력자 대원군 앞에서 내지른 채선의 성조가成造歌(대궐 완공을 경축하는 소리)는 참석한 팔도명창들을 압도했다. 천하의 풍류가객 대원군이 그녀를 그냥 놔둘리 만무했다. 당장 첩실로 앉히고 연회가 있을 때마다 채선을 불러내 여흥을 즐겼다.

신재효 생가 위에 있는 고창읍성

남녀 간 사랑은 연령 신분 인종 국경도 초월하는가. 소식을 전해들은 동리는 몸져 누웠다. 그때서야 35세 연하의 제자 채선에게 품은 연정이 사랑인 줄 알았으나 때는 이미 늦었다.

인간만사 중 가장 큰 고통은 사람을 기다리는 대인난待人難이고 죽어서도 못 고치는 병이 상사병이라 했다. 그러나 동리는 늙은 자신을 주책없다고 꾸짖으며 오히려 사설 집필로 사랑의 아픔을 이겨냈다. 이 시기에 완성된 작품들이 우리 민족 문학사에 길이 남는 〈도리화가〉 〈허두가〉 〈치산가〉 〈십보가〉 〈방아타령〉 등이다.

동리는 쇠락해져 가는 건강을 돌보지 않고 웅장하면서도 호탕한 우조羽調의 동편제東便制, 부드러우면서도 구성져 유연애절한 계면조界面調의 서편제西便制, 첫소리는 평편하나 중간음이 높아 상·하성이 분명한 중고제中高制 판소리를 이론적으로 구획지었다. 지역적으로는 섬진강 동쪽지역(구례 남원 순창 곡성 고창)을 동편제로, 서쪽의 광주 나주 보성 강진 해남지역은 서편제로, 경기·충청지역 소리는 중고제라 명명했다. 이 모두가 채선과 헤어진 기간에 이루어낸 업적이다.

스승의 위독 소식을 알게 된 채선이 대원군에게 읍소해 고창의 동리 고택을 찾았다. 동리는 이미 곡기가 끊어진 지 며칠째였다.

"선생님, 소생 채선이가 진정 사랑한 건 오직 선생님뿐 이옵니다. 부디 저를 용서하시고 편히 가소서."

동리가 죽어 고창읍 성두리에 묻히자 그녀는 그날로 종적을 감췄다. 그 후 우리나라 최초의 여류명창 진채선의 행적을 아는 사람은 아무도 없다. 노령산맥 정기를 받은 고창지역은 인촌 김성수, 미당 서정주, 만정 김소희를 배출시킨 양택 명당들이 많다.

동리 고택은 유좌묘향(정동향) 대문에 병좌임향(서쪽으로 15도 기운 북쪽)의 부엌으로 동사택이다. 여자가 상하거나 재물이 흩어지는 집터임을 동리가 몰랐을까. 땅의 정기는 사적 제145호로 지정된 고창읍성에 머물러 있다.

백척간두의 절해고도에 혈혈단신으로 팽개쳐진 배정자는
무슨 짓을 해서라도 살아남아야 했다. 배정자가 갑신정변의 실패로
일본에 도망쳐 온 안경수와 김옥균을 만나게 된 것이다. 셋의 조국에
대한 악감정은 여지없이 일치했다. 2년 후 김옥균이 배정자를 조선
침략의 원흉 이토 히로부미에게 소개해 그의 수양딸이 되게 했다.

서울 도성에서 바라본 성북동의 원경.
경복궁의 좌청룡으로 북향이긴 하나 명
당혈지가 많기로 유명하다. 배정자가
변신해 숨어 살던 곳이다.

수양딸로 삼아 사교계의 여걸로 키웠지만 침략의 원흉 이토의 속셈은 따로 있었으니

1979년 여름. 전북 익산시 낭산면 내산마을 뒷산에 있는 매국노 이완용(1858~1926)의 묘가 그의 증손자에 의해 파헤쳐졌다. 매국노의 유골은 장암천 냇가에서 불태워져 물고기 밥이 되고 말았다. 살아서는 친일 앞잡이로 나라를 팔아 호강하고, 죽어서는 고종 황제 장례보다 더 성대했던 일제 주구走狗의 최후였다. 이완용 증손자는 '오래 둘수록 치욕만 남는다'며 증조할아버지 흔적을 말살시켜 버렸다.

이런 이완용과 견주어 조금도 뒤지지 않는 민족반역자 수괴가 여간첩 배정자裵貞子(1870~1951)다. 인간 배정자는 82세를 살았다. 어찌 이 땅에서 태어나 적국을 위해 좋은 일만 골라하며 호의호식하다 별다른 처벌도 받지 않고 천수를 누리다 죽어갈 수 있는가. 6·25 한국전쟁 당시 죽어 행방이 묘연한 그녀의 무덤이 어디 있는지 밝혀진다면 결코 무사치 못할 것이다.

역사의 교훈이란 반드시 입신양명하여 출세한 사람에게서만 얻어지는 게 아니다. 온갖 패악질로 민생을 그르친 인간에게서도 그 행위를 본받지 않으면 오히려 역설적 교훈이 될 수도 있다. 배정자가 저지른 조국에 대한 배신 행각은 그 열거만으로도 분노한다. 그녀의 추악한 과거는 해방된 조국의 친일 인명사전에 굵은 선으로 그어져 더욱 큰 저주를 당하고 있다.

배정자의 유년시절은 불행했다. 경남 김해에서 태어난 그녀는 어릴 적 아버지가 대구 감영에서 역모죄로 처형되자 어머니와 함께 죄적罪籍에 올라 관노가 되었다. 충격으로 눈먼 어머니를 따라 전국을 유랑걸식하다 관기가 되었고 13세 때는 여승으로 입산해 3년 동안 절간에 몸을 의탁했다.

고종 22년(1885) 그에게도 인생 역전의 기회가 왔다. 아버지 친구였던 밀양부사 정병하가 일본인 무역상 마츠오를 통해 일본 밀항 길을 주선해 준 것이다. 이때 배정자의 조선에 대한 감정은 좌절, 설움, 배신, 원망뿐이었다. 백척간두의 절해고도에 혈혈단신으로 팽개쳐진 그녀는 무슨 짓을 해서라도 살아남아야 했다. 궁하면 통하게 되고 재수 좋으면 두엄자리에서도 꿩을 잡는다 했다. 배정자가 갑신정변(1884)의 실패로 일본에 도망쳐 온 안경수와 김옥균을 만나게 된 것이다. 셋의 조국에 대한 악감정은 여지없이 일치했다. 2년 후 김옥균이 배정자를 조선 침략의 원흉 이토 히로부미(1841~1909)에게 소개해 그의 수양딸이 되게 했다.

47세의 일본 정계 거물 이토는 18세의 조선 여인 배정자에게 함몰됐다. 수양딸로 맞이한 그녀에게 조선 이름 '배정자'를 버리게 하고 일본 이름 '다야마사다코田山貞子'로 개명해 주었다. 타고난 절세미모와 현란한 화술로 이토를 녹여낸 그녀는 곧바로 일본 사교계의 여걸로 떠올랐다. 상전벽해桑田碧海로 처지가 바뀌어 일본에 망명 온 조선의 친일파들이 사다코 도움 없인 큰일을 도모할 수 없는 지경에 이르렀다.

그러나 이토의 속셈은 딴 데 있었다. 수양딸 겸 정부 배정자에게 상류사회의 고급 일본어를 가르치면서 여간첩 교육을 철저히 시켰다. 승마·수영·사격은 물론 변장술에 이르기까지 완벽에 가까운 국제 신여성으로 개조시킨 것이다. 그리고는 '대일본제국'의 명령에 목숨 바쳐 충성할 것을 서약 받았다. 가난이 한이었고 권력이 원수였던 배정자도 마다할 게 없었다. 그러나 이런 밀약을 조선에서는 아무도 모르고 있었다.

고종 31년(1894) 배정자가 이토의 통역관이 되어 금의환국했다. 이 해는 일본에 의한 갑오개혁 강행으로 단발령이 내려지는 등 일본군의 한민족 탄압이 본격 가동된 시기다. 이런 줄도 모르고 43세의 조선임금 고종은 25세의 젊은 배정자에게 반했다. 어느새 그녀는 고종의 큰 신임을 얻어 궁궐을 무상출입하게 되었고 국내 친일파는 사다코의 신세를 져야만 했다.

이후 배정사가 일제 밀정의 앞잡이로 국가와 민족 앞에 저지른 범죄는 필설로 운위하기가 부끄럽다. 이토를 도와 일본이 한국병탄에 결정적 공을 세웠고 국권 피탈 뒤에는 일본, 만주, 중국, 국내 등지에서 독립투사 체포와 우국지사 밀고에 신명을 바쳤다.

그녀의 정보 탈취 능력은 놀라웠다. 러일전쟁(1904~1905) 직전 러시아는 조선에서의 우위권 확보를 위해 고종의 평양 피신과 블라디보스토크의 천거薦居까지 계획한 적이 있다. 이 역시 배정자가 정보를 미리 빼내 일본 공사관에 전달, 시행을 무산시켰다. 일본군의 시베리아 출

만해가 살았던 심우장 가는 좁은 길. 배정자가 이 지역에 살았다는 게 역사의 치욕이다.

고종 31년 배정자가 이토의 통역관이 되어 금의환국했다.
이 해는 일본에 의한 갑오개혁 강행으로 단발령이 내려지는 등
일본군의 한민족 탄압이 본격 가동된 시기다. 이런 줄도 모르고
43세의 조선 임금 고종은 25세의 젊은 배정자에게 반했다.
어느새 그녀는 고종의 큰 신임을 얻어 궁궐을 무상출입하게
되었고 국내 친일파는 사다코의 신세를 져야만 했다.

병 때는 봉천총사령관 촉탁이 되어 군사스파이로 암약, 마적단 포섭에 탁월한 수완을 발휘했다. '동북의 호랑이'로 일컫던 중국의 장작림까지도 한때 그녀의 수중에서 놀아났다.

이런 배정자에게도 시련이 있었다. 광무 9년(1905) 이토의 밀서를 고종에게 전달한 밀정사건으로 절영도에 유배됐으나 그해 을사늑약 체결로 이토가 초대 조선통감으로 부임하며 곧 풀려났다. 이후 배정자는 '흑치마'란 별명으로 막강한 권력을 행세했고 그녀가 거친 관직만도 헤아릴 수가 없다. 조선 주둔 일본군 헌병대 조선인촉탁, 일본제국 외무부 공무원, 하얼빈 주재 일본총영사관 직원, 총독부 경무국 촉탁 외에도 수없이 많다.

일본 총독부는 1927년 그녀가 은퇴한 후에도 은급을 지급하며 노후를 보살폈다. 일제 말기에는 일본 민간업자와 결탁해 한국 여성을 일본군 위안부로 송출, 막대한 부를 축적하기도 했다. 조선 여성 1백여 명이 '군인위문대'란 이름으로 남양군도에 억지로 끌려가 성 노리개를 강요당한 것이다.

배정자는 신념이 아닌 본능으로 평생을 산 조선의 '마타하리'다. 그녀는 연령·국적을 불문한 남성 편력으로 조국의 명예를 더럽혔다. 친일군인 전제식, 조선어교사 현영훈, 현영훈 후배 박영철, 일본인 은행원 오하시, 최모 전라도 갑부·조모 대구 부호 2세, 중국 마적 두목 등이 그녀와 결혼했다 헤어졌다. 57세 때는 25세의 일본순사와 간통해 세간을 경악시켰다.

배정자는 일본의 조선 통치가 영원할 줄 알았다. 그래서 그녀에게는 1945년의 조국 해방이 저주였다. 그녀는 일찍이 간첩교육 받을 때 습득한 변장술로 재빨리 변신해 서울 성북동에 숨어 살았다. 성북동이 어떤 곳인가. 경복궁의 좌청룡에 해당하며 북악산의 정기가 활기차게 내리뻗는 명당혈지다.

서울 종로구와 성북구를 가르는 정점의 서울도성(사적 제10호)에 올라서면 배정자가 살았을 성북동이 한눈에 조망된다. 현재도 강북 부호들이 모여 사는 부자 동네. 역사의 수치는 독립운동가 만해 한용운(1879~1944) 선사가 조선총독부 청사를 등지고 북향(오좌자향)해 살았다는 심우장(서울시기념물 제7호)이 자리하고 있다는 것이다.

배정자, 그녀는 조국을 위해 잘한 일이 단 하나도 없다. 대한민국 정부가 수립되고 반민족행위 특별조사위원회가 구성됐다. 그녀는 구속됐으나 정치적 이유로 위원회가 해산되면서 곧 석방됐다. 친일반민족행위자·친일인명사전 등에 친일분자로 등재돼 있으나 정작 그녀는 천수를 누리고 자연사했다.

천년이 간들 배정자란 이름이 민족의 마음자리에서 지워지겠는가.

신문물에 눈을 뜬 수선은 1년여 동안 강원도 원주에서 소학교 교원 생활을 한 뒤 관비 유학생으로 뽑혀 일본 우에노 음악학교에 가 성악을 전공했다. 1922년 6월 종로 중앙청년회관에서 가진 귀국 독창회는 서울 장안을 뒤흔들었다. 이후부터 전국에서 열리는 클래식 음악프로에 윤심덕을 빼놓고는 흥행이 안 될 만큼 톱스타가 되었다.

비극적 로맨스의 주인공
수선 윤심덕

윤심덕과 김우진이 남몰래 자주 오갔던
부산 앞바다. 그러나 둘 사이는 이룰
수 없는 비련이었다.

인기절정의 성악가와 유능한 문학도의 사랑
운명적 만남이었지만 이루어질 수 없었으니

첫사랑은 깨지고 마는가.

수선水仙 윤심덕尹心惠(1897~1926)과 수산水山 김우진金祐鎭(1897~
1926)의 첫사랑은 결국 깨지고 말았다. 이 둘의 비극적 로맨스는 한국
판 '로미오와 줄리엣'으로 서구문물을 동경하던 개화기 청춘남녀를 숱
하게 울렸다. 시대를 앞서 가던 당대 두 지성의 현해탄 투신 자살이 던
진 사회적 충격과 여운은 아직도 가시지 않고 있다.

남녀가 바람을 피우다 들키면 세상은 여자를 더 나무란다. 개화기
신여성 수선은 일찍이 이에 저항했다. 우리나라 최초 여류성악가로 뭇
남성의 선망 대상이었던 처녀 소프라노 윤심덕이 사랑한 사람은 총각
이 아니었다. 일본 와세다 대학 영문과 출신의 촉망받는 극작가로 목포
거부의 상속자였던 동갑내기 유부남 김우진이었다. 수선과 수산의 만남
은 운명적이었지만 이룰 수 없는 비련이었다.

수선의 29년 짧은 생애는 가난, 영광, 좌절로 축약된다. 평양의 빈곤한 기독교 가정에서 태어난 그녀의 4남매는 어릴 적부터 음악적 소질을 타고났다. 아버지(파평 윤씨)는 특히 수선을 아껴 경성여자보통학교 사범과를 졸업시켰다. 신문물에 눈을 뜬 수선은 1년여 동안 강원도 원주에서 소학교 교원생활을 한 뒤 관비 유학생으로 뽑혀 일본 우에노上野음악학교에 가 성악을 전공했다.

1922년 6월 종로 중앙청년회관에서 가진 윤심덕의 귀국 독창회는 서울 장안을 뒤흔들었다. 백조처럼 긴 흰 목에 풍부한 성량의 애수 섞인 절창, 여기에다 청순가련형의 미모가 대중을 사로잡은 것이다. 이후부터 전국에서 열리는 클래식 음악프로에 윤심덕을 빼놓고는 흥행이 안 될 만큼 톱스타가 되었다.

그러나 정통 음악만으로는 식구를 부양하고 생계를 유지할 수가 없었다. 방송국에 출연해 세미클래식으로 선회하고 대중가요를 부르며 품위 유지비를 충당했다. 대중 인기를 한몸에 누리며 자만심이 강해 도도하기로 유명했던 수선은 세상을 원망했다. 관중의 갈채가 사라진 뒤 아무도 없는 빈방에 홀로 누워 외로움을 반추했다.

모두가 갈망하는 인기정상의 자리가 고작 이것이었던가. 세상의 그 많은 떼돈은 어디가고 나는 항상 허덕이는가. 대중은 반짝이는 별만 바라보고 지는 별엔 눈길도 안 준다. 차라리 이럴 바엔 평범한 아낙으로 현모양처가 되어 살아감이 낫지 않겠는가. 외출할 때마다 느껴오는 '군중 속의 고독'이 결국 그녀를 염세厭世주의자로 몰아갔다. 영광과 좌절의 뒤바뀜은 한순간이었다.

이럴 때마다 윤심덕은 김우진이 간절했다. 둘은 1921년 수산이 동

일본 유학 당시 수선과 수산이 사랑을 속삭였던 요코하마 항구. 지금도 한국 유학생이 많다.

수선은 뭔가 큰 결심을 한 듯했다. 일본에 먼저 와 있던
수산에게 급히 만나자는 전보를 쳤다. 여동생 성진의 미국 유학
길을 배웅한 뒤 관부 연락선에 올랐다. 그해 8월 4일 새벽 4시경
도쿠주마루가 대마도 인근을 지날 무렵, 수선과 수산은
서로 껴안고 흐느끼다가 현해탄의 짙푸른 바다로 몸을 날렸다.
배를 세워 흔적을 찾았으나 캄캄한 적막뿐이었다.

우회연극단을 조직해 전국을 순회할 때 단원으로 처음 만나 불같은 사랑을 나눈 사이였다. 일본 유학생들 사이에서 최고 인기였던 수선의 주변엔 작곡가 홍난파 채동선 등이 맴돌았고, 박정식이란 학생은 수선에게 구애했다가 거절당하고 상사병에 걸려 정신 이상에까지 이르렀다.

신안동 김씨 김성규(장성군수)의 3남 5녀 중 장남이었던 수산 김우진은 목포 심상소학교를 거쳐 일본으로 유학(1915) 가 시인을 꿈꾸는 촉망받는 문학도였다. 1916년 잠시 귀국했을 때 하동 정씨 정점효(1899~?)와 혼인했으나 일본으로 다시 갔다. 조혼 풍습에 따라 가문 좋고 고전적인 구식 여인과 고향에서 결혼한 뒤 유학 나온 지식인 남성들은 자신들과 눈높이가 맞는 신식 여성들에게 깊이 빠져 들었다.

시작과 극작에 심취돼 집을 뛰쳐나온 수산도 돈에 쪼들리기는 마찬가지였다. 당대 인기 절정의 성악가와 유능한 문학도의 사랑은 세간의 큰 부러움을 샀으나 정작 당사자들은 힘겨웠다. 둘은 도쿄에서 멀지 않은 요코하마 항구를 자주 찾아 즉흥 시가를 주고받으며 위안 삼았다.

1926년 7월 슬럼프에 빠져있던 수선에게 기쁜 소식이 날아들었다. 일본 닛토日東 레코드사의 취입 요청이었다. 재기를 노리고 일본에 간 윤심덕은 24곡의 녹음을 끝낸 다음 또 한 곡의 추가 취입을 요청했다. 요시프 이바노비치의 〈다뉴브 강의 잔물결〉에 수선이 한국어 가사를 붙인 번안곡이었다. 반주는 성악가 남동생 윤기성(바리톤)이 맡았다. 오늘날까지 널리 애창되고 있는 〈사死의 찬미〉다.

황막한 광야를 달리는 인생아/ 너의 가는 곳 그 어데이냐/
쓸쓸한 세상 험악한 고해에/ 너는 무엇을 찾으러 가느냐/

부산의 오륙도. 밀물 때는 5개, 썰물 때는 6개 섬으로 보여 오륙도다.

눈물로 된 이 세상에/ 나 죽으면 그만일까/
행복 찾는 인생들아/ 너 찾는 것 허무.

눈물로 범벅뒤 절창이었다. 취입곡을 듣던 일본인 사장은 물론 녹음
실 직원들조차 울음바다가 되고 말았다.

수선은 뭔가 큰 결심을 한 듯했다. 일본에 먼저 와 있던 수산에게 급
히 만나자는 전보를 쳤다. 여동생 성진(피아니스트)의 미국 유학길을 배웅
한 뒤 둘은 관부關釜 연락선에 올랐다. 그해 8월 4일 새벽 4시경 도쿠주
마루德壽丸가 대마도 인근을 지날 무렵, 수선과 수산은 서로 껴안고 흐
느끼다가 현해탄의 짙푸른 바다로 몸을 날렸다. 배를 세워 흔적을 찾았
으나 캄캄한 적막뿐이었다.

이 둘의 정사가 던진 파장은 컸다. 인기스타라는 사회적 공인으로 자신에게 쏠리는 대중적 기대와 관심을 아낌없이 누리고자 했지만 실패로 돌아간 분노를 죽음으로 항거한 것이다.

〈사의 찬미〉는 불티나게 팔려 당시로선 경이적인 10만 장을 넘어섰다. 두 정인情人의 죽음은 개화기 한국 문화계의 큰 손실로 아직까지도 미스터리다.

한반도를 중심 삼은 아시아 대륙의 풍수 물형으로 볼 때 일본은 남주작에 해당하며 불을 상징한다. 내청룡(사할린)과 외청룡(캄차카반도)이 받쳐주며 우백호(산둥반도) 또한 빈틈없다. 국가와 국가 사이에 형성된 풍수 환경이 이만큼 완벽한 나라도 드물다고 풍수학계서는 판단하고 있다. 불의 기운을 많이 받아 화산지대가 많은 일본 지세에선 용암을 분출하는 듯한 일도양단一刀兩斷의 성정을 닮기가 쉽다.

각국의 지형과 지기는 웬만한 지각 변동으로도 변하지 않는다.

16세 되던 해 그녀에게도 마침내 때가 왔다. 삼천가극단이 제주도
순회공연 도중 막장 가수가 결장해 임시로 그녀를 내세운 것이다.
관중의 인기에 놀란 작사가 강사랑이 오케이레코드 이철 사장에게
추천했고 이듬해 손목인이 작곡한 〈불사조〉를 부르며 가수가 됐다.
이옥례란 이름을 버리고 이난영이란 예명도 얻었다.

목포 삼절 삼학도와
가수 이난영

유달산에서 내려다본 목포 시가지. 이
난영이 부른 〈목포의 눈물〉로 국민의
가슴 속의 '노래 성지'가 되었다.

별은 밤하늘에서만 반짝이나니
스타의 일생은 험난하기만 하고

내 고향에서 유명한 인물이 태어났다면 자랑스럽다. 특히 그 역사적 인물이 여자일 경우에는 강한 친근감과 함께 마음이 더욱 쏠린다. 개성의 황진이(조선 제11대 중종 시기), 강릉의 허난설헌(1563~1589), 장수의 논개(?~1593), 실존 인물은 아니나 남원의 춘향이도 있다.

　　사공의 뱃노래 가물거리며/ 삼학도 피도 깊이 스며드는데/
　　부두의 새아씨 아롱 젖은 옷자락/ 이별의 눈물이냐 목포의 설움.

항구도시 목포의 정서를 이만큼 애틋하게 표현해낸 우리말이 또 있겠는가. 이 〈목포의 눈물〉을 부른 가수 이난영李蘭影(1916~1965)은 목포 출신이다. 목포에 가면 유달산과 삼학도가 있다. 목포 사람들은 유달산·삼학도·이난영 이 셋을 일러 '목포 삼절'이라고 부른다.

뭇 사람들은 하늘에 높이 뜬 우상 '스타의 일생'을 부러워한다. 부와 인기와 영광만 있는 줄 알고 그 행간에 숨겨진 가시밭길은 간과해버리기 일쑤다. 별은 밤하늘에 높이 떠 있을 때만 반짝이며 빛날 뿐 둥근 해가 떠오르면 흔적도 없이 스러진다. 이래서 스타의 일생은 험난하기만 하다. 이난영의 49년 생애도 고단했다.

그녀의 본적은 목포시 양동 72번지. 가난한 양반가(전주 이씨) 딸로 태어나 목포보통학교(현 북교초등학교)를 4년 중퇴하고 오빠(이봉룡·작곡가)가 다니는 솜 공장에 나가 여공으로 일했다. 일제강점기 질곡 같았던 삶을 누군들 피해갈 수 있었으랴. 10세 무렵에는 어머니가 일하는 제주도에 건너가 절벽과도 같은 세상과 맞섰다.

인간에게는 누구나 세 번의 역전 기회가 있다고 한다. 16세(1931) 되던 해 그녀에게도 마침내 때가 왔다. 삼천三川 가극단이 제주도 순회공연 도중 막장가수(막간을 이용해 노래 부르는 무명가수)가 결장해 임시로 그녀를 내세운 것이다. 뜻밖에도 결과는 대박이었고 관객들은 꽃다운 소녀의 절창에 열광했다. 가극은 제쳐두고 3창, 4창의 앵콜이었다. 관중의 인기에 놀란 작사가 강사랑이 오케이레코드 이철 사장에게 추천했고 이듬해(1932) 손목인이 작곡한 〈불사조〉를 부르며 가수가 됐다. 이옥례란 이름을 버리고 이난영이란 예명도 얻었다.

18세 되던 해(1933) 가수 이난영에게 또 기회가 왔다. 민족의 노래 〈목포의 눈물〉이 그녀를 통해 불려지게 된 것이다. 향토 신민요가사 공모에 당선된 목포 출신 문일석의 작시에 손목인이 곡을 붙인 노래였다. 3절의 가사로 이어지는 이 노래는 팔도강산을 울렸다. 특유의 비음(콧소리) 섞인 교성에 남도 판소리 가락이 녹아든 흐느끼는 듯한 창법은 일본

이난영이 묻힌 수목장 나무. 목포 삼학도 안에 있다.

세월은 왕년의 화려했던 이난영을 잊어갔다. 좌·우의 간 이념
대립과 봇물 터지듯 상륙한 서양 음악의 유행은 아직도 젊은
그녀를 벼랑 끝으로 내몰았다. 설상가상으로 일제 당시 불려진
대다수의 노래엔 왜색 가요라는 오명까지 씌워졌다. 격동기의
한국 현대사는 세월의 고비마다 이난영에게 슬픔을 안겨 주었다.
그녀는 고독했던 자신의 삶을 술로 달랬다.

인들마저 울렸다.

문일석은 일제 치하에 압박받는 민족의 설움을 절묘하게 표현했다. 2절 가사 첫 소절 '삼백 년 원한 품은 노적봉 밑에'를 '삼백연三柏淵 원안풍願安風은 노적봉 밑에'로 위장 표현해 서슬 퍼런 일제 검열을 피했던 것이다. 노적봉은 유달산의 또 다른 이름이며 임진왜란 때 이순신 장군이 노적봉을 볏단으로 위장해 왜군을 무찌른 바 있다. 당시만 해도 임진·정유재란이 끝난 지 3백여 년 넘은 시기였다.

1936년(21세)에는 천재 작곡가 김해송(1910~?)과 결혼하면서 이난영은 인생의 최고 황금기를 구가했다. 돈·명예·인기가 모두 그녀의 것이었다. 1942년엔 오빠 이봉룡이 김해송에게 배워 작곡한 〈목포는 항구다〉를 불러 공전의 히트를 했다. 일본에 가서는 오카 난코岡 蘭子란 이름으로 한국 대표 가수가 되어 날렸다.

1945년 해방되던 해 그녀는 30세였다. 현해탄을 오가며 인기를 누리던 당대 연예인들에겐 친일 딱지가 얹혀지며 무대 출연을 옥죄었다. 이난영은 김해송이 설립한 KPK극단(주한미군 위문공연단)에서 활동하며 해방 직후의 격동기가 지나가길 기다렸다.

그러나 세월은 왕년의 화려했던 이난영을 잊어갔다. 좌·우익 간 이념대립과 봇물 터지듯 상륙한 서양 음악의 유행은 아직도 젊은 그녀를 벼랑 끝으로 내몰았다. 설상가상으로 일제 당시 불린 대다수의 노래엔 왜색 가요라는 오명까지 씌워졌다.

왜색倭色 가요란 도·레·미·파·솔·라·시의 7음계 중 중음의 '파'와 고음의 '시'를 제외한 일본식 '요나메키' 멜로디를 말한다. 4분의 2박자 '뽕짝' 리듬으로 따라 부르긴 쉬우나 무력감을 불러일으켜 비탄에 젖게 한다. 일본의 레코드 자본이 한국에 진출하며 식민정책 일환으로 만연시켰던 유행가다.

6·25 한국전쟁 중 김해송 납북, KPK 극단을 혼자 이끌며 4남 3녀의 가장 노릇, 가수 남인수와의 동거와 사별, 자녀들의 도미 연예인 활동으로 인한 고독. 격동기의 한국 현대사는 세월의 고비마다 이난영에게 슬픔을 안겨 주었다. 그녀는 고독했던 자신의 삶을 술로 달랬다. 1965년 4월 11일 서울 중구 회현동에서 세상을 떠났을 때 현장에는 양주병이 나뒹굴었다.

그녀는 죽어 경기도 파주시 광탄면 용미리 공동묘지의 무연고 구역에 쓸쓸히 묻혔다. 그러나 이난영은 떠났어도 〈목포의 눈물〉은 부활했다. 김대중 전 대통령의 0순위 애창곡이었고 호남지역에 연고를 둔 해태 타이거즈 야구팀의 응원가로 그라운드를 진동시켰다.

항도 목포를 넘어 민족의 한과 슬픔을 절규한 노래 한 곡이 국민애창곡으로 승화된 것이다.

목포인들은 이난영을 잊지 않았다. 2006년 3월 25일 그녀의 유골을 화장해 목포시 산정동 대삼학도 중턱의 20년생 백일홍 나무 밑에 수목장으로 안장했

이난영 노래비

다. 난영공원을 조성하고 노래비도 세웠다. 서럽게 죽은 지 41년 만에 고향의 품에 안긴 것이다.

가수 이난영의 삼학도 안장으로 국민적 관심을 갖게 된 수목장樹木葬은 이미 유럽에서는 보편화된 장법이다. 우리나라에서는 2004년 고려대 김장수 농대학장 시신을 화장해 나무 아래 산골한 것이 효시다. 화장한 유골을 돌항아리에 넣어 지정된 나무 밑을 파고 묻는 방식(이난영)과 나무 주위에 산골(김장수)하는 두 가지 형태가 있다.

사찰의 울창한 송림지역이 최적지로 선호되며 최근에는 법인으로 구성된 일반 산림지역을 권장하고도 있다. 강화 전등사의 소나무 숲이 대표적 사례며 수목장 이후의 장목葬木관리 성패가 국민적 동참 여부의 관건이다.

삼학도 난영공원을 찾은 추모 팬들은 '이난영의 백일홍'을 어루만지며 생전의 그녀를 대하듯 한다. 그리고는 목포인의 어머니 품 같은 유달산(228m)에 오른다. 1968년 연륙 이후 과거의 정취를 잃고만 삼학도의 자연경관이 아쉽기만 하다.

한반도의 척추에 해당하는 백두대간은 속리산을 거쳐 지리산 중봉에서 분맥한 뒤 중원을 향해 치닫다가 계룡산에서 멈춰 선다. 여기서 노령산맥을 타고 무등산으로 내려와 영암·순천 쪽으로 형성된 것이 호남정맥인데 목포는 이 맥에서 비껴난 잔구殘丘의 낮은 구릉지대. 구릉 또는 평야가 강과 바다와 만나는 지형은 외지 도래인이 출세하는 풍수적 물형이다.

6 장

현대사를 써 내려가다

김대건 신부의 가족사는 초기 한국 가톨릭 순교사와 함께 한다. 자신도 수선탁덕으로 한국 최초의 신부가 된 것이 사교를 오염시킨 죄라 하여 군문효수 당했다. 김 신부는 여섯 번에 걸친 혹독한 고문에도 끝내 천주 신앙을 배교하지 않았다. 선교부와 교우에게 전하는 유서를 남긴 뒤 헌종 12년 9월 16일 새남터에서 순교했다.

한국 최초의 신부
안드레아 김대건

안성 미리내 성지를 환포하는 길격의 산세. 좌청룡 우백호가 뚜렷하며 북현무의 위용이 당당하다.

4대에 걸쳐 순교자를 낸 참혹한 가족사
그가 묻힌 곳은 한국 가톨릭의 성지가 되고

김대건金大建(1822~1846) 신부(세례명 안드레아)의 가족사는 초기 한국 가톨릭(천주교) 순교사와 함께 한다. 그의 증조부 진후(1814), 종조부 한현(1816), 아버지 제준(1839)이 천주교를 믿는다고 차례로 처형당했다. 자신도 수선탁덕首先鐸德(첫번째 성직자라는 칭호)으로 한국 최초의 신부가 된 것이 사교를 우엄시킨 죄라 하여 군문효수 당했다. 당시 김 신부 나이 25세로 안타까운 요절이었다.

군문효수軍門梟首. 고종 31년(1894) 갑오개혁 때 폐지되기는 했지만 대역죄를 범한 죄인의 목을 벤 후 긴 장대에 묶어 매달아 군중을 경계시켰던 사형법이다. 효수당한 죄인은 시신조차 수습 못 하게 군졸들이 지켰다. 김 신부는 여섯 번에 걸친 혹독한 고문에도 끝내 천주 신앙을 배교하지 않았다. 선교부와 교우에게 전하는 유서를 남긴 뒤 헌종 12년(1846) 9월 16일 새남터에서 순교했다.

김대건 신부의 모태신앙과 성직자로서의 행적은 솔뫼 성지와 미리내 성지에서 길이 빛나고 있다. 솔뫼(충남 당진시 우강면 송산리 115)는 그가 태어난 곳이고 미리내(경기도 안성시 양성면 미산리 141)에는 안드레아의 묘가 있다. '소나무 산'이라는 솔뫼에는 200년 넘는 수령의 재래 적송들이 상큼한 솔바람을 일으키고 있고 '은하수 골짜기'란 뜻의 미리내는 계곡이 무척 아름답다. 두 곳 모두 곱디고운 우리 말 땅이름이다.

당진 출신의 김 신부가 안성에 묻히는 과정에는 피맺힌 사연이 포개져 있다. 그가 절명한 지 40일 째 되던 날 밤, 열렬한 교우 이민식(빈첸시오·1829~1921)이 감시가 소홀한 틈을 노려 시신을 몰래 파냈다. 이민식은 등짐을 가장해 밤길을 강행한 지 1주일 만에 그의 시신을 자신의 선영인 미리내에 안장했다. 이런 우여곡절 끝에 김 신부는 유해로나마 안식하게 됐고 이후 빈첸시오는 이곳 선산을 복지기념관 부지로 기증했다. 안성 미리내 성지의 역사다.

4대에 걸쳐 순교자를 낸 김 신부의 솔뫼 출생지는 어떤 자리일까. 사방 시야가 탁 트인 평야 지역에서도 그의 생가 터는 봉긋하게 솟아있다. 축좌미향(서남향)의 대문 좌향에서 술방戌方(서북향) 득수(물이 들어옴)하여 을방乙方(남동향) 파수(물이 빠짐)이니 서사택의 명당 양택지다. 금상첨화로 생가 전방에는 거대한 띠를 두른 듯한 금원수錦遠水가 넓은 들녘을 감싸 돌고 있다.

질편한 논과 밭에서도 명당을 찾아내는 게 평지 풍수다. 논밭을 뚫고 지나가는 용맥을 천전협穿田峽이라 하는데 대개는 농사짓느라고 갈아엎어 눈에 띄기 어렵다. 그러나 쟁기질한다 해도 보습 들어가는 깊이가 일정하므로 높낮이의 흔적이 희미하게나마 남아있기 마련이다. 한

치만 높아도 산이요 한 치만 낮아도 물이라 했다. 이 과맥過脈을 제대로 분별할 줄 아는 안목이 제 몫을 다하는 풍수다.

서양종교 중에서도 특히 가톨릭은 풍수와 수맥을 소홀히 않는다. 전국의 성당 터를 살피다 보면 명당 아닌 곳이 거의 없고 우리 생활에 익숙해진 수맥 감별법도 가톨릭 신부에게서 비롯됐음이 이를 방증한다. 김대건 신부 묘 옆에 건립된 103위 성인위位 봉안 기념성당이나 현재 건축 중인 천진암(경기도 광주시 퇴촌면 우산리) 기념성당도 누구나 알아볼 수 있는 명당자리다.

일반 사가에서야 4명의 순교(처형)자가 나왔다면 흉가로 인식하겠지만 가톨릭의 시각은 다르다. 이 세상 무엇과도 바꿀 수 없는 숭고한 신앙을 고수하다 목숨을 버리는 건 갑남을녀의 평범한 생애보다 우월적 가치가 있다고 보기 때문이다.

김해 김씨 가문의 솔뫼 생가에 시집와 15세 김대건의 마카오 유학 길을 주선했던 어머니 고씨(세례명 우르술라)도 일찍이 가톨릭에 입문했다. 모태신앙으로 그를 성장시켰다.

1928년 세워진 경당 앞에 대리석으로 조영된 김 신부 묘 가슴 부위는 손때가 새카맣게 묻어 있다. 찾는 교우들마다 눈물 흘리며 그 위에 손을 얹고 간절히 기도하기 때문이다. 신좌을향(동향)에 해亥(서북향) 득수 오午(정남향) 파수의 묘 자리는 경황이 없다고 함부로 쓴 터가 아니다. 앞 뒷산이 목木체형으로 후룡맥이 대담하게 행룡하며 북현무는 병풍 치듯 안온하게 둘러싸고 있다.

김 신부 묘 뒤에는 어머니 고 우르술라, 이민식 빈첸시오와 함께 순교자 유택이 여럿 있어 가톨릭 초기 인물사가 현장에서 연결된다.

당진 솔뫼 성지 내의 김대건 신부 생가. 집 앞을 금원수가 감싸 돌고 있다.

김 신부는 철종 8년 로마 교황청에서 가경자로 선포되고
1925년 교황 비오 11세에 의해 복자품에 올랐다. 이후
1984년 방한한 요한 바오로 2세 교황에 의해 시성된 뒤
다른 순교자들과 함께 103인 성인위에 올랐다.
한국 가톨릭교회 위상과 권위를 세계 가톨릭이 공인한 것이다.

김 신부는 철종 8년(1857) 로마 교황청에서 가경자可敬者로 선포되고 1925년 교황 비오 11세에 의해 복자품福者品에 올랐다. 이후 1984년 방한한 요한 바오로 2세 교황에 의해 시성諡聖된 뒤 다른 순교자들과 함께 103인 성인위에 올랐다. 한국 가톨릭교회 위상과 권위를 세계 가톨릭이 공인한 것이다.

경당 우측 아래에는 103위를 봉안한 거대 기념성당이 자리하고 있다. 함부로 범접 못할 위용과 함께 후면(북현무)의 하전下殿이 장관이다. 하전은 무장한 장군이 대궐을 지키는 형국으로 음택이나 양택에서 최고로 꼽는 산국山局이나. 기념성낭 앞에서 보닌 미리내 성시를 불러싼 전·후·좌·우가 흠결 없이 환포하고 있다.

솔뫼와 미리내 성지에 가면 가톨릭 신자가 아니더라도 김 신부가家의 참혹한 죽음과 안타까운 묘지 사연에 모두가 가슴을 쓸어내린다. 사람이 당하는 고통과 불행 앞에 네 종교 내 신자를 어찌 구분할 것인가. 인간이 인간 위에 군림하며 가하는 고통의 한계가 이디까지인지 처연해질 따름이다.

김 신부와 안성은 유년시절부터 각별한 인연으로 맺어진다. 99칸의 대갓집에 살던 집안이 천주교를 믿어 폐문 지경에 이르자 가솔 모두 고향을 등지게 됐다. 7세 때 어머니를 따라

안성 미리내 성지 안의 김 신부 기념성당

한국천주교 103인의 성인을 봉안한 기념성당. 안성 미리내 성지 안에 있다.

안성과 가까운 용인시 내사면 금곡리로 이사한 후 안성을 자주 왕래했다. 어린 김대건은 여기서 프랑스 모방 신부를 만나 세례 받고 예비 신학생으로 선발돼 마카오로 건너가게 된 것이다. 500만 가톨릭 신자의 영성 귀의처인 솔뫼와 미리내 성지가 그냥 태생된 것이 아니다.

일본의 강압으로 체결된 1905년 망국조약에 의해 외교권과 사법권을
빼앗겼으니 국가의 존재가 무엇이겠는가. 국가를 구하겠다고 결연히
나선 의병을 보호하기는커녕 적국으로 유배를 보내는 이 나라
조정이었다. 면암은 유배 길을 떠나는 부산항에서 서글픈 조국 산하를
다시 한 번 뒤돌아보았다. 그의 나이 74세였다.

항일 의병대장
면암 최익현

충남 예산에 있는 의병장 최익현의 묘.
대마도서 운구 도중 갑자기 쓴 자리다.
그의 우국충정과 호국정신은 일제강점
기 독립운동으로 이어졌다.

나라를 구하겠다고 의병을 일으켰지만
74세에 대마도로 유배당해 굶어 죽으니

"최익현을 쓰시마(대마도) 3년 감금형에 처한다."

면암勉菴 최익현崔益鉉(1833~1906)은 자신에게 언도를 내린 일본군 재판관을 무서운 안광으로 쏘아 보았다. 오랏줄로 포박된 채 일본 군졸에게 끌려 법정을 나서며 서울 하늘을 보니 먹장구름이 잔뜩 끼었다. 광무 10년(1906) 가을, 면암은 절통했다.

'이 나라 대한제국이 어쩌다 이 지경에 이르러 내 나라 수도에서 적군의 재판을 받아야 하는고. 조정 안은 국권을 팔아먹는 매국노로 가득 찼고, 글줄이나 깨쳤다는 식자들은 왜적에게 빌붙어 출셋길에 나섰으니 장차 이 나라 운명은 어찌될 것인가.'

이 모두가 일본의 강압으로 체결된 1905년의 망국조약(을사늑약) 때문이었다. 외교권과 사법권을 빼앗겼으니 국가의 존재가 무엇이겠는가. 국가를 구하겠다고 결연히 나선 의병을 보호하기는커녕 적국으로 유배를 보내는 이 나라 조정이었다. 면암은 유배 길을 떠나는 부산항에서 서글픈 조국 산하를 다시 한 번 뒤돌아보았다. 그의 나이 74세였다.

"내, 이완용 박제순 이지용 이근택 권중현 등 을사오적 놈들을 처단 못하고 떠남이 통한이로다. 어찌 국록을 축내며 벼슬길에 오른 자들이 임금을 협박해 나라를 팔아먹는단 말인가. 저승에 가서라도 네 놈들 후손이 어찌되는가를 지켜볼 것이로다."

함께 유배 길에 오른 부하 임병찬 유준근도 면암의 절치부심에 두 주먹을 불끈 쥐며 눈물을 흘렸다. 일군의 엄중한 호위 속에 수송선이 대마도對馬島(쓰시마)에 도착하자 곧바로 면암은 이즈하라 위수영衛戍營에 감금됐다. 일군 대장이 면암 일행에게 군령을 내렸다.

"이제부터 너희들은 대일본제국 천황폐하가 하사하는 음식에 갓을 벗고 감사한 뒤 먹어야 한다."

면암은 정좌한 채 미동도 하지 않았다. 부산항을 떠나올 때 일본 땅을 안 밟겠다며 버선 밑에 한국 흙을 파 넣고, 적국 식음 거부 요량으로 조국의 생쌀과 물마저 가져온 그였다. 연명하던 곡물이 떨어지자 위수영에서 제공하는 모든 음식물을 거부했다. 고령과 영양실조로 탈진해 죽음을 직감한 면암이 임병찬(1851~1916)에게 유소遺疏(마지막 올리는 상소)를 구술했다.

화급해진 건 일본군이었다. "통역관의 실수였다"는 일군 대장의 백배사죄로 부하가 떠 넣는 미음을 겨우 넘겼지만 얼마 후 면암은 세상을 떠났다. 시신이 부산항에 도착하자 국내 유림들과 민중들이 들끓었다. 그가 말년을 보낸 청양군 정산면으로 영구가 향하며 노제 지내는 곳마다 인산인해를 이뤄 하루에 십리(4㎞) 길도 못 갔다.

겁먹은 일세가 논산시 상월면 국도변에 서둘러 매장했다. 소문을 듣고 찾아와 통곡하는 애도객들이 줄을 잇자 1910년 도시에서 멀리 떨어진 예산군 광시면 관음리 산21-1번지로 몰래 이장했다. 사람 사는 대명천지에 비밀이 있을 리 없다. 일제 식민통치가 지속되는 동안 이곳은 국내외 독립투사들의 정신적 귀의처로 자리 잡았다.

묘가 있는 곳에는 마음이 머문다. 인걸의 생애를 예찬하며 그의 행적을 본받고자 하는 노력이 새로운 인물 출현에 큰 영향을 미치게도 한다. 이제 면암이 묻힌 예산 관음리는 이장 당시의 벽촌 산골 마을이 아니다. 일제가 눈엣가시였던 그의 묘를 명당 잡아 썼을 리는 없지만 자좌오향의 양지 바른 정남향이다. 홍성, 청양, 보령을 잇는 국도변 묘(부인 청주 한씨와 합장) 입구에는 면암을 기리는 춘추태의비春秋太義碑가 우뚝 서 있으며 기념물 제29호로 지정(1982. 8. 3)돼 있다.

차령산맥의 지맥인 덕숭산과 가야산 정기를 이어받은 예산에는 명산대찰과 역사적 인물들이 많다. 백제 부흥운동의 마지막 거점이었던 임존산성과 조계종 제7교구 본사인 수덕사가 자리하며 추사 김정희와 매헌 윤봉길 의사가 태어난 곳이다. 고려 때 여진족을 무찌른 강민첨 장군과 조선 중기 명신 이산해도 이곳 명당 혈처에 영면하고 있다. 전국 최대 규모의 예당저수지가 예산·당진평야를 적시며 이 물이 보이는 각 길지 혈처의 명당수 역할을 해주고 있다. 저수지 위에는 정긍모 전 해군 제독의 묘와 그를 현양하기 위한 '예당긍모로'가 있다.

순조 33년(1833) 경기도 포천군 가범리에서 경주 최씨 최대의 아들로 태어난 면암은 어릴 적 집안이 극빈하여 단양과 청양으로 이사하는

물안개에 휩싸인 면암 묘 앞의 예당 저수지. 이 지역 길지 혈처의 명당수가 되어주고 있다.

말년 들어 을사늑약이 체결되자 그간의 위정척사운동을 항일·의병운동으로 전환해 앞장섰다. 1906년 기묘에 하직하고 가솔들과 이별한 뒤 전북 태안에서 궐기했다. 의병수가 늘어나 1천 명에 이를 무렵 정읍에서 관군과 맞서게 됐다. 면암은 동족끼리 피 흘릴 수 없다며 순순히 투항해 서울로 압송됐다.

등 여러 지방을 전전하며 성장했다. 14세 때 화서 이항로(1792~1868)
문하에 들어가 성리학을 습득하며 호국정신을 몸에 익혔다. 23세 정시
문과에 급제한 면암은 여러 관직을 두루 거치며 불의와 부정을 가차 없
이 척결했다. 특히 수봉관, 지방관으로 재직하며 당시 극도로 부패한 세
도 권신들을 질타해 탐관오리들을 벌벌 떨게 했다.

시국 판단과 문장에 능했던 그는 자신의 대쪽 같은 기개를 상소문으
로 대변했다. 수없이 올린 서슬 퍼런 상소문은 임금마저 안중에 없었고
그때마다 조정은 분란으로 휩싸였다. 그중 고종의 섭정으로 무소불위의
권력을 휘두르던 흥선대원군을 실각케 한 고종 13년(1876)의 병자지부
소丙子持斧疏는 역사의 중심축을 바꿔 놓았다.

면암은 어전에 거적을 깔고 도끼를 곁에 놓은 다음 목숨 걸고 탄원
했다. 대원군의 서원철폐 중지와 고종의 친정이 관철 안 되면 이 도끼로

최익현의 행적을 적은 춘추대의비

자신의 목을 치라며 물러서지 않았
다. 결국 대원군은 축출되었으나 민
비 측에서는 오히려 부자 간을 이
간시킨 죄목으로 유배 보냈다. 이런
성품으로 그는 제주도와 흑산도에
3년씩 유배되는 등 고통스러운 유
배생활을 피할 수 없었다.

말년 들어 을사늑약이 체결되자
그간의 위정척사운동을 항일·의병
운동으로 전환해 앞장섰다. 1906년
가묘家廟에 하직하고 가솔들과 이별

한 뒤 전북 태안에서 궐기했다. 의병수가 늘어나 1천 명에 이를 무렵 정읍에서 관군과 맞서게 됐다. 면암은 동족끼리 피 흘릴 수 없다며 순순히 투항해 서울로 압송됐다.

그는 비록 비탈진 산록에 초라히 누워 있으나 청양의 모덕사를 비롯한 포천 고창 곡성 구례 등 전국 10여 곳의 사당에서 봉향을 올리고 있다. 죽어서도 다시 사는 면암의 충절정신이다.

면암의 항일·구국정신은 안중근 의사, 백범 김구, 이봉창 의사 등의 독립운동으로 이어져 우리 민족 가슴속에 면면히 전승되고 있다. 한국 유림의 만세필전萬世必傳 스승으로 성균관에서는 매년 11월 그가 순국한 대마도에서 제향을 지내고 있다.《면암집》44권을 남겼고 1962년 건국훈장 대한민국장을 추서 받았다. 이 지역 국회의원을 지낸 최창규 전 성균관장이 면암의 현손이다.

최익현의 고향은 포천이고 묘는 예산에 있다. 태어난 집터의 생기는 살아생전을 좌우하고 묘터 운기는 동기감응同氣感應으로 후손들에게 이어져 큰 영향을 미친다. 면암의 생애를 반추하고 그 방손들을 만나 실상을 확인하며 풍수의 절묘한 이치를 체감하게 된다.

만해는 14세 때 결혼한 부인 유씨와 상의도 없이 집을 나섰다. 설악산 오세암에 가 머슴 일을 자청했다가 입산했다. 고된 행자 생활 속에 불교의 기초교리와 참선의 오도 경지를 깊이 체득했다. 32세 때인 1910년 한국과 일본이 합병되자 절망으로 통곡했다. 독립군 훈련장을 순방하며 독립 정신과 민족혼을 고취시켰다.

만해가 조선총독부를 등지고 살다가 입적한 서울 성북동의 심우장. 일부러 북향으로 지었다. 변절자와 친일 분자들이 그를 두려워했다.

33인 민족대표로 3년 형을 받고 수감
불교개혁과 저술로 식민통치에 맞서니

만해萬海 한용운韓龍雲(1879~1944)은 어릴 적 아버지 한응준의 당부를 어른이 되어서도 잊지 않고 실천에 옮기며 살았다.

"네가 태어난 이곳은 신념과 의리로 평생을 살다간 인걸의 고장이다. 태고 보우(1301~1382)국사, 최영(1316~1388)장군, 사육신 성삼문(1418~1456)선생. 그분들 모두 권력과 재물을 탐낸 분들이 아니다. 가세가 빈곤하여 신상이 고달프더라도 대의를 위해 살 수 있다면 그것이 떳떳한 장부의 일생이니라."

만해의 고향은 충남 홍성군 결성면 성곡리 492번지. 빈농이긴 했으나 청주 한씨의 기개 있는 문중이었다. 그의 성장기는 흥선대원군의 집정과 주변 강대국들 간 한반도 선점욕으로 나라 안팎이 어수선한 시기였다. 특히 4세 때 겪은 임오군란과 16세 되던 해의 동학란, 갑오개혁은 '국가와 민속이 무엇이냐'는 커다란 화두로 태동됐다.

6세 때부터 10여 년간 향리 서당에서 익힌 한학이 세계를 내다보는 안목을 크게 넓혔다. 경서에 달통한 만해는 중국의 앞선 문명 서적을 탐독하며 깜짝 놀랐다. 세계에는 중국, 일본, 러시아만 있는 것이 아니라 아메리카와 아프리카도 존재하며, 지구상에는 인종과 종교마저 다양하다는 데 충격을 받았다.

사춘기의 만해를 더욱 혼란스럽게 만든 건 당시의 시대상이었다. 조정의 학정을 견디다 못해 봉기한 동학 농민군의 진압에 어찌 일본군을 끌어들인단 말인가. 의협심이 강했던 만해의 아버지도 조정에 반기를 든 동학군을 토벌하러 나섰다. 그는 고뇌했다. 나라의 흥망성쇠를 책임진 권세가들이 어찌해서 백성을 위하지 못하고 매관매직에 토색질을 일삼는 것일까. 많은 것을 누리면서 무엇을 얼마나 더 가져야 저들의 욕망이 충족될 것인가.

만해는 14세 때 결혼한 부인 유兪씨와 상의도 없이 집을 나섰다. 설악산 오세암五歲庵에 가 머슴 일을 자청했다가 입산했다. 고된 행자생활 속에 불교의 기초교리와 참선의 오도悟道 경지를 깊이 체득했다.

그러나 어떤 경문과 엄한 율법도 청년 만해를 사로잡지 못했다. 자유인 만해는 바랑 하나 걸머지고 암자를 나섰다. 블라디보스토크, 시베리아, 만주 등지를 유리걸식으로 방랑하며 구도의 길을 헤맸다. 드넓은 앎의 경지를 찾아 나선 고행의 순례길에서 얻은 건 아무것도 없었다. 그는 설악산 백담사로 다시 돌아와 연곡連谷화상 앞에 무릎을 꿇었다. 아명 유천裕天, 본명 정옥貞玉을 버리고 법명 용운, 법호 만해로 다시 태어나며 재입산했다. 27세였다.

32세 때인 1910년 한국과 일본이 합병되자 절망으로 통곡했다. 만

서울 망우리 묘지공원에 있는 만해(왼쪽)와 부인 묘. 애국지사와 유명 인사들이 영면해 있는 묘역이다.

기미년 3·1 독립운동 의거를 며칠 앞둔 1919년 2월 하순의
종로 태화관 밀실. 독립선언문에 서명한 33인의 민족대표가
모여 문안 내용을 최종 조율하던 중 육당 최남선과
만해 한용운이 크게 충돌했다. 만해는 마지막 공약 3장에
'최후의 1인까지 최후의 일각까지 정당한 의사를 쾌히
발표하라'는 구절을 삽입하며 가까스로 타협했다.

해는 다시 일어나 중국의 동북 삼성으로 갔다. 만주지방 여러 곳의 독립 군 훈련장을 순방하며 독립정신과 민족혼을 고취시켰다. 일본의 도쿄와 교토에 가 신문명을 접하기도 했다.

기미년 3·1 독립운동 의거를 며칠 앞둔 1919년 2월 하순의 종로 태화관 밀실. 독립선언문에 서명한 33인의 민족대표가 모여 문안 내용을 최종 조율하던 중 육당 최남선과 만해 한용운이 크게 충돌했다. 선언 문을 기초한 육당에게 내용이 너무 온건하다며 만해가 다시 쓰겠다고 나선 것이다. 만해는 마지막 공약 3장에 '최후의 1인까지 최후의 일각 까지 정당한 의사를 쾌히 발표하라'는 구절을 삽입하며 가까스로 타협 했다.

체포된 다수의 독립 운동가들은 국가 내란죄로 사형된다는 소문에 변절하는 이가 속출했다. 자신은 주동자가 아니라며 발뺌하는가 하면, 만세운동의 참여가 본뜻이 아니었다고 살길을 찾아 변명하기도 했다. 이런 변절자들에게 만해는 "나라 잃고 죽는 것이 그렇게도 서럽거든 민 족대표 서명을 당장 취소하라"고 대갈했다. 만해는 당시 최고형인 3년 을 선고받고 수감됐다.

출소 후 만해는 일본 경찰의 삼엄한 감시를 받았다. 유년시절부터 문학적 감성이 뛰어났던 그는 특유의 은유적 시와 저술로 일제의 식민 통치에 맞섰다. 1926년 〈님의 침묵〉과 〈알 수 없어요〉 등 80여 편의 시 를 발표하며 존재의 근원에 대한 형이상학적 화두를 던졌다. 사멸과 소 생의 원리를 반복 어법을 통해 절묘하게 표현했다. 이에 앞서 《불교유 신론》을 집필하면서는 현실에 안주하는 한국 불교를 질타하고 개혁을 부르짖었다.

충남 홍성의 한용운 생가

만년에 만해는 조선총독부와 그에 기생해 살고 있는 친일파들을 냉소하며 서울 성북동 언덕에 심우장(서울시기념물 제7호)을 짓고 연명했다. 총독부에 등을 돌린 오좌자향의 정북향이다. 만해는 그곳에서 1944년 5월 9일 66세로 입적했다.

그가 세상을 떠나자 가장 반가워한 건 총독부 일인들과 국내 거주 친일파들이었다. 어느 누구도 만해의 죽음을 거들떠보지 않았다.

만해는 몇몇 동지들에 의해 미아리 사설 장묘장에서 화장된 뒤 망우리 공동묘지에 유좌묘향(정동향)으로 안치됐다. 고향으로 가려했으나 홍성이 '의병의 고장'임을 두려워해 총독부가 서둘러 이곳에 매장토록 했다. 이 당시만 해도 망우리 공동묘지는 전국 공동묘지의 대명사로 누구나 꺼리던 곳이었다.

현재는 '망우리 묘지공원'으로 이름을 바꾸고 산 자와 죽은 자의 공동 휴식공간으로 탈바꿈했다. 일제강점기인 1933년 5월 27일 공동묘지로 사용되기 시작한 이후 1973년 3월 2만 8,500여 기의 분묘로 가득 차며 포화상태를 이뤘다. 이후 당국이 납골과 이장을 장려한 결과 현재는 1만여 기의 묘가 남아있다. 산책과 조깅을 즐길 수 있는 공원으로 활용되며 서울 시민과 인근 경기도 구리 시민들의 발길이 끊이지 않고 있다.

이곳에 잠들어 있는 애국지사 및 유명 인사들을 참배하러 오는 사람들도 많다. 조봉암, 오세창, 문일평, 장덕수, 방정환, 지석영과 문인으로는 박인환, 김말봉, 계용묵도 이곳에 영면하며 화가 이중섭, 작곡가 채동선, 요절한 가수 차중락도 잠들어 있다.

망우리 묘지공원은 한반도 최고의 음택지로 꼽히는 경기도 구리시 동구릉에서 이어지는 검암산 지룡枝龍맥이다. 백두대간에서 뻗어 내린 한북정맥 중 수락산(족두리)→불암산(얼굴)→딸기원 뒷산(왼쪽 유방)·봉화산(오른쪽 유방)→망우리 묘지공원(복부)→용마봉(만삭된 하복부)→종단 대순진리회 자리(음문)를 거쳐 아차산 줄기에서 양다리로 멈춰서는 인체 물형이다. 풍수를 알았던 일제가 서울 도성 북부의 복부腹部를 파헤친 것이다.

왕자의 난으로 상심한 태조 이성계가 무학대사와 함께 자신의 건원릉 터를 잡고 망우리 고개를 넘으면서 근심어린 어조로 말했다.

"대사, 저 능역에 20여 기의 왕릉이 더 들어온다면 내 근심을 잊겠는데 그리 되겠소이까."

무학이 얼핏 햇수를 헤아려 보니 500년 세월이었다.

"상왕 전하, 5백년 종묘사직은 무탈하겠사오니 부디 근심을 내려놓으소서."

이후부터 이 고개를 '근심을 잊는다' 하여 망우忘憂리 고개로 부르게 되었다.

구한말에 태어나 일제강점기를 살다간 단재는 오로지 국가와 민족을 위한 노심초사로 생애를 일관했다. 독립운동가이자 언론인으로 역사학자의 길을 선택했다. 그는 민족역사에 대한 올바른 인식만이 국가를 지탱할 수 있는 지름길이라고 굳게 믿었다.

단재 신채호 영정이 봉안된 충북 청원의 사당. 한민족 상고사를 체계적으로 정립한 겨레의 스승이다.

일제의 침략에 맞서 저항하는 길은
민족 역사 교육 절실, 정통사관 정립

단재丹齋 신채호申采浩(1880~1936)는 한민족의 심성이 어질고 유순하
다는 것을 커다란 긍지로 여겼다. 그러나 지나친 관용심으로 어떤 사상
이나 이념, 특정 주의主義가 도입되면 분별없이 수용하는 개방심을 항상
지적하며 우려하기도 했다. 중국 망명시절 단재는 현지 신문에 기고한
〈낭객의 신년만필〉을 통해 한민족의 문화적 위기를 예견한 바 있다.

'우리 조선은 석가가 들어오면 조선의 석가가 되지 않고 석가의 조선이
되며, 공자가 들어오면 조선의 공자가 되지 않고 공자의 조선이 되며, 주
의가 들어와도 조선의 주의가 되지 않고 주의의 조선이 되려 한다. 그리
하여 도덕과 주의를 위하는 조선은 있고 조선을 위하는 도덕과 주의는
없다. 아! 이것이 조선의 특색이냐. 특색이라면 노예의 특색이다. 나는
조선의 도덕과 주의를 위해 통곡하려 한다.'

구한말에 태어나 일제강점기를 살다간 단재는 오로지 국가와 민족을 위한 노심초사로 생애를 일관했다. 독립운동가이자 언론인으로 역사학자의 길을 선택했다. 그는 민족역사에 대한 올바른 인식만이 국가를 지탱할 수 있는 지름길이라고 굳게 믿었다. 1920년 전후 집필한 그의 《조선상고사》《조선상고문화사》《조선사연구초》 등은 당시 일본 관학자官學者들이 형성해 놓은 한민족의 열등 식민사관을 여지없이 혁파한 정통 사관으로 전해지고 있다.

단재가 민족주의 사관에 집념을 불태우게 된 데는 그의 성장 과정과 주변 인물들의 교유관계에서 비롯된다. 충남 대덕군 정생면 도림리(현 대전광역시 중구 어남동)에서 신광식(고령 신씨)과 밀양 박씨 사이에서 태어난 그는 충북 청원군 낭성면 귀래리 305번지에서 성장했다. 대전 생가(기념물 제26호)는 1999년 복원됐고 청원 성장가 자리엔 단재의 묘와 사당이 자리하고 있다.

어릴 적 단재는 유학자였던 조부에게 한학을 배웠다. 10세 때 중국 역사서인 《자치통감》을 독파하고 《사서삼경》을 인용한 시작에 뛰어나 신동으로 불렸다. 그는 거대한 흐름의 중국 역사를 섭렵하며 한민족의 고대사에 애착을 갖기 시작했다.

고종 32년(1895) 일인 검객에 의해 명성황후가 시해되고 일제의 한반도 강점 책략이 노골화 되자 단재는 "이럴 때일수록 민족역사 교육이 절실하다"고 확신했다.

그는 22세 때 고향의 문동학원 강사로 계몽운동을 펼치며 25세에는 신규식 신백우 등과 산동학원을 설립해 학동들에게 신교육을 시켰다. "고려 제6대 성종 당시 서희(942~998)가 고려를 침공한 적장 소손

단재 묘 앞의 풍수물형. 격렬한 풍수논쟁의 우여곡절 끝에 옛 집터를 찾아 안장됐다.

단재는 양기탁이 주선한 〈대한매일신보〉 주필을 맡으면서
예리한 춘추필봉으로 일제의 한반도 침략정책에 정면으로
맞섰다. 신문 잡지에 쓴 서슬 퍼런 시론과 논문들은 오늘날까지도
우리 언론계의 사표가 되고 있다. 더불어 《을지문덕전》과
《수군 제일 위인 이순신전》을 집필해 한민족이 결코
패배주의에 빠져서는 안 된다는 영웅사관을 제시했다.

녕을 담판으로 물리친 건 서희가 우리 옛 역사를 소상히 알았던 까닭이다"는 단재의 열강에 각지에서 찾아온 주민들도 크게 감동했다.

광무 9년(1905) 단재는 성균관 박사가 되었으나 그해 일제의 강압으로 을사조약이 체결되자 낙심한 나머지 관직을 포기했다. 독립협회에 가입해 소장파를 이끌던 중 장지연의 초청으로 〈황성신문〉 기자가 되었으나 신문이 곧 정간되고 말았다. 단재는 양기탁이 주선한 〈대한매일신보〉 주필을 맡으면서 예리한 춘추필봉으로 일제의 한반도 침략정책에 정면으로 맞섰다.

1910년 중국으로 망명할 때까지 신문잡지에 쓴 서슬 퍼런 시론과 논문들은 오늘날까지도 우리 언론계의 사표가 되고 있다. 더불어 《을지문덕전》과 《수군 제일 위인 이순신전》을 집필해 한민족이 결코 패배주의에 빠져서는 안 된다는 영웅 사관을 제시했다. 만주 봉천의 동창학교 교사로 재직하며 고구려, 발해 유적지를 돌아보고 고조선 부여 고구려 발해 중심의 한국 고대사를 체계화시켰다.

단재는 한민족의 상고사 무대를 만주 중심의 학설에서 벗어나 중국 동부지역과 요서지방까지 확대, 한사군은 한반도 밖에 있었거나 전혀 실존 안 했음, 조선족과 백제 유민이 중국 산둥반도에 진출했었다는 실증사학의 토대를 구축했다. 유구한 배달 겨레를 열등 민족으로 전락시키려는 일제 책동에 부화뇌동하던 친일파 식민사학자들에겐 벽력 같은 일격이었다.

항일비밀결사 조직인 신민회와 국채보상운동에도 참여한 단재는 1919년 북경에서 대한독립청년단을 조직해 단장이 되었다. 그해 상해 임시정부 수립에 참여, 임시의정원 의원이 되었으나 이승만의 독단적

노선에 반기를 들고 사임했다. 특히 이승만 정한경 등의 한반도 국제연맹 위임통치 청원을 반민족적 행위로 규정짓고 그들과 대항했다. 일제는 단재를 체포하기 위해 온갖 수단 방법을 동원했으나 허사였다.

어느 날 단재가 망명지 은신처에서 절친한 동지와 식사를 할 때 일화다. 식탁에 오른 생선이 희귀해 배달 소년에게 물으니 "그 고기는 일본에서 가져온 동양어다"고 답했다. 단재가 벌떡 일어나 버럭 화를 내며 소리쳤다.

"뭐, 왜놈 생선이라고? 내가 왜놈의 음식을 먹다니…."

단재는 얼른 화장실에 가서 먹은 것을 토해 버렸다.

이런 혐일嫌日주의자 단재도 독립운동을 위해서는 많은 돈이 필요했다. 1928년 5월 자금조달 차 대만에 간 단재는 정보를 미리 입수해 대기하고 있던 일경에 체포되고 말았다. 외국위체外國爲替 위조사건에 연

사당 경내에 있는 독서 조형물

신채호의 묘비

루됐다는 죄목이었다. 10년 형을 선고받고 뤼순 감옥에 수감됐다. 친일파 친구가 돈을 대납해 병보석으로 석방시키려 했지만 단호히 거절하고 1936년 2월 21일 옥중에서 57세의 나이로 순국했다.

2004년 9월 22일 청원군청에 비상이 걸렸다. 충청북도기념물 제90호로 지정(1993)된 단재 묘가 유족에 의해 파헤쳐진 것이다. 유족 측은 당시 묘 자리가 풍수적으로 흉지여서 봉분이 자주 붕괴되고 물이 난다는 이유로 30m 떨어진 옛 집터에 가묘를 조성했다. 3년 뒤 가까스로 양측이 합의해 유좌묘향(정동향)의 묘역을 새로 단장했다. 이 당시 단재 묘를 둘러싸고 촉발된 국내 풍수학계의 명당 풍수논쟁은 아직도 끝나지 않고 있다.

전통적으로 음택(묘) 명당을 택지함에는 혈처 뒤의 산 능선에서 내려오는 용맥에 비중을 두고, 양택(집) 명당을 고를 때는 여근곡女根谷 형태의 환포지형을 선호한다. 이때 산악지역에선 전·후·좌·우의 사신사에 치중하고 평야지대에서는 물길을 재는 풍수 법수를 우선시한다. 단재 묘는 그의 영정을 봉안한 사당과 함께 혈을 비켜서 났다는 풍수가들의 판단이다.

단재 신채호 선생에게는 1962년 건국훈장 대통령장이 추서되었다.

한힌샘은 뛰어난 국어학자로 한글의 전문적 이론 연구와 후진 양성에 몸 바쳐 우리말·글의 근대화·대중화를 놀랍게 진전시켰다. 특히 1914년 그가 저술한 《말의 소리》는 구조언어학적 이론을 구체적으로 창안한 세계 최초의 업적으로 평가받고 있다.

한글 외길 사랑
한힌샘 주시경

주시경이 신학문을 처음 접한 서울 배재학당 본관. 일제의 한글 탄압에 항거한 민족의 선각자다.

문법을 가다듬고 국어 발전에 크게 공헌
세종의 한글창제 이후 최고 어문학자

시대를 앞서 살아가는 선각자의 길이란 여간 힘든 고행이 아니다. 오해와 질시, 때로는 무시와 경멸까지도 감수해야 하는 외로운 개척의 길이기 때문이다. 한힌샘 주시경周時經(1876~1914)은 19세기 말인 1890년대부터 한글 전용을 부르짖으며 어문연구에 몰두했다. 세종(재위 1418~1450)대왕의 훈민정음 반포(1446) 이후에도 한민족은 중국 글 한자는 존숭하고 우리 글 한글은 언문諺文이라 하여 하시 관습을 못 버렸다.

본관이 상주尚州인 주시경은 황해도 봉산군 쌍산면 무릉골에서 주면석과 전주 이씨 사이에 차남으로 태어났다. 어릴 적 한학을 익히며 신학문에 눈을 떴다. 둘째 숙부 주면진에게 입양된 후 양부를 따라 상경한 그는 한국 최초의 근대식 중등교육 기관인 배재학당(묘좌유향의 정서향·서울시 중구 정동 34)에 입학했다. 중도에 인천 이운利運학교 관비생으로 옮겨 졸업했으나 정계·사회 격변으로 해운업계 진출이 좌절되고 말았다.

때마침 건양 1년(1896) 4월 〈독립신문〉을 창간한 송재 서재필(1864~1951)이 회계사무 겸 교보원校補員(교정직)으로 주시경을 발탁했다. 개화기 정치가이자 독립운동가인 송재는 순 한글로 신문을 제작했다. 주시경은 비로소 우리글이 과학적 구조를 갖춘 완벽한 문자이면서도 어문조직, 표기체계, 철자법 등이 통일이 안 돼 혼란이 빚어지고 있음을 간파했다. 그는 즉시 〈독립신문〉 직원을 중심으로 국문동식회國文同式會를 조식해 이 문제 연구에 진력했다. 그러나 여의치가 않았다. 주시경은 때때로 독립신문사가 있는 배재학당 교정을 거닐면서 깊은 시름에 잠겼다.

'내 평생을 통해 우리말과 글의 연구를 꼭 해야만 하는가. 이 길은 가난하고 성과조차 더디며 남들이 알아주는 일도 아닌데…. 배웠다는 식자들은 정계로 진출해 출세하고 돈 버는 부귀영화를 꿈꾸는데 과연 옳은 선택인가.'

골몰하던 주시경의 생각이 한순간 멈췄다.

'권력과 재물에만 인생의 승부를 걸 것만은 아니다. 세상에 태어난 몫을 갚는 건 민족역사에 업적을 남기는 일이다. 더구나 지금은 침략국 일본이 우리말과 글을 압제하고 비하시키며 사용조차 방해하고 있지 않은가. 형극의 길일지라도 아니 갈 수 없다.'

굳게 다짐한 주시경은 초명 상호相鎬를 '늘 경을 읽는다'는 시경時經으로 바꾸고 백천白泉(흰 샘)이란 아호도 순 한글인 '한흰샘'으로 고쳐 불렀다. 특히 한흰샘이란 아호는 한글을 전용하고 있는 오늘날에 들어도 발음이 낯설고 의미마저 생소하다. 하물며 한학의 통달을 학문적 성취로 가늠하던 시절에 자칫 놀림대상이 될 수도 있는 순 한글 아호를 썼다는 건 여간한 용기와 혁명적 발상이 아니고선 누구도 흉내낼 수 없는 독보적 행보였다.

예부터 아호는 자기의 이름 대신 사용하는 별호여서 매우 신중하고 의미 있게 지어 조심스럽게 써 왔다. 자字는 남자 20세, 여자 15세가 되면 부모 혹은 연장자가 지어주던 이름이다. 아호雅號는 당사자의 취미·성격·역량 등의 자유로운 정서를 반영시켜 본 이름 또는 자字 외에 허물없이 부르는 우아한 호칭이다. 스스로 짓는 자호自號와 부모, 스승, 친구, 제자가 지어주는 타호他號로 구분 짓는다.

작호할 때는 ①소처이호所處以號(고향, 주거지와 인연 있는 명칭) ②소지이호所志以號(이룬 뜻이나 성취하고자 함) ③소우이호所遇以號(처한 환경 또는 여건) ④소축이호所蓄以號(소장품 중 가장 귀한 것) ⑤음양이호陰陽以號(음양·수리오행·사주와 조화를 이룸)의 뜻을 담아내야 한다. 이런 관점에서 주시경의 한힌샘 아호는 그의 한글 외길 사랑이 얼마나 절절했는지를 단적으로 보여주는 단면이라 할 수 있다.

이후 한힌샘은 '말과 글이 거칠면 그 나라 사람의 뜻과 일이 다 거칠어지고, 말과 글이 다스려지면 그 나라 사람의 뜻과 일도 다스려진다'는 신념으로 여생을 일관했다. 뛰어난 국어학자로 한글의 전문적 이론 연구와 후진 양성에 몸 바쳐 우리말·글의 근대화·대중화를 놀랍게 진전시킨 것이다. 특히 1914년 그가 저술한 《말의 소리》는 구조언어학적 이론을 구체적으로 창안한 세계 최초의 업적으로 평가받고 있다.

한힌샘은 서재필의 독립협회에 참여했다가 그의 추방과 함께 독립신문을 퇴직했다. 한때 영국 선교사 스크랜턴의 한국어 교사를 지내며 명신학교, 이화학당, 휘문의숙 등 10여 개 학교 강사로 국어교육에 열

서울현충원 내 국가유공자 묘역의 한힌샘 묘. '주시경학파'의 건재는 영원한 한글사랑으로 이어진다.

경술국치 후에는 학교와 조선어 강습소를 통해 수많은
후학을 길러냈다. 이른바 '주시경학파'로 통칭되는 제자들만
외솔 최현배를 비롯해 550여 명에 이른다. 한글 말살 정책을
꾸미던 일제 침략자들에겐 조선총독부에 아첨하는 친일파
무리는 안중에 없었고 '주시경학파' 같은 지조 굳은
지식인이 눈엣가시였다.

한힌샘 겨레의 스승
이 땅에 태어나시어
한 평생 오직 한 길
우리 말 글 키우시니
그 공덕 어디다 비기리까
해달같이 빛나옵니다

겨우 서른 여덟 해
짧은 한 뉘 사시는 것을
자기 몸은 돌보지 않고
겨레 위해 바치신 이라
세월이 지나갈수록
더 그리워집니다

세상을 여의시던 날
뒷사람들 어질지 못해
깨치신 몸 값진 비단으로
입혀 드리지 못하옵고
좋은 산 양지 바른 곳에
고이 모시지도 못하고

가신 지 예순 일곱 해
누워 계신 자리마저
한강 언저리로 양주 산골로
얼마나 괴로우셨소
스승께 죄송한 말씀
어찌 다 아뢰오리까

뜻지들 뜻을 모아
정성껏 뼈를 거두어
관 위에 태극기 덮고
향기론 국화랑 얹어
새로이 겨레의 이름으로
옮겨 모시옵니다

동작통 국립 묘지
깨끗한 언덕 포근한 땅
여기는 해와 달이
지켜 주시는 명당이외다
인제는 길이 갈 곳이오니
편안히 쉬시옵소서

이은상 짓고 김충현 쓰다

이은상이 짓고 김충현이 쓴 주시경 비문

중했다. 경술국치(1910) 후에는 학교와 조선어 강습소를 통해 수많은 후학을 길러냈다. 이른바 '주시경학파'로 통칭되는 제자들만 외솔 최현배(1894~1970)를 비롯해 550여 명에 이른다. 한글 말살정책을 꾸미던 일제 침략자들에겐 조선총독부에 아첨하는 친일파 무리는 안중에 없었고 '주시경학파' 같은 지조 굳은 지식인이 눈엣가시였다.

천지신명은 어찌하여 위대한 인걸에게도 간혹 상서롭지 못한 일이 닥치게 하는가. 일제탄압이 극심해지자 한힌샘은 각종 저술을 정리하고 중국 망명길에 오르려다가 1914년 7월 27일 급성 위염으로 숨을 거두고 말았다. 38세의 아까운 나이였다.

서울 신사동 산록에 안장됐다가 1960년 4월 경기도 남양주시 진접읍 장현리로 이장되었다. 사람들은 그가 묻힌 조그만 야산을 '한글산'이라는 새 이름으로 고쳐 불렀다.

국가에서는 문화훈장 금관장(1978.10)과 건국공로훈장 대통령장(1980.8)을 수여하고 1981년 12월 12일 국립 서울현충원(동작구 동작동 산 44-7) 국가유공자 제2묘역 3번에 안치했다. 국민 모두가 기억하는 서울 현충원 명당 중에서도 술좌진향(동남향)의 손꼽히는 명당 자리다. 노산 이은상(1903~1982) 시인은 한힌샘의 묘비명銘을 이렇게 지었다. 글씨는 김충현이 썼다.

동작동 국립묘지/ 깨끗한 언덕 포근한 땅/
여기는 해와 달이/ 지켜주시는 명당이외다/
인제는 길이 갈 곳이오니/ 편안히 쉬시옵소서/
동지들 뜻을 모아/ 정성껏 뼈를 거두어/
관 위에 태극기 덮고/ 향기론 국화랑 얹어/
새로이 겨레의 이름으로/ 옮겨 모시옵니다.

세종대왕은 한자를 모르는 백성들을 위해 쉬운 한글을 창제한 성군이고, 주시경은 한글 문법을 가다듬고 국어발전에 큰 공헌을 한 세종 이후의 최고 어문학자다.

한 편의 문학작품이 주는 감성의 힘은 실로 대단하다.
봉평 일대가 소설의 무대가 아니었고, 가산이 이곳에서
성장하지 않았다면 이 많은 사람들이 이 후미진
산골 마을에 무얼 보러 찾아 왔겠는가. 봉평에는 '가산 생가'가
있고 가산의 '복원된 생가'와 가산문학관도 있다.

강원도 평창군 봉평의 이효석 생장가.
본래 있던 집은 원형이 훼손돼 새로 복
원한 것이다. 매년 9월 메밀꽃 축제가
이곳에서 열린다.

칠피단화에 나비장식 모자 쓴 멋쟁이 소설가
사후 고향에는 메밀꽃이 만발, 지역경제 살려

역사적으로 큰 업적을 남긴 훌륭한 인물이 후세 사람들에게 미치는 영향은 지대하다. 누구나 그를 닮고 싶어 하고 그가 태어난 고향을 부러워한다. 뜻있는 사람들은 인물의 족적을 따라 여행을 떠나기도 하고 그가 묻힌 묘지를 찾아 옷깃을 여미며 인간적 회한에 잠겨도 본다. 이때 고향을 빛낸 한 인물이 고장의 명성이나 지역 경제에 기여하는 실질적 기대 효과는 산술적 계산을 능가한다.

소설《메밀꽃 필 무렵》의 작가 가산可山 이효석李孝石(1907~1942)의 고향은 강원도 평창군 봉평면이다. 소설의 무대인 봉평면의 9월은 메밀꽃이 한창 만발해 있고 가산의 문학 향기를 탐미하러 전국에서 찾아드는 테마 관광객들로 인산인해다. 그곳에 가면 허생원과 동이 엄마가 처음 만나 생애 단 한 번의 사랑을 나눈 물레방앗간도 있고 메밀로 만든 막국수, 부침, 묵, 전병 등 별미 먹거리도 풍성하다.

평창군 봉평면 가산공원 내에 있는 이효석 흉상

한 편의 문학작품이 주는 감성의 힘은 실로 대단하다. 봉평 일대가 소설의 무대가 아니고, 가산이 이곳에서 성장하지 않았다면 이 많은 사람들이 이 후미진 산골 마을에 무얼 보러 찾아 왔겠는가.

봉평에는 '가산 생가'(봉평면 창동4리 681번지 · 임좌병향의 남향)가 있고 가산의 '복원된 생가'(생가 700m 아래지점 · 임좌병향의 남향)와 가산문학관도 있다.

이효석은 1907년 2월 23일 강원도 평창군 진부면 하진부리 196번지에서 태어났으나 정도 없는 계모집(봉평면 창동리)에서 생장했다. 원적과 본적이 구분되듯 생가와 생장가는 다르다. 어린 가산은 초등학교도 생가에서 1백리 떨어진 평창에서 하숙을 하며 다녔다. 경기고를 거쳐 서울대 영문학과에 진학한 가산은 현민 유진오(1906~1987)와 함께 수재

흐드러지게 핀 봉평 일대의 메밀꽃. 가까이에 이효석문학관이 있다.

효석은 알프스 산록 같은 목가적 경관의 유럽
농촌을 동경했다. 향토색 짙은 성적 모티브를 통한
원초적 에로티시즘을 주옥같은 시적 문체로 절묘하게
승화시켰다. 현대문명과 자유를 갈망하는 지향점에서
예술상의 이국적 취미와 정조를 갈망하는 엑조티시즘도
가산에겐 문학적 화두였다.

소릴 들으며 장래가 촉망되었다. 졸업 후 이경원과 결혼(1931)했으나 취직을 못해 고민하던 중 일본인 은사 주선으로 한때 조선총독부 경무국 검열계에 근무하기도 했다.

얼마 뒤 사직하고 처가가 있는 함북 경성에 내려가 그곳 경성농업학교 영어교사로 부임했다가 평양 대동공전 교수로 옮겼다.

1925년 〈매일신문〉 신춘문예 등단 이후 3년 뒤부터 본격 문학 활동을 한 가산은 칠피단화에 나비장식 모자를 쓴 멋쟁이 소설가로 사교계의 부러움을 사며 절정의 인기를 누렸다. 그의 초기 작품은 카프KAPF 진영으로부터 '동반작가' 호칭을 들으며 경향傾向문학의 성격이 짙었다. 생활의 여유와 안정을 되찾으며 순수문학으로 전향한 뒤 1936년 발표한 단편《메밀꽃 필 무렵》은 부와 명예를 한꺼번에 안겼다.

그는 알프스 산록 같은 목가적 경관의 유럽 농촌을 동경했다. 향토색 짙은 성적 모티브를 통한 원초적 에로티시즘을 주옥같은 시적 문체로 절묘하게 승화시켰다. 현대문명과 자유를 갈망하는 지향점에서 예술상의 이국적 취미와, 정조情調를 갈망하는 엑조티시즘도 가산에겐 문학적 화두였다. 보헤미안 집시와 대칭되는 장돌뱅이 허생원 조선달 동이가 가산의 분신이다. 장터 이곳저곳을 방랑하며 겪는 삶의 애환은 기계문명에 함몰된 현대인들이 누구나 한 번쯤은 꿈꿔 볼만한 이상향이다.

1940년 아내 이경원이 28세 젊은 나이로 세상을 떠나고 차남 영주(1939년생)마저 유아로 사망했다. 가산은 극심한 실의에 빠져 북간도 만주 등지를 유랑하다 귀국한 후 몸이 상해 1942년 5월 25일 평양에서 36세로 별세했다. 유해는 고향 평창의 선산에 안장됐다.

한국 문단의 높이 뜬 별이었던 가산은 죽어서 큰 수난이 겹친다. 1973년 도로공사로 그의 묘는 평창군 용평면 장평리 산 283번지로 강제 이장됐다. 세월이 흐른 후 묘 앞에 또 길이 생겨나 무덤 밑동이 잘려나갔다. 장녀 이나미(1932년생) 씨 등 유족은 격노했다.

1998년 9월 3일 마침내 사단이 벌어졌다. 장녀가 아버지 묘의 이장 작업에 나섰으나 평창군과 강원도 문학단체의 결사반대에 부딪쳐 중단되고 말았다. 가산의 유해가 그의 고향 봉평을 등진다면 이미 이효석의 문학정신은 잃는 것이나 다름없기 때문이다.

그러나 유속들은 6일 후인 9일 새벽, 기습직으로 가산 묘를 파묘해 이북 5도 실향민 묘역인 경기도 파주시 탄현면 법흥리 1632번지의 동화경모공원(함경남도 C6지구 2열 78호)에 자좌오향(정남향)으로 이장했다. 가산의 아버지 고향이 함흥이어서 아들도 실향민이란 명분이었다.

매년 개최되는 평창 효석문화제(9.7~9.16)에도 유족들은 참석하지

파주시 동화 경모공원의 이효석 부부 묘

않았다. 전국의 지방자치단체마다 고장의 상징적 인물을 기려 문화·경제적 콘텐츠로 선양하고 있음을 감안할 때 안타까운 일이 아닐 수 없다. 충북 옥천을 가서 〈향수〉의 시인 정지용 생가를 안 떠올리고, 경남 통영을 찾은 문학인들이 《토지》의 작가 박경리 묘를 그냥 지나치겠는가.

지자체 간의 지나친 역사인물 연고 다툼으로 충돌을 빚는 경우도 종종 있다. 홍길동의 고향이 강원도 강릉이냐, 전남 장성이냐의 논쟁은 아직도 진행 중이다. 흥부의 집이 남원 인월면과 아영면 중 어느 지역이었느냐는 담판은 "흥부가 인월에서 태어나 놀부한테 쫓겨나 산 곳이 아영이란 선"에서 대타협을 봤다. 모두 소설 속의 인물이다.

강원도 영월군은 김삿갓 묘(와석리)가 있는 하동면의 행정 명칭을 아예 김삿갓면으로 고쳤고, 춘천 인근에는 소설가 김유정 기차역이 있다. 기생의 묘까지 단장해 확실한 지역 문화상품으로 굳힌 전북 부안(이매창), 제주(김만덕), 전북 장수(논개 생가)도 대표적인 성공사례다. 역사 인물의 유명세를 따라 그들의 묘와 생가는 최대 관광자원으로 부상했다.

이들 집터와 묘터에 대한 명당 여부는 대중의 관심사 밖이다. 오직 그가 거기 살았고 그의 묘가 거기 있어 그곳을 찾는 것이다.

인걸의 생가와 묘지가 주는 묵시적 의미는 상상을 초월한다. 오늘의 '나'는 어떤 훌륭한 일을 통해 내 고향을 빛낼 것인가.

성재의 가족사는 구한말과 근·현대사를 아우르며 이른바 리쉐스 오블리주와 노블레스 오블리주를 일깨운다. 개인의 일신영달과 부의 대물림만이 가진 자의 능사가 아니라는 강한 메시지를 던져준다. 더불어 먼저 살다간 선조들의 행적이 오늘을 사는 후손들한테 미치는 사회적 영향에 관한 역사적 교훈도 일깨워 준다.

성재 이시영의 묘는 서울시 강북구 수유리 삼각산 아래 방초만 우거진 채 외롭게 있다. 그의 6형제 모두 독립운동에 헌신했다.

민족의 은인 6형제, 거부의 대물림 포기 전 재산 팔아 구국 독립운동에 위국헌신

이 나라 이 겨레가 잊지 않고 빚을 갚아야 할 민족의 은인 6형제가 있다. 이건영(1853~1940), 이석영(1855~1934), 이철영(1863~1925), 이회영(1867~1932), 이시영(1869~1953), 이호영(1875~1933). 이렇게 6형제다.

이들의 생몰연대에서 확인할 수 있듯이 일제의 압슬에서 해방된 8·15 광복 이후까지 생존한 인물은 초대 부통령을 지낸 성재省齋 이시영李始榮 뿐이다. 모두 일제와 맞서 독립운동을 하다가 체포돼 모진 고문 끝에 순국하거나 굶어 죽었다. 성재 6형제는 임진왜란(1592) 당시 선조대왕을 훌륭히 보필해 슬기롭게 국란을 극복해낸 백사 이항복(1556~1618)의 10대손이다.

성재의 가족사는 구한말과 근·현대사를 아우르며 이른바 리쉐스 오블리주(부자의 의무)와 노블레스 오블리주(사회지도층 인사에게 요구되는 높은 수

준의 도덕적 의무)를 일깨운다. 개인의 일신영달과 부富의 대물림만이 가진 자의 능사가 아니라는 강한 메시지를 던져주고 있다. 더불어 먼저 살다 간 선조들의 행적이 오늘을 사는 후손들한테 미치는 사회적 영향에 관한 역사적 교훈도 일깨워 준다.

성재 6형제는 '오성대감'으로 유명한 백사 이후 10명의 재상을 배출해 당대 삼한갑족三韓甲族으로 불리던 경주 이씨 명문가에서 태어났다. 부친은 고종 때 이조판서를 지낸 경선 이유승(1835~?)으로 관운이 대를 이었다. 흥선대원군의 섭정 독재에 대항해 고종과 민비 세력의 중심에 섰던 영의정 귤산 이유원(1814~1888)이 13촌 방계 숙부다.

이 당시 귤산의 재산은 천문학적이었다. 그의 별저가 있는 경기도 양주에서 서울까지 80리 길을 남의 땅을 밟지 않고 왕래할 정도였다. 사람이 만 가지 복을 다 누릴 수 없는 법이다. 이런 귤산에게도 근심이 있었으니 재산을 물려 대를 이을 외동 아들이 천연두를 앓다가 요절해 버린 것이다. 귤산은 경선의 둘째 아들 석영을 양자로 들여 자신의 가업을 잇게 했다. 서울 장안에선 성재 일가를 부러워했다. 그의 생가 터(현 서울 YWCA 뒤편 주차장)에 귤산의 소유지(현 명동성당 주변과 저동 일대)가 보태졌기 때문이다. 귤산이 세상을 떠나자 성재 6형제는 재벌을 능가하는 최고 재산가가 되었다.

성재 이시영은 17세에 과거급제해 사헌부, 사간원을 거치면서 법관 자질을 두루 익혔다. 광무 9년(1905) 외부대신 박제순(을사오적)과 일본 공사 하야시 사이에 을사조약이 강제로 체결되자 성재는 외부(현 외교통상부) 교섭국장 자리를 즉각 사직했다. 형님들과 몰래 신민회를 비롯한 여러 비밀결사대에 가입해 항일운동을 주도하다가 중국으로 망명했다.

이들 6형제의 고난에 찬 인생역정은 이로부터 비롯됐다.

경술년(1910) 8월 29일. 이완용 송병준 윤덕영 등 친일파 매국노 주구走狗들에 의해 대한제국이 일본에 강제 합병되자 성재 6형제는 명동성당 앞 생가에 황급히 모였다. 넷째 우당友堂 이회영李會榮의 발의로 전 재산을 남김없이 팔아 독립운동에 헌신하기로 합의했다. 이들은 "나라를 빼앗겼으면 제사도 미뤄야 한다"면서 조상을 모시기 위한 마지막 위토位土까지 정리했다.

성재 일가의 모든 재산은 육당 최남선(1890~1957)에게 넘어갔다. 우당 이회영이 평소 알고 지내던 육당에게 헐값으로 처분한 액수가 40만 냥인데 요즘 돈으로 환산하면 600억 원에 달한다. 일제에 쫓기지 않고 제값을 받았으면 수천억 원대에 이를 것이란 전문가들의 추산이다. 동시에 6형제는 집안의 노비들을 모두 해방시키면서 연명할 살림을 골고루 장만해 줬다.

1910년 12월 북풍한설이 몰아치던 날, 6형제는 수행을 자청한 일꾼 등 60여 명의 가솔을 12대의 마차에 나눠 태우고 망명길에 올랐다. 서간도 유허현 삼원보二源堡에 정착하자마자 신흥무관학교를 설립해 독립군 양성에 들어갔다. 독립 전쟁사에 길이 빛나는 청산리 전투의 김좌진 이범석 장군과 봉오동 전투에서 일본군을 궤멸시킨 홍범도 장군 모두가 신흥무관학교 출신이다.

더욱 감동적인 것은 무관학교 1기생 중 우당 이회영의 아들 이규학(이종찬 전 국정원장 부친)이 포함됐다는 사실이다. 나라가 위기에 처했을 때 자기 자식부터 앞세우는 위국헌신爲國獻身의 길을 먼저 솔선수범했던 것이다. 신흥무관학교는 1930년 재정난으로 폐교될 때까지 3,500여

국립 서울현충원 애국지사 묘역에 우당 이회영의 묘가 있다.

1910년 12월 북풍한설이 몰아치던 날, 6형제는 수행을 자청한 일꾼 등 60여 명의 가솔을 12대의 마차에 나눠 태우고 망명길에 올랐다. 서간도 유하현 삼원보에 정착하자마자 신흥무관학교를 설립해 독립군 양성에 들어갔다. 독립 전쟁사에 길이 빛나는 청산리 전투의 김좌진 이범석 장군과 봉오동 전투에서 일본군을 궤멸시킨 홍범도 장군 모두가 신흥무관학교 출신이다.

명에 달하는 독립운동 인재를 배출했다. 이로 인하여 그 많던 성재 일가의 재산은 남김없이 탕진되고 말았다.

1945년 8월 15일 조국 광복이후 6형제 중 성재 이시영만 유일하게 살아서 귀국했다. 우당 이회영은 일본 경찰에 체포돼 옥중고문으로 순직한지 오래였다. 나머지 형제와 아들 조카들도 일경의 고문과 굶주림 끝에 중국 땅에서 순국하거나 병사했다. 1948년 8월 15일 대한민국 정부가 수립되면서 성재 이시영은 초대 대통령 우남 이승만(1875~1965)과 함께 초대 부통령에 취임했다.

이시영은 곧 우남의 비민주직이고 독단직인 징국 운영과 친일파를 숙청 않고 등용하는데 크게 절망했다. 수많은 우국지사들이 동가식서가숙하며 외로운 타국에서 독립운동할 때 나라 팔아 호의호식한 친일파들이다. 당사자나 그 자식들이 어찌 활개치고 국정에 나설 수 있는가. 성재 이시영은 미련 없이 부통령직을 사직하고 초야에 묻혔다.

국립 서울현충원 애국지사 묘역(150호)에 우당 이회영의 묘(유좌묘향 ·

명동성당 앞 생가를 찾아가면 자그마한 돌 표석만 외로울 뿐이다.

정동향)가 있다는 걸 아는 이 드물다. 성재 이시영 묘(건좌손향·동남향)는 서울시 강북구 수유리 삼각산 아래에 방초만 우거진 채 외롭게 있다. 이들 6형제가 나고 자란 명동성당 앞 생가를 찾아가면 상전벽해로 흔적은 간데없고 그곳이 집터였다는 자그마한 돌 표석만 외로울 뿐이다.

성재 이시영의 생가 터는 조선 왕실의 법궁인 경복궁(자좌오향·정남향)과 정면으로 대칭되는 정북향(오좌자향)이다. 청계천을 가로지른 북악산의 도수맥渡水脈이 안산案山(남산)을 향해 행룡하다가 고개를 쳐들며 치솟아 오른 절룡折龍 지점에 해당한다. 말발굽馬脚형의 남산을 배산으로 주산(북악산)과 마주함은 역모로 간주하던 때다. 굽히지 않는 의지로 부정과의 타협이 용납 안 되는 지령地靈이 넘쳐나는 풍수 물형이다.

일제강점기를 산 지식인, 관료나 지주 치고 피해갈 수 없는
친일행적 시비. 작곡가이자 지휘자였던 안익태에게도 숙명처럼
씌워진 멍에다. 평양 태생으로 어릴 적부터 교회음악에 뛰어나
음악 신동으로 불렸던 안익태. 숭실중학 재학 중 무능 친일파 교사
추방 운동을 벌이다 퇴학당한 기개 있는 청년이었다.

한강에서 바라본 공활(空豁)한 서울의
가을 하늘. 한없이 높고 푸르다. 안익
태는 애국가를 작곡했으나 일제강점기
의 친일 행적에서 자유롭지 못하다.

한국인 정서에 맞게 새로 작곡하여
오늘날의 애국가로 공식 사용되나

동해물과 백두산이 마르고 닳도록/

하느님이 보우하사 우리나라 만세/

(후렴) 무궁화 삼천리 화려강산/

대한사람 대한으로 길이 보전하세.

1948년 8월 15일 대한민국 정부가 수립되며 공식 석상에서 불려지기 시작한 이 노래는 국가로 준용準用돼 현재에 이르고 있다. 준용이란 국가에서 표준으로 지정해 사용하는 것이다.

그런데 우리는 왜 이 노래를 국가國歌라 부르지 않고 〈애국가愛國歌〉라 호칭하며, 〈애국가〉와 국가는 무엇이 다른가. 여기에는 나라 잃은 민족의 설움이 구구절절 스며있다.

개화기인 1900년대 한반도는 매우 혼란스러웠다. 이 땅을 서로 차지하기 위해 청국 일본 미국 러시아 등 강대국이 치열한 각축전을 벌이며 한민족과 무관한 대리전쟁까지 일으켰다. 열강에 아첨하는 조정 관료들의 권력 다툼으로 국운이 위태로울 때 전국 도처의 우국지사들이 분연히 나섰다. 그들은 자주독립을 상징하는 독립문을 세우고 매국노들과 맞서며 민중의식 각성을 위해 교육에도 헌신했다.

이들은 집회나 의식이 있을 때마다 나라사랑 의지가 강하게 담긴 간절한 노래를 불렀다. 사람들은 나라를 지키고 충성하는 뜻이 담겼다 하여 〈애국가〉라고 했다. 당시 이렇게 불린 애국가의 종류는 10여 곡이 넘었고 곡조는 주로 스코틀랜드 민요인 〈올드 랭 사인Auld Lang Syune〉에 맞춰 애창됐다. 석별의 정이 담긴 애수 서린 멜로디로 오늘날 전별회나 송년회 석상에 자주 등장하는 곡이다.

그러나 이때 불린 여러 종류의 애국가는 가사와 곡조가 서로 달랐다. 광무 2년(1898) 고종황제 탄신일에 무관학교 학도들이 부른 〈애국가〉는 영국 국가인 〈신이여 황제를 보호하소서〉의 가사 내용과 곡을 그대로 인용한 것이었다. 1902년 독일인 에케르트가 작곡한 〈대한제국 애국가〉 역시 영국 국가 형식을 그대로 베낀 아류에 지나지 않았다. 갑오개혁(1894) 직후 각 지역마다 다른 애국가가 전파되기 시작하더니 급기야 경술국치(1910) 이후에는 수십 곡으로 늘어나게 되었다.

이처럼 중구난방으로 각기 불리던 애국가를 안타깝게 여긴 안익태 安益泰(1906~1965)가 한국인 정서에 맞도록 새로 작곡해 대한민국 국가로 사용되고 있는 것이 오늘날의 〈애국가〉다. 국가는 한 나라를 상징하는 국가적 차원의 공식적인 노래다. 그가 이 곡을 만들 당시는 나라를 빼앗긴 일제강점기였고 국가로 지정할 국체가 없어 〈대한국 애국가〉라

서울 현충원 국가유공자 제2묘역의 안익태 부부 묘.

1955년 안익태가 한국을 떠난 지 25년 만에 벅찬 감회를 안고 고국을 방문했다. 그는 1965년 스페인 바르셀로나 병원에서 60세로 세상을 떠날 때까지 수차례 한국을 찾아 KBS 교향악단 지휘, 3회에 걸친 서울국제음악제를 주도하며 조국의 음악예술 발전에 크게 기여했다. 남편 사후에도 한국 국적을 유지했던 부인 로리타 안도 2005년 한국에 다시 와 그때까지 논란이 일어왔던 〈애국가〉 저작권을 한국 정부에 무상 기증했다.

붙였다. 암흑과 탄압의 시기에 〈애국가〉란 곡명으로 작품을 발표한 것도 큰 용기가 아닐 수 없다. 이후 동가식서가숙하며 풍찬노숙으로 독립운동을 하던 애국지사들이 공식·비공식 행사 때마다 눈물을 흘리며 이 〈애국가〉를 불렀다.

〈애국가〉 가사는 친일파 윤치호(1865~1945)의 작사설이 유력하나 확실한 고증이 없다. 노래 곡조 끝에 붙여 반복해 부르는 후렴後斂 대목이 독립문 기공식(1898년 11월 21일)에서 부른 애국가에 이미 등장하기 때문이다. 현 〈애국가〉는 윤치호 친필의 가사 원본과도 상당 부분 다르다. 현대에 와 〈애국가〉 가사는 종교적으로도 내홍을 겪는다.

하느님(가톨릭)과 하나님(개신교)에 대한 표기방식이다. 논쟁 끝에 '하느님'으로 확정됐으나 개신교 측에서는 변함없이 '하나님'으로 제창齊唱하고 있다.

일제강점기를 산 지식인, 관료나 지주地主 치고 피해갈 수 없는 게 친일행적 시비다. 작곡가이자 지휘자였던 안익태에게도 숙명처럼 씌워진 멍에다. 평양 태생으로 어릴 적부터 교회음악에 뛰어나 음악 신동으로 불렸던 안익태. 숭실중학 재학 중 무능 친일파 교사 추방운동을 벌이다 퇴학당한 기개 있는 청년이기도 했다. 일본 미국의 명문 음악학교 유학을 거쳐 그가 유럽에 정착했을 때는 히틀러의 나치즘 공포가 전 유럽을 휩쓸 때였다.

그는 제2차 세계대전의 와중에서 연합군의 적군인 독일 이태리 등지를 돌며 작곡과 지휘 활동을 했다. 중국 침략을 위해 일본이 세운 괴뢰국(만주국) 건국 10주년 경축기념식에서는 〈만주환상곡〉을 작곡해 직접 지휘했다. 2차 대전의 전세가 연합국 쪽으로 기울자 1944년 군국주의자 프랑코 총통이 지배 중이던 스페인 국적을 취득했다.

스페인 정부는 세계적인 음악가 안익태를 안착시키기 위해 마드리드 마요르카 교향악단의 상임지휘자로 앉히고 온갖 편의를 제공했다. 1946년에는 그곳 귀족 가문 출신으로 음악에 조예가 깊었던 마리아 돌로레스 딸라베라(1915~2009)(약칭 로리타 안)와 결혼했다. 후기 낭만파에 속하는 안익태는 〈애국가〉를 주제로 한 〈한국환상곡〉을 비롯해 〈강천성악降天聖樂〉, 〈애국선열추도곡〉, 〈한 송이 흰 백합화(첼로곡)〉 등 조국에 바치는 헌가를 많이 남겼다.

1955년 안익태가 한국을 떠난 지 25년 만에 벅찬 감회를 안고 고국을 방문했다. 그는 1965년 스페인 바르셀로나 병원에서 60세로 세상을 떠날 때까지 수차례 한국을 찾아 KBS 교향악단 지휘, 3회에 걸친 서울국제음악제를 주도하며 조국의 음악예술 발전에 크게 기여했다. 남

시인 모윤숙이 쓴 안익태 묘비

편 사후에도 한국 국적을 유지했던 부인 로리타 안도 2005년 한국에 다시 와 그때까지 논란이 일어왔던 〈애국가〉 저작권을 한국 정부에 무상으로 기증했다.

한국 정부는 안익태에게 문화포장(1957)에 이어 문화훈장 대통령장을 추서(1965)하고 1977년에는 서울 동작동 서울 현충원(국가유공자 제2묘역 7호)에 그의 묘를 이장했다. 94세로 별세한 부인이 2009년 7월 남편 묘역에 합장돼 이 부부는 영원히 조국의 품에 안기게 됐다.

건좌손향乾坐巽向의 햇볕 잘 드는 동남향에 위치한 안익태 묘는 이범석 장군과 김홍일 장군 묘역에 함께 있다. 비록 반 평의 좁은 공간이지만 이 땅, 대한민국에 태어나 이곳 현충원에 묻히는 것보다 더한 영광이 있겠는가.

미래 역사의 영광을 위해 과거 역사를 반추하고 공과를 엄정히 평가함은 오늘을 사는 우리에게 크나큰 교훈이 될 수 있다. 오늘 우리 사회의 친일파에 대한 논쟁 수위는 어디까지 와 있는가.

풍수로 읽는 인물열전

ⓒ이규원, 2019

초판 1쇄 발행 2019년 8월 22일

지은이 이규원
펴낸이 이경희

발행 글로세움
출판등록 제318-2003-00064호(2003.7.2)

주소 서울시 구로구 경인로 445(고척동)
전화 02-323-3694
팩스 070-8620-0740
메일 editor@gloseum.com
홈페이지 www.gloseum.com

ISBN 979-11-86578-76-6 03900

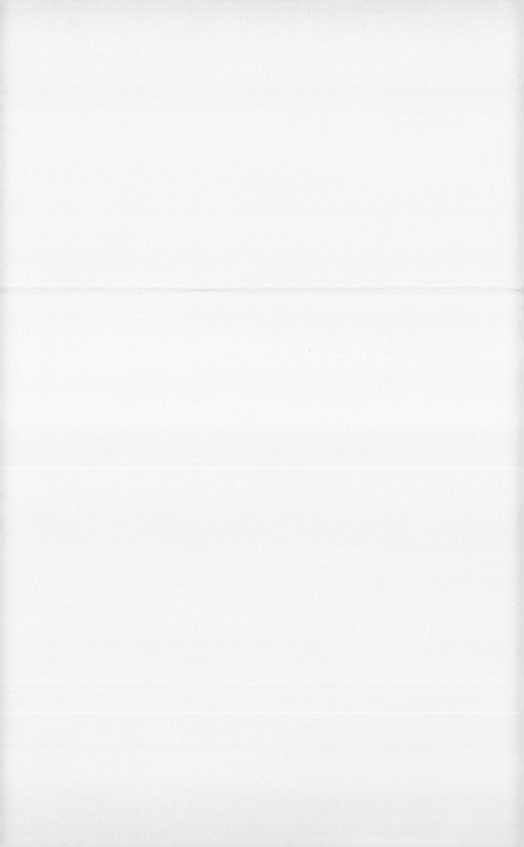